专利审查与社会服务丛书

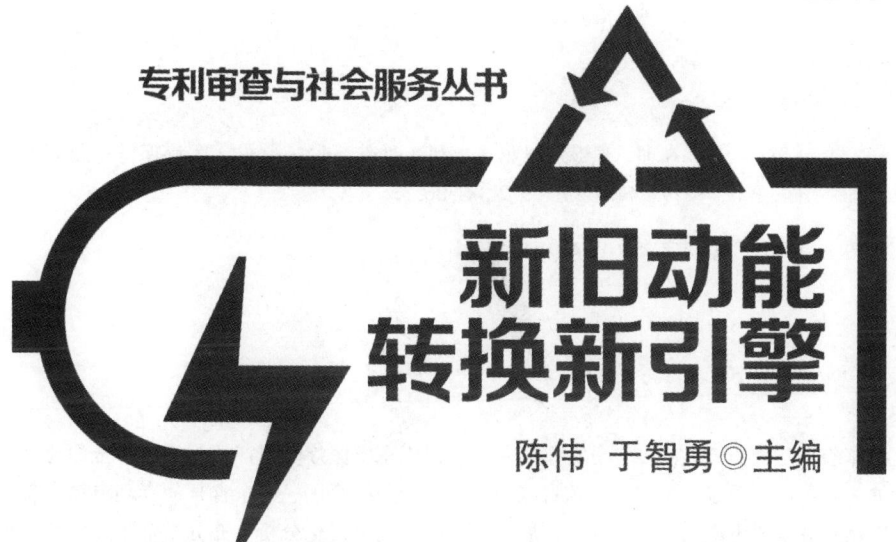

新旧动能
转换新引擎

陈伟　于智勇◎主编

国家知识产权局专利局专利审查协作江苏中心　山东省知识产权局 **组织编写**

医疗健康产业
专利导航

知识产权出版社

全国百佳图书出版单位

图书在版编目（CIP）数据

新旧动能转换新引擎. 医疗健康产业专利导航/陈伟，于智勇主编. —北京：知识产权出版社，2019.7

（专利审查与社会服务丛书）

ISBN 978 - 7 - 5130 - 6333 - 3

Ⅰ.①新… Ⅱ.①陈… ②于… Ⅲ.①新兴产业—专利—研究报告—山东②医疗保健—新兴产业—专利—研究报告—山东 Ⅳ.①F279.244.4②R199.2③G306.3

中国版本图书馆 CIP 数据核字（2019）第 124820 号

内容提要

本书是山东省医疗健康产业的专利分析报告。报告以山东省医疗健康产业为视角，全面梳理了医疗健康产业的概念和产业现状，重点从山东省区域内外（全球、全国、山东省）的专利申请态势、专利布局、研究热点和重要申请人等方面入手，展开系统的专利可视化分析，充分结合相关数据，得出分析结果，为山东省医疗健康产业的发展规划、政策制定提供参考基础和方向指引。

读者对象：政府部门，医疗健康产业相关企事业单位。

选题策划：黄清明

责任编辑：江宜玲　张利萍　　　　　　责任校对：潘凤越

封面设计：邵建文　　　　　　　　　　责任印制：刘译文

新旧动能转换新引擎

——医疗健康产业专利导航

国家知识产权局专利局专利审查协作江苏中心　山东省知识产权局　组织编写

陈　伟　于智勇　主　编

出版发行：知识产权出版社有限责任公司		网　　址：http://www.ipph.cn		
社　　址：北京市海淀区气象路 50 号院		邮　　编：100081		
责编电话：010 - 82000860 转 8339		责编邮箱：jiangyiling@cnipr.com		
发行电话：010 - 82000860 转 8101/8102		发行传真：010 - 82000893/82005070/82000270		
印　　刷：三河市国英印务有限公司		经　　销：各大网上书店、新华书店及相关专业书店		
开　　本：787mm×1092mm　1/16		印　　张：10.75		
版　　次：2019 年 7 月第 1 版		印　　次：2019 年 7 月第 1 次印刷		
字　　数：252 千字		定　　价：48.00 元		

ISBN 978 -7 -5130 -6333 -3

本书编委会

本书编写组

一、项目指导
国家知识产权局专利局专利审查协作江苏中心　山东省知识产权局

二、项目管理
国家知识产权局专利局专利审查协作江苏中心

三、项目研究组
承担部门：国家知识产权局专利局专利审查协作江苏中心

负 责 人：陈　伟　闫　娜

组　　　长：李彦涛

副 组 长：张　磊

成　　　员：黄超峰　韩嵩松　潘晓娇　吴　昊　黄清昌　原　静
史娇阳　耿　梅　张　旋　李军勇　刘健颖　邹　雯
赵立立

四、研究分工
数据检索：张　磊　黄超峰　韩嵩松　潘晓娇　吴　昊　黄清昌
原　静　史娇阳　耿　梅　张　旋　李军勇　刘健颖
邹　雯　赵立立

数据清理：张　磊　黄超峰　韩嵩松　潘晓娇　吴　昊　黄清昌
原　静　史娇阳　耿　梅　张　旋　李军勇　刘健颖
邹　雯　赵立立

数据标引：张　磊　黄超峰　韩嵩松　潘晓娇　吴　昊　黄清昌
原　静　史娇阳　耿　梅　张　旋　李军勇　刘健颖
邹　雯　赵立立

图表制作：张　磊　黄超峰　韩嵩松　潘晓娇　吴　昊　黄清昌
原　静　史娇阳　耿　梅　张　旋　李军勇　刘健颖

邹　雯　赵立立

执　　笔：张　磊　黄超峰　韩嵩松　潘晓娇　吴　昊　黄清昌

原　静　史娇阳　耿　梅　张　旋　李军勇　刘健颖

邹　雯　赵立立

统　　稿：闫　娜

审　　校：李彦涛　张　磊　潘晓娇

五、撰写分工

张　旋：主要执笔第1章第1.1节，第5章第5.2节

史娇阳：主要执笔第1章第1.2节，第4章第4.3.6节

韩嵩松：主要执笔第1章第1.3～1.6节

刘健颖：主要执笔第1章第1.7节，第6章第6.3节

黄清昌：主要执笔第2章

潘晓娇：主要执笔第3章第3.1～3.3节，第4章第4.1节

原　静：主要执笔第3章第3.4节

耿　梅：主要执笔第4章第4.2和4.3.1节

邹　雯：主要执笔第4章第4.3.2节和第5章第5.3～5.4节

赵立立：主要执笔第4章第4.3.3～4.3.5节

黄超峰：主要执笔第5章第5.1节

李军勇：主要执笔第6章第6.1节

吴　昊：主要执笔第6章第6.2节

张　磊：主要执笔第7章

序

　　近年来，以习近平同志为核心的党中央将创新摆在国家发展全局的核心位置，作出了"创新是引领发展的第一动力"的重大判断。党的十八大明确提出，实施创新驱动发展战略。2016 年发布的《国家创新驱动发展战略纲要》进一步强调，创新驱动是发展形势所迫，是世界大势所趋，是国家命运所系。

　　嫦娥奔月、蛟龙下海、C919 大型飞机横空出世……一项项重大科技工程擦亮"中国名片"，这些创新成果井喷的背后，是知识产权综合运用迸发出不竭动力的写照。国家知识产权局局长申长雨指出："知识产权一头连着创新，一头连着市场，是科技成果向现实生产力转化的桥梁，解决的是科技成果转化为现实生产力'最后一公里'的问题。"因而，加强知识产权运用是发挥知识产权价值的必由之路，促进创新成果知识产权化、知识产权产业化，也是知识产权工作的目的所在。

　　在知识产权助力创新驱动发展的积极探索中，国家知识产权局专利局专利审查协作江苏中心与山东省知识产权局合作，分别对高端装备制造产业、电子信息产业、医养健康产业开展专利导航研究，运用专利信息资源，紧扣产业分析和专利分析两条主线，将专利信息与产业发展、政策环境、市场竞争深度融合，形成了一系列有助于明晰产业发展方向、找准区域产业定位、优化创新资源配置的研究成果。现对这些研究成果予以出版，期望能够为山东省实施新旧动能转换重大工程提供参考依据，推动山东省发展质量效益提升，助力打造山东经济文化强省建设新局面。

陈伟

2018 年 7 月

前　言

近年来，山东省坚持以习近平新时代中国特色社会主义思想为指引，认真贯彻落实新发展理念，加快转变经济发展方式，努力在全面建成小康社会进程中走在前列。省第十一次党代会确定实施新旧动能转换重大工程。2018年1月3日，国务院批复同意《山东新旧动能转换综合试验区建设总体方案》，标志着我省新旧动能转换综合试验区建设正式上升为国家战略，成为全国第一个以新旧动能转换为主题的区域发展战略，赋予了山东省在全国新旧动能转换中先行先试、提供示范的历史机遇和重大责任。2018年2月，省政府出台《山东省新旧动能转换重大工程实施规划》，强调指出要发展新兴产业培育形成新动能，提升传统产业改造形成新动能，按照以"四新"（新技术、新产业、新业态、新模式）促"四化"（产业智慧化、智慧产业化、产业融合化、品牌高端化）实现"四提"（传统产业提质效、新兴产业提规模、跨界融合提潜能、品牌高端提价值）的要求，做优做强做大"十强"产业，推动我省走在前列、由大到强、全面求强。

2018年2月22日，山东省召开了全面展开新旧动能转换重大工程动员大会，省委书记刘家义同志在会上强调，加快新旧动能转换要着力在做优做强做大"十强"产业上实现新突破，加快培育新一代信息技术、高端装备、新能源新材料、智慧海洋、医养健康五个新兴产业，改造升级绿色化工、现代高效农业、文化创意、精品旅游、现代金融五个传统产业。2018年7月11日，山东省召开了招商引资招才引智工作会议。刘家义书记强调，要聚焦"十强"产业集群，"聚天下英才而用之"。龚正省长指出，始终牢记发展是第一要务、人才是第一资源、创新是第一动力,以高水平"双招双引"重塑对内对外开放新优势。

为贯彻落实省委、省政府的决策部署,充分发挥知识产权在支撑创新、助力新旧动能转换重大工程的重要作用,省知识产权局把深入开展专利导航工程,作为服务新旧动能转换的突破口,通过聚焦"十强"产业实施专利导航工程,摸清产业专利布局,逐步建立以专利导航引导推动山东省区域经济、重点产业、重点企业实现精准规划、科学发展的新兴发展模式,建立"政产学研金服用"深度融合的专利导航工作体系。经过调研论证,在广泛吸取行业主管部门意见和满足创新主体需求的情况下,结合全省新旧动能转换"十强"产业实际,确定围绕新能源、新材料、现代海洋、现代农业、新一代信息技术、高端装备、医养健康和高端化工八个产业开展专利导航工作。

专利导航就是通过运用专利信息和专利分析技术引导产业、行业、企业发展的有效工具,可以有效防范和规避发展中面临的知识产权风险,提高创新效率和水平,为创新发展提供专利大数据支撑。据世界知识产权组织统计,全世界每年发明创造成果的90%~95%体现在专利技术中,其中约70%最早体现在专利申请中。在科技创新中充分利用专利信息资源,可以缩短60%的研发时间,并节约40%的研发资金。可以看出,专利导航对支撑创新创造、助力新旧动能转换尤为重要,更加紧迫。

为确保这项工作的实效性,我们积极引入国家知识产权局才智资源,与国家知识产权局专利局专利审查协作江苏中心建立了合作关系。项目开展以来,近百名专利审查员参与项目研究,多次与相关企业对接交流,数易其稿,首期形成三份内容翔实、分析深入、紧扣需求的专利导航报告,共计近百万字,图表数百张。此次相关专利导航研究在深入梳理各产业的专利现状、发展趋势的基础上,从产业政策导向、技术发展方向上给出了相关的产业转型升级建议。从广度上来看,涉及高端装备制造、电子信息、医养健康等产业的各分支;从深度上来看,对龙头企业与跨国公司在专利布局、核心专利、技术发展等进行了对比,给出了企业的技术突破的"点"和研发方向的"线",深受相关产业企业欢迎，为推动产业企业转型升级、加快新旧动能转换、实现精准招商引资和招才引智提供了路线图和施工图。

本书涉及医养健康，通过针对医养健康的各个分支化学药物、生物制药、中药、医疗器械等深入地进行专利数据分析，得出了其总体发展态势、各个分支的专利态势、各个分支的技术发展趋势等情况。在分析的基础上，尝试给出了医养健康产业新旧动能转换的建议。

在编写的过程中，各项目组虽然对课题报告内容进行了精心细致的总结和提炼，但由于专利文献的数据采集范围和专利分析工具的限制，加之时间仓促、研究人员的水平有限，报告的数据、结论和建议仅供社会各界参考借鉴。

于智勇

2018 年 7 月

目　　录

第1章 研究概述

1.1 医疗健康产业概念

关于医疗健康产业的概念，目前没有统一明确的定义。《中国制造 2025》在战略任务和重点中明确指出，要发展生物医药及高性能医疗器械；发展针对重大疾病的化学药物、中药、生物技术药物新产品；以及提高医疗器械的创新能力和产业化水平，重点发展影像设备、医用机器人等高性能诊疗设备，全降解血管支架等高值医用耗材等。中国《"十三五"规划》也将生物医药、中药、高性能医疗器械列为重点发展的健康产业。《山东医药产业转型升级实施方案》指出了医药产业包括化学药物（包括生物制品）、中药材及中成药、卫生及包装材料、医疗器械、制药机械等子行业。从上述政策文件中可以发现，化学药物、中药、生物技术药以及医疗器械是医疗健康产业的主要分支。

另外，一些投资机构对医疗健康产业也进行了划分，例如，建投研究院将狭义的医疗健康产业定义为与医药产销及医疗服务直接相关的产业活动，总体上分为医药工业（制造业相关）和医药服务（服务业相关），其中医药工业包含五大子行业：化学原料药、化学制药、生物制药、中药、医疗器械；医药服务包括医药商业、研发外包、医疗服务。

从上述分析来看，医疗健康产业中，生物医药（包括化学药物、生物药）、中药、医疗器械是其主要分支。在产业链上，以化学药物（包括化学原料药和化学制药）、生物制药、中药、医疗器械为主体的医药工业是医疗健康产业的主要基础，且属于制造业范畴，是最主要的专利产出领域。因此，本次报告的研究对象为医药工业，具体包括化学药物、生物制药、中药和医疗器械四个子产业，其中前三者均属于制药业领域。

化学药物，俗称西药，是以化学原料为基础，通过合成、分离提取、化学修饰等方法所得到的一类药物，其分子一般较小、结构基本清楚，有控制质量的标准和方法，主要是指小分子化学药物。

生物制药，是利用生物体、生物组织、细胞或其成分为原料，综合利用化学、生物技术、分离纯化工程和药学等学科的原理和方法制造的用于预防、治疗和诊断的制品。生物制药与化学药物的主要区别在于分子大，组成和结构复杂等。

中药，主要由植物药（根、茎、叶、果等）、动物药（内脏、皮、骨、器官等）和矿物药组成。因植物药占中药的大多数，所以中药也称中草药。

医疗器械，是指单独或组合适用于人体的仪器、设备、器具、材料或其他物品，包括所需要的软件。其使用的预期目的主要有：对疾病的预防、诊断、监护、缓解；对损伤或疾病的诊断、治疗、监护、缓解、补偿；对解剖或生理过程的研究、替代、调节；妊娠控制。

1.2 全球医药工业产业现状

1.2.1 全球制药业产业分析

（1）传统药物与生物技术药物的市场趋势

未来5年，生物药将稳步增长，但传统药物（主要是小分子化学药物）仍将占据主要市场。根据 EvaluatePharma 机构的分析（World Preview 2017，Outlook to 2022），如图1-1所示，到2022年，传统药物市场份额将由2016年的75%降至2022年的70%，而生物药市场份额相应地由25%上升至30%；另外，在全球畅销榜前100名药物中，传统药物将由2016年的51%下降至2022年的48%，而生物药相应地将由2016年的49%上升至2022年的52%。可见，生物药将是未来医药发展的重要方向，但小分子化学药物仍将长期占据医药市场主要份额。

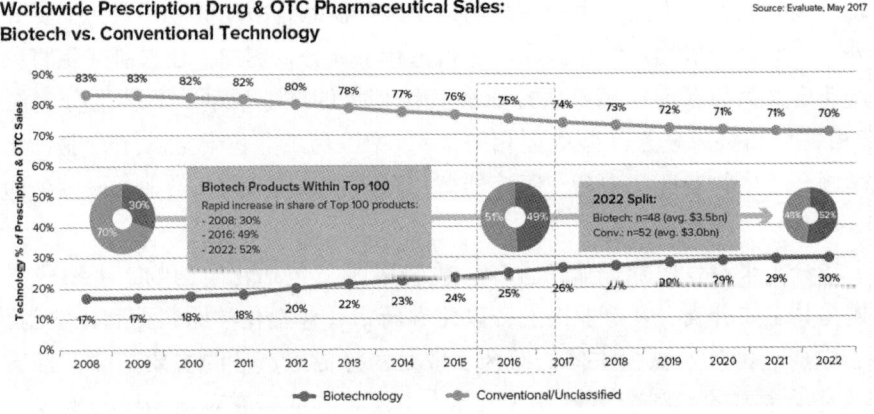

图1-1　2008～2022年全球处方药和非处方药销售总额中生物技术药物与传统药物的销售额占比
数据来源：EvaluatePharma，2017年5月。

（2）全球药物治疗领域分析

根据 EvaluatePharma 机构（World Preview 2017，Outlook to 2022）的分析（如图1-2所示），全球药物市场主要集中在十大治疗领域，依次为抗肿瘤药物、抗糖尿病药物、抗风湿药物、抗病毒药物、疫苗、支气管扩张药物、感觉器官用药、免疫抑制剂、抗高血压药物、抗凝剂。其中，抗肿瘤药物在2022年仍将占据全球药物市场最大份额，其2022年的销售额预计将达1922亿美元，年增幅达12.7%。而抗糖尿病药物有望成为第二大治疗领域，其2022年的销售额将达579亿美元，抗风湿药物和抗病毒药物的销售额紧随其后。根据 EvaluatePharma 分析，罗氏、新基、强生、辉瑞、百时美施贵宝将占据2022年全球肿瘤药物市场前五强。在糖尿病药物市场中，诺和诺德、礼来、赛诺菲、默克、勃林殷格翰将占据2022年全球前五强。在抗风湿药领域，艾伯维、强生、辉瑞、安进、新基将占据 2022 年全球前五强。在抗病毒领域，到 2022 年，吉利德、葛兰素史克、默克、强生、艾伯维将占据全球抗病毒药物市场前五强。

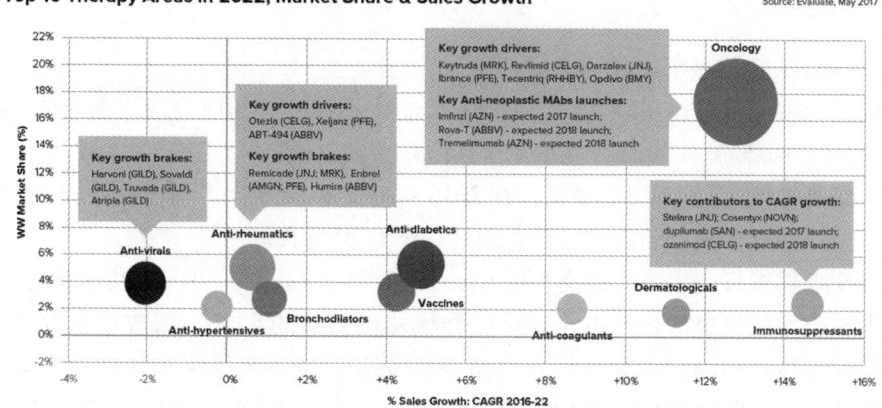

图 1-2 2022 年十大治疗领域：市场份额与销售额增长趋势

数据来源：EvaluatePharma，2017 年 5 月。

（3）全球新药研发概况

全球新药研发持续增长，临床开发项目更加专业成熟。根据 Pharmaprojects、国金证券研究所的统计，对比 2017 年和 2016 年处于不同研发阶段的在研药物，几乎所有阶段的在研药物数量均呈现稳定增长态势。其中，处于临床前研究阶段的药物数量变化尤为明显，增幅为 9.2%。此外，处于临床研究阶段、注册前、注册和上市阶段的在研药物数量也呈现出稳定增长势头。

全球新药研发主要集中在抗肿瘤药、神经系统药物、抗感染药物、代谢用药等领域。Pharmaprojects 统计显示，对 2015~2016 年在研新药的数量，按治疗领域划分，抗肿瘤药物、神经系统药物、抗感染药物、代谢用药等是主要领域。其中，癌症仍是药品研发的核心领域，抗癌/抗肿瘤药物数量呈现显著增长态势，增幅高达 15.9%，远超过 11.5% 的制药研发行业平均增速，几乎 1/3 在研药物针对的是肿瘤疾病。此外，心血管系统用药增幅为 4.6%、抗感染用药增幅为 6.2%、神经系统用药增幅为 7.7%。因此，从现有的统计数据来看，抗肿瘤药物正占据新药研发的主导地位。

（4）全球中药（植物药）领域市场现状

根据中国产业信息网 2015 年 9 月 11 日的一项报道，在国际植物药需求快速增长的同时，植物药产品的市场竞争日趋激烈，我国中药占国际市场的份额和效益却在下滑。目前全世界中成药市场每年销售额达到 300 多亿美元，而在全球拥有绝对中药材资源优势的中国却只占 5% 的份额，日本 75%，韩国 15%，其他 5%。

世界某些发达国家，如德国、法国、日本，在无传统经验和理论的情况下，依靠现代科技理论取得了产业化成功之路，并大举向我国市场推进。国外企业竞相低价收购我国中药材资源的情况愈演愈烈，中药资源的可持续利用问题日益突出。与此同时，国外企业凭借其资本、技术、产品优势，设置高门槛的技术壁垒、绿色贸易壁垒，给中药产品进入国际市场设置屏障。日本中药制剂的生产原料 75% 从我国进口，这些国家从我国进口粗加工中草药原料再进行精加工后，制成符合国际标准的片剂、胶囊等，从而占据国际中药市场主导地位。

1.2.2　全球医疗器械现状

（1）全球医疗器械市场总体情况

全球医疗器械市场需求巨大，根据 EvaluateMedTech 于 2017 年 9 月发布的《World Preview 2017，Outlook to 2022》显示，全球医疗器械市场持续快速扩大，2022 年全球医疗器械市场规模将达到 5219 亿美元，在 2016～2022 年的复合年均增长率为 5.1%，整体来看，全球医疗器械市场需求增长率远远高于 GDP 增长。

全球医疗器械行业集中度较高，据 EvaluateMedTech 分析，2016 年排名世界前 20 位的医疗器械公司的销售额合计占全球医疗器械总销售额的 54%，而散布在世界各地的数万家医疗器械公司的销售额合计只占 40% 的份额。从各个国家和地区看，美国稳居行业龙头地位，其医疗器械行业销售收入在全球占比达 38.8%，其次分别是欧洲占比 30.80%，日本约占 9.4%，中国约占 3.8%，其他国家和地区共占 17.2%。2016 年销售额前 20 位的公司依次为：美敦力（Medtronic）、强生（Johnson & Johnson）、雅培（Abbott Laboratories）、西门子（Siemens）、史赛克（Stryker）、飞利浦（Philips）、罗氏（Roche）、BD（Becton Dickinson）、波士顿科学（Boston Scientific）、GE（General Electric）、丹纳赫（Danaher）、依视路（Essilor International）、捷迈邦美（Zimmer Biomet）、百特（Baxter International）、贝朗（B. Braun）、奥林巴斯（Olympus）、诺华（Novartis）、3M（Minnesota Mining）、泰尔茂（Terumo）、施乐辉（Smith & Nephew）。

（2）全球医疗器械子行业分析

根据 EvaluateMedTech 2017 年的报告显示，2016～2022 年全球医疗器械主要集中在 15 大领域，依次为：体外诊断（In Vitro Diagnostics, IVD）、心脏（Cardiology）、影像诊断（Diagnostic Imaging）、骨科（Orthopedics）、眼科（Ophthalmics）、普通及整形手术（General & Plastic Surgery）、内镜检查（Endoscopy）、药物递送（Drug Delivery）、创伤护理（Wound Management）、牙（Dental）、糖尿病护理（Diabetic Care）、肾脏（Nephrology）、通用医护器材（General Hospital & Healthcare Supply）、神经（Neurology）、耳鼻喉（Ear, Nose & Throat, ENT），这 15 大领域共占市场份额约 84%，前十大领域更是占据了 70% 左右的市场。在 2016 年，体外诊断占 12.8%，并且维持增长率 5.9%；心脏用器械占 11.5%，并且维持增长率 5.7%；影像诊断占 10.1%，并且维持增长率 3.4%；骨科占 9.0%，并且维持增长率 4.0%。

体外诊断领域主要集中在罗氏、丹纳赫、雅培、西门子、赛默飞（Thermo Fisher Scientific）、希森美康（Sysmex）、美国 BD、生物梅里埃（Biomerieux）、美艾利尔、Ortho - Clinical Diagnostics 十大巨头，占近 77% 份额。

心脏用器械主要集中在美敦力、雅培、波士顿科学、Edwards Lifesciences、泰尔茂、强生、W. L. Gore & Associates、Lepu Medical Technology、Asahi Kasei、Getinge，共占 68.2% 份额。

影像诊断主要集中在西门子、通用电气、飞利浦、佳能、富士（FUJIFILM Holdings）、Carestream Health、Varex Imaging、Hitachi、Konica Minolta、Shimadzu，共占 81.8%份额。

骨科用器材主要集中在强生、捷迈、史赛克、美敦力、施乐辉、Arthrex、NuVasive、Wright Medical Group、Globus Medical、Orthofix International，共占 88.2%份额。

眼科用器械主要集中在依视路、诺华、强生、HOYA、Valeant Pharmaceuticals、Carl Zeiss、The Cooper Companies、TOPCON、NIDEK、Nikon，共占 94.5%份额。

总体来看，全球医疗器械主要集中在少数国外巨头，国内企业市场占有率低。

1.3　国内医药工业产业现状

1.3.1　国内制药业产业分析

（1）国内制药业市场总体情况

国内制药业市场保持较快增长势头，据中商产业研究院数据显示，2016 年，制药业销售收入与 2015 年相比增长速度有所回升，销售收入为 29463 亿元。并且根据中商产业研究院当时的预测，2017 年销售收入将达到 32651 亿元，实现制药业销售的进一步增长。

在我国制药业中，化学原料药和化学药物制剂是市场主力，生物药呈快速增长趋势。根据工信部的统计，在制药业各子行业中，化学药物制剂制造占比依然领先，从 2008 年的 2219 亿元增长至 2016 年的 7535 亿元，年平均增长 16.5%，化学药物原料药制造业从 2008 年的 1756 亿元增长至 2016 年的 5035 亿元。发展最快的生物制药行业年平均增长速度达到 20.8%，从 2008 年的 738 亿元增长到 2016 年的 3350 亿元。总体上而言，化学药物仍是制药业的最重要的部分，生物药将持续快速发展。

（2）国内医药市场治疗领域分析

根据中国医药工业信息中心统计，2015 年我国样本医院药品市场治疗领域主要集中在抗感染药（12.57%）、心血管系统用药（12.52%）、抗肿瘤药（10.02%）、神经系统用药（9.08%）、消化系统用药（8.59%）、内分泌及代谢调节用药。

（3）国内医药市场区域比较

我国医药市场总体呈东南沿海到西北内陆的三层分布，与人口和经济水平一致。华中、华南增速最快，超过华北成为第二大医药流通区域。另外，根据 CFDA、CIB Research 的统计数据显示，2016 年全国制药百强企业分布呈东、中、西部三层分布，其中东部 10 省共有 65 家企业进入榜单，山东省有 13 家制药企业进入全国制药百强榜，位列全国第一位，浙江 12 家，广东和江苏各 10 家。

根据 QuintilesIMS 2016 年对全国主要的 24 个省的销售贡献分析，华东沿海地区、北京、上海、广州、浙江等区域，外资企业的比例相对较高，但是在河南、河北、华中、湖南、江西、山西、贵州，国内企业依然独占鳌头，其市场份额都在 80%以上。根据该报告，广东、江苏、山东、北京、浙江的贡献率位列全国前五强。其中山东省在全国医药销售中贡献了 7.1%，位列全国第三位，另外，从山东省医药市场来看，本土企业占 80%，外资企业占 20%。

（4）国内新药发展情况

根据药渡网统计，按 2007 版本注册类别 1.1 和 1.2 与 2016 版本注册类别 1 统计新药，按 2007 版本注册类别 6 和 3 与 2016 版本注册类别 3 和 4 统计仿制药：2017 年国内化学药物申报中，国内仿制药 457 个，国内新药 315 个。其中新药临床申请 294 个，新药生产申请 21 个。而 2015 年，国内仿制药 4145 个，国内新药 203 个。2012～2017 年，在全国，虽然仿制药占主导地位，但是新药研发比例明显增加，另外，江苏（275 个）、上海（176 个）是主要的新药申报地区，其次是相差不大的浙江（109 个）、北京（90 个）、山东（84 个）。从新药申报的数量来看，山东省与江苏省仍有较大的差距。

国内创新药正处于发展的初期，随着本土药企的不断探索发展，已经出现一些创新重磅品种，代表着国内药企在创新领域的突破性进展，虽然与欧美差距仍然很大，但部分有实力公司已经取得不错的成绩，其中包括贝达药业的埃克替尼，恒瑞医药的艾瑞昔布、阿帕替尼和 PD - 1 单抗，康弘药业的康柏西普，微芯的西达本胺，以及绿叶的利培酮微球等。从 2008 年至今，已有 10 个拥有较高原创度的新药在国内上市。

（5）国内中药领域市场情况

随着近年来中国经济的发展，中成药也保持着良好的发展势头。中商产业研究院整理了近几年中成药的销售收入，由 2012 年的 4131 亿元增长至 2016 年的 6700 亿元，年均复合增长率为 12.9%。在中成药市场主要品种方面，根据医药快讯网的统计，2016 年样本医院涉及的中药品种共计 420 多个，其中前十位的品种销售额总计 60.8 亿元，占整体市场的 54.1%，其中，前八位均是中成药注射液，第九、十位是胶囊剂；样本医院涉及的中成药生产企业有近 850 家，前十家企业销售额总计 57.8 亿元，占整体市场的 51.5%，排名前十位的企业分别是长白山制药、浙江康莱特药业、广西梧州制药、江西青峰药业、丽珠集团利民制药、无锡济民可信山禾药业、南京圣和药业、天士力制药、江西济民可信金水宝制药、陕西东泰制药。

1.3.2 国内医疗器械现状

根据中商产业研究院的统计，2010～2016 年，国内医疗器械行业市场规模由 2010 年的 1260 亿元增长至 2016 年的 3700 亿元，年复合增长率达到 19.67%。

根据《2016 中国医疗器械行业发展蓝皮书》，2016 年国内医疗器械市场总规模约为 3700 亿元，较 2015 年增长 20.1%。尽管我国医疗器械市场增速明显，但我国器械/药品市场规模比例仅为 0.2：1，远低于全球市场 0.5：1 的水平，因此国内医疗器械市场远远没有饱和，提示我国医疗器械行业有着广阔的发展前景。

我国医疗器械主要企业有新华医疗、爱尔眼科、迪安诊断、乐普医疗、润达医疗、华润万东、江苏鱼跃、威高股份、微创医疗、天美控股、先健科技、泰达生物、普华和顺、中生北控等。

1.4 山东省医药工业现状

1.4.1 山东省制药业总体情况

山东省制药业规模比较大、体系比较完善。2015 年主营业务收入 4162 亿元,利润 427 亿元,居全国首位。另外,山东省制药业门类齐全,产业体系比较健全,产业发展具备较好基础,其中,化学药物工业是其优势。

山东省的龙头企业实力较强,包括齐鲁制药、山东步长、鲁南制药、罗欣医药、瑞阳制药、绿叶等多家企业进入 2016 ~ 2017 年的中国医药工业百强企业(表 1 - 1)。

表 1 - 1 2016 ~ 2017 年山东省入围中国医药工业百强的企业

企 业	2016 年排名	2017 年排名
齐鲁制药有限公司	8	9
山东步长制药股份有限公司	14	12
鲁南制药集团股份有限公司	31	36
罗欣医药集团有限公司	37	35
瑞阳制药有限公司	45	48
寿光富康制药有限公司	54	49
菏泽睿鹰制药集团有限公司	56	37
山东新华医药集团有限责任公司	69	77
迪沙药业集团有限公司	72	55
绿叶投资集团有限公司	75	65
辰欣科技集团有限公司	76	74
山东齐都药业有限公司	91	90
山东鲁抗医药股份有限公司	99	96

数据来源:工信部。

1.4.2 山东省医疗器械现状

根据商务部的统计,2016 年,医疗器械类区域销售规模中,广东省为 56.4 亿元,山东省为 55 亿元,北京市为 46.6 亿元,浙江省为 44.1 亿元,河南省为 38.8 亿元。这五个省市居全国前五,总销售额达到 240.9 亿元,占全国总销售额 611.1 亿元的 39.42%。其中,山东省仅以 1.4 亿元的差距次于广东,位列全国第二。

山东目前已形成各具特色的几大医疗器械产业集群,分别是以淄博为中心的灭菌器产业集群,以济宁为中心的无影灯手术台架产业集群,以菏泽为中心的无菌敷料集群、采血管集群等。

总体来看，山东省医疗器械市场规模较大，企业数量较多，并且培育了一批代表性企业，如威海威高、新华医疗、山川器材、中保康、百多安、蓝帆医疗、正海生物，具有良好的发展基础。其中，威海威高、新华医疗分别是该行业内的龙头企业，在国内也占有较重要的地位。

1.5 医药工业政策

1.5.1 国家相关政策

（1）中国制造 2025

2015 年，国务院发布了《中国制造 2025》，其中在第三节战略任务和重点的第（六）项大力推动重点领域突破发展中指出，发展针对重大疾病的化学药物、中药、生物技术药物新产品，重点包括新机制和新靶点化学药物、抗体药物、抗体偶联药物、全新结构蛋白及多肽药物、新型疫苗、临床优势突出的创新中药及个性化治疗药物。提高医疗器械的创新能力和产业化水平，重点发展影像设备、医用机器人等高性能诊疗设备，全降解血管支架等高值医用耗材，可穿戴、远程诊疗等移动医疗产品。实现生物3D 打印、诱导多能干细胞等新技术的突破和应用。

（2）国家科技重大专项发展规划

2006 年 2 月 9 日，国家科技部下达《国家中长期科学和技术发展规划纲要（2006—2020 年）》将"重大新药创制"作为 16 个重大专项之一，并明确指出该重大专项是为了实现国家目标，通过核心技术突破和资源集成，在一定时间内完成的重大战略产品、关键共性技术和重大工程，是我国科技发展的重中之重。自 2008 年起正式实施，据统计，截至 2015 年年底，中央财政投入近 128 亿元，各方配套经费近 200 亿元，倾力支持该专项的 1595 个立项专题，一批中国原创的新药由此破茧成蝶，脱颖而出。

1.5.2 山东省相关政策

（1）山东医药产业转型升级实施方案

2014 年山东省出台了《山东医药产业转型升级实施方案》，指出了山东省医药产业发展的重点任务和实施路径。在实施路径中明确指出要发展创新小分子药物和开发新型制剂药物：以齐鲁制药、鲁南制药、新华制药、辰欣药业、瑞阳制药、鲁抗医药、罗欣药业、菏泽睿鹰、寿光富康等企业为骨干，依靠山东省原料药优势，以名牌产品为龙头，形成产品产业链和产品系列化。重点突破活性化合物高效合成、手性药物合成与拆分、药物晶型研究等关键技术。巩固传统原料药优势，研发一批新型药物。重点发展原创药物、首仿药物、具有自主知识产权的新药。加快抗糖尿病药"维格列汀"、治疗类风湿关节炎药"枸橼酸托法替尼"、抗生素药"头孢洛林酯"等创新药物的产业化进程。争取 30 个重大新药投放市场或进入临床研究。以烟台绿叶、齐鲁制药、鲁南制药、新华制药、辰欣药业、黄海制药、鲁抗医药等企业为骨干，大力发展制剂产品，巩固化学制剂产品中输液剂、粉针制剂、水针剂总量，积极推进缓控释、靶向、透皮、黏膜、载体给药系统的研究开发，实现微球、脂质体等药物的产业化，形成在国内的领先优势，并使部分药物制剂走向国际市场。发展生物技术药品。依托省重大新药创制平台服务中心，以齐鲁制药、鲁南制药、元隆生物、烟台麦得津、泰邦生物、烟台奥斯邦、康华生物、三维生物等生物制药企业为骨干，围绕基因工程和新型疫苗等创新前沿和关键技术，加强基础和应用研究，加快重组单克隆抗体药物、抗体－药物偶联物（ADC 药物）、新型重组蛋白质药物、重组单克隆抗体药物、血液制品、干细胞技术与产品、重组疫苗和核酸药物、生物诊断试剂等新型生物技术药物的研发，使之成为生物医药领域新的经济增长点。

（2）山东省"十三五"战略性新兴产业发展规划

2017 年，山东省出台了《山东省"十三五"战略性新兴产业发展规划》，在重点发展产业中指出要加快生物技术药物创新和产业化：推进高通量测序、基因编辑、微流控芯片等先进技术研发，促进新型抗肿瘤、抗病毒感染、抗细菌感染、心脑血管疾病等创新药产业化。发展基因工程药物、疫苗、新型抗体、适配子药物、干细胞、嵌合抗原受体 T 细胞免疫疗法（CAR－T）等生物药物及治疗产品。促进高技术高含量生物类似药发展等。稳定发展普药，推广缓控释、透皮吸收、黏膜给药、靶向给药等新型药物制剂技术，加快发展抗肿瘤、糖尿病、精神神经疾病、心脑血管疾病、胃肠道用药等药物。加快现代中药产业升级：依托中药饮片、口服液等中药骨干企业，加强重大疑难疾病、慢性病等中医药防治和新药研发，积极推广生物酶仿生提取、膜分离、超临界萃取等技术应用，推动中药现代化。

加快生物医学工程高端产品开发，推动开展植介入医疗器械、高性能医疗设备、骨科植入材料、心脏介入器械、药物涂层支架开发及推广。开发高性能医疗设备与核心部件，重点发展高品质影像设备、医用机器人、肿瘤诊疗装备，推动新型医疗设备向网络化、数字化、移动化方向发展。推动基因检测发展，研发新型诊断试剂产品等。

1.6　分析数据的获取及评价

1.6.1　数据来源

（1）中文专利数据库：CNABS（中国专利文摘数据库）。

（2）外文专利数据库：DWPI（德温特世界专利索引数据库）。

（3）专利同族、法律状态查询、数据处理：Patentics 专利智能客户端。

1.6.2　检索策略和数据处理

医疗健康产业领域涵盖较广，经过前期调研以及文献查询，确定研究对象为化学药物、生物制药、中药、医疗器械四个子领域。根据这些子领域的特点和尝试性检索结果，课题组采用"分类号为主，关键词为辅"的整体策略进行检索，通过分类号提高查全率，通过关键词提高查准率。

利用专利检索与服务系统（Patent search and service system，简称 S 系统）在上述专利数据库检索获取样本，在 Patentics 专利智能客户端中批量导出由 S 系统检索获取得到的专利申请的著入项目，包括申请号、公开号、申请日、发明名称、摘要、优先权国家、同族等信息以供后续数据分析。

1.6.3 查全与查准策略

关于查全率，选取多个代表性申请人，得到相应的文献集合；人工阅读确定有效文献集合，构建查全样本；比对遗漏文献，计算查全率。

关于查准率，随机提取检索结果中的多个不同时间段的数据构成校验文献集，人工阅读，构建查准的文献集合，基于该查准的文献集合与该时间段的比率确定查准率。

1.6.4 检索结果

本报告的全部数据的统计时间截至 2017 年 12 月 31 日。数据处理包括对检索后的申请人名称标准化处理和同族专利归并，同时对检索结果人工去噪，确定检索数据的查全率达到 90% 以上，查准率达到 90% 以上。相关专利检索结果如表 1-2 所示。

表 1-2 医疗健康产业专利分析检索结果

技术分支	中国专利申请量/件	全球专利申请量/项
化学药物	170443	670944
生物制药	86517	259979
中药	250127	286176
医疗器械	374753	1415671

1.7 相关术语说明及约定

以下对本报告上下文出现的术语或现象一并给出解释。

（1）同族专利：同一项发明创造在多个国家或地区申请专利而产生的一组内容相同或基本相同的专利文献，称为一个专利族或同族专利。从技术角度来看，属于同一专利族的多件专利申请可视为同一项技术。在本报告中，针对技术和专利技术原创国进行分析时，对同族专利进行了合并统计；针对专利在国家或地区的公开情况进行分析时，对各件专利进行了单独统计。

（2）关于专利申请量统计中的"项"和"件"的说明。

项：同一项发明可能在多个国家或地区提出专利申请，WPI 数据库将这些相关多件专利申请作为一条记录收录。在进行专利申请数量统计时，对于数据库中以一族（这里的"族"反映的是同族专利中的"族"）数据的形式出现的一系列专利文献，计算为"1"项。一般情况下，专利申请的项数对应于技术的条目。以"项"为单位进行专利文献量的统计主要出现在外文数据的统计中。

件：在进行专利申请数量统计时，例如，为了分析申请人在不同国家、地区或组织所提出的专利申请的分布情况，将同族专利申请分块进行统计，所得到的结果对应于申请的件数。1 项专利可能对应于 1 件或多件专利申请。

（3）多边申请：同一项发明创造可能在多个国家或地区提出专利申请。本报告中的"多边申请"是指同时在 3 个以上国家或地区提出的专利申请。

（4）日期规定：依照申请日（有优先权的指优先权日）确定每年的专利数量。

（5）专利所属国家或地区：在本报告中，专利所属国家或地区是以专利申请的首次申请优先权国别来确定的，没有优先权的专利申请以该项申请的最早申请国别确定。

（6）有效：在本报告中，"有效"专利是指到检索截止日为止，专利权处于有效状态的专利申请。

（7）未决：在本报告中，专利申请未显示结案状态，称为"未决"。此类专利可能未进入实质审查程序或处于实质审查程序中，也有可能处于复审等其他法律状态。

（8）近两年专利文献数据不完整导致申请量下降的原因：在本次专利分析所采集的数据中，由于下列多种原因导致 2016 年后提出的专利申请量的统计数量比实际的申请量要少：PCT 申请可能自申请日起 30 个月甚至更长时间后才进入国家阶段，从而导致与之相对应的国家公布时间更晚；中国发明专利申请通常自申请日起 18 个月（要求提前公布的申请除外）才能被公布。

第2章　医疗健康产业专利总体情况

为了解区域内外医疗健康产业专利申请总体态势，本章对医疗健康产业的专利申请量、申请趋势等进行统计分析。

2.1　全球医疗健康产业专利总体情况

2.1.1　全球医疗健康产业专利申请量趋势

从全球范围来看，医疗健康产业专利申请量总体呈现逐年增长的态势，增长率虽有所波动，但总体保持较高水平，如图2-1所示。其中，2007～2009年前后的低增长率可能是受当时的美国次贷危机和全球金融危机的影响；但2010年开始，全球申请量又重新回到较高的增长率，为9%～16%。这充分说明全球医疗健康产业创新的持续发展，也预示着全球医疗健康产业处于蓬勃发展的趋势，同时也意味着市场竞争更加激烈。

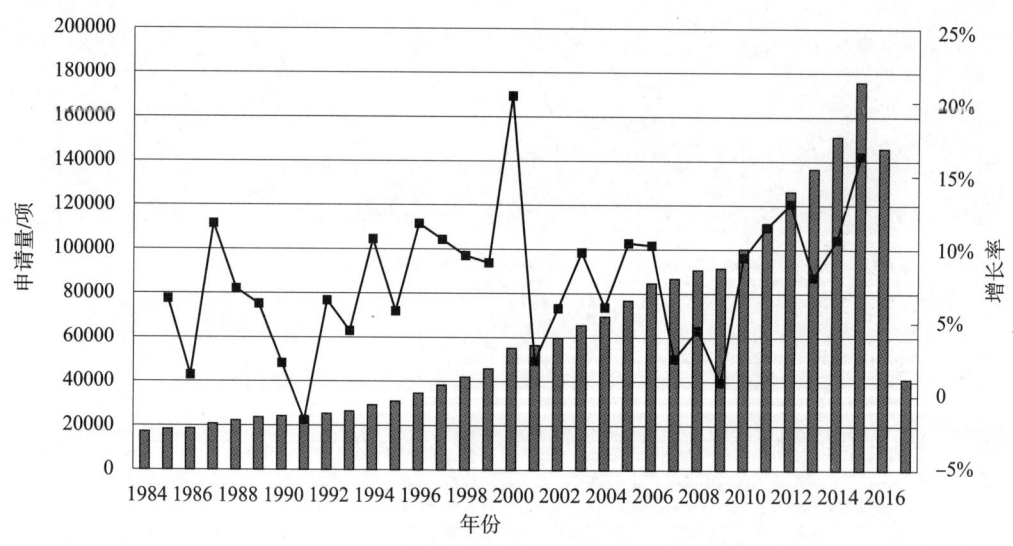

图2-1　全球医疗健康产业专利申请量趋势

2.1.2　全球医疗健康产业主要分支申请量分布

从四个子产业来看，专利申请量由高到低排序依次为医疗器械、化学药物、中药、生物制药，其中医疗器械占比54%，如图2-2所示。在制药领域，化学药物作为全球传统药物，其占比 25%，中药和生物制药占比相当，分别为 11% 和 10%，这与化学药物一直以来是全球药物研究的基础和重点有关；而生物制药起步较晚，但随着近年来生物制药技术的不断发展，生物制药专利申请量也将不断增多，如图 2 - 3 所示。

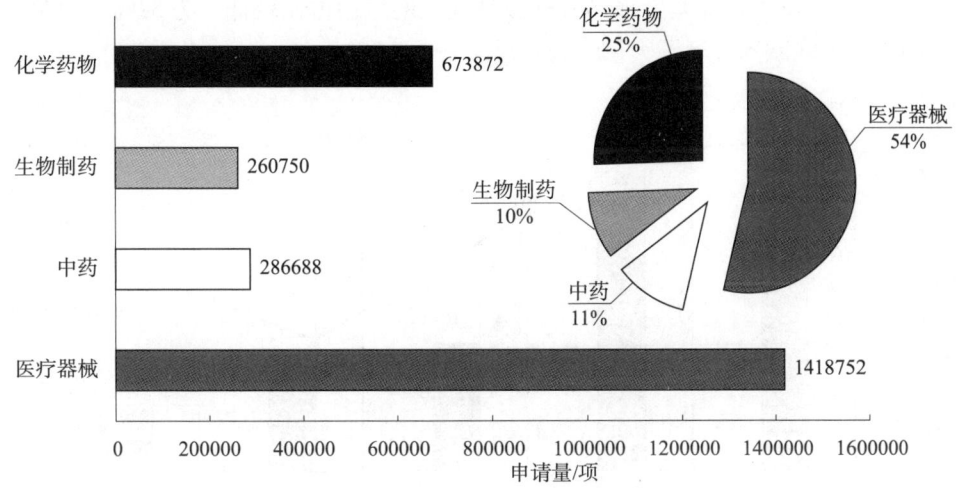

图 2 - 2　全球医疗健康产业主要分支总申请量情况

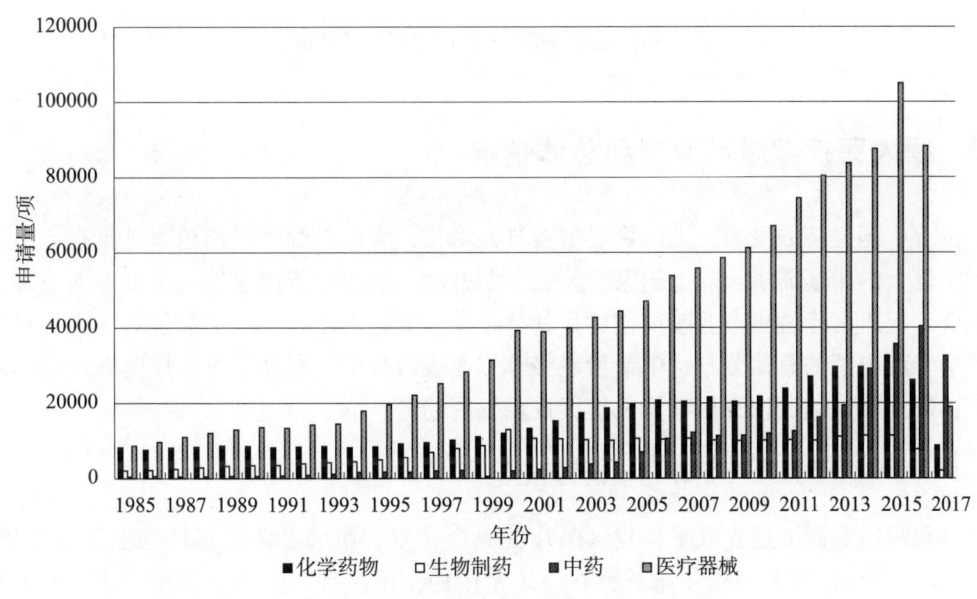

图 2 - 3　全球医疗健康产业主要分支申请趋势

2.1.3　主要国家或地区的专利申请情况

中欧美日韩是当今世界最主要的知识产权输出和输入国家/地区，我们对这些国家/地区的总申请量和原创申请量进行了统计。其中，总申请量是指所有进入该国家/地区的专利申请量，其代表目标市场；原创量是指该国家/地区的申请人在本国/地区的专利申请量；原创占比是指原创量在总申请量中的占比。

从图 2-4 可以看出，中欧美日的总申请量较大，可见这些国家/地区是医疗健康产业的重要和/或潜在的目标市场。从原创占比来看，中美日三国的占比较高，中国达到了 81%，美国为 78%，日本为 56%；而欧洲地区的原创占比较低，为 32%，可见他国或地区的申请人在欧洲进行了大量专利布局。

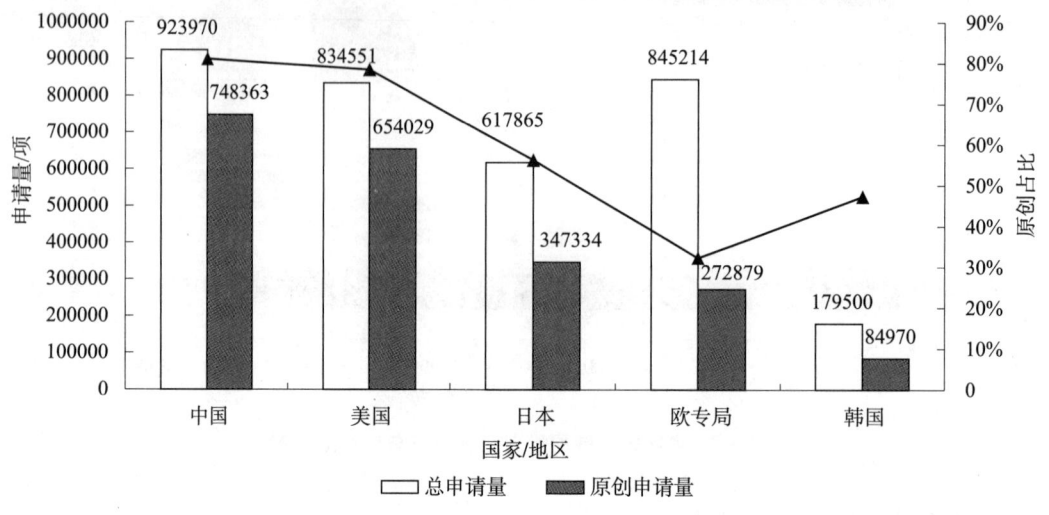

图 2-4　主要国家/地区的专利申请情况

2.2　国内医疗健康产业专利总体情况

随着中国经济的发展，人民物质财富日益增长，人民对健康问题越来越重视，由之产生了巨大的市场需求，加上国家政策的不断推动，医疗健康产业进一步发展的浪潮方兴未艾，促进医疗健康产业改革创新是其持续发展的必由之路。以下通过对国内医疗健康产业专利申请的总体分布、申请量趋势等方面进行分析，有助于对医疗健康产业创新发展的基本状况的认识和从整体上把握技术发展趋势。

2.2.1　国内医疗健康产业专利申请量趋势

自我国专利制度建立以来，我国医疗健康产业专利申请总体呈现持续上升的态势，如图 2-5 所示。专利申请年增长率在一定范围内上下波动，随着申请量基数的增大和国内专利制度逐渐成熟，近年来的增长率相对平稳，在 20% 上下波动。按此态势预测 2016 年和 2017 年未公开的专利数量，这两年专利申请量很可能分别大于 14 万件、15 万件。中国申请的总量呈现高速的增长趋势，受益于多方面的因素，其一是受到中国经济快速发展的影响，国内研发实力不断增强；其二是国内整体知识产权保护意识不断提高；其三是中国实力不断增强使得其他国家和地区对中国市场日益重视，进而更重视在中国的专利布局。

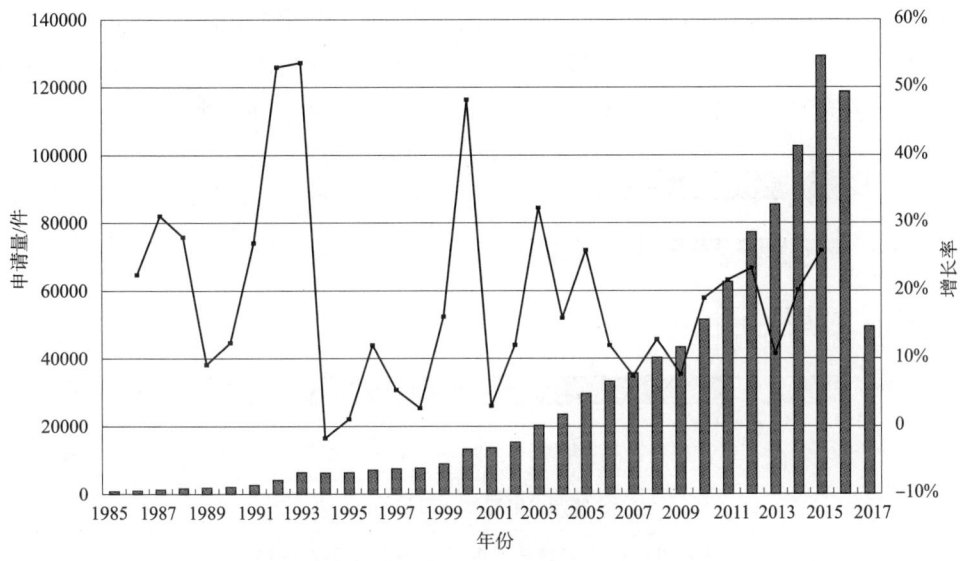

图 2 - 5　医疗健康产业专利申请量趋势

2.2.2　国内医疗健康产业主要分支申请量分布

通过对医疗健康产业的四个子产业的专利申请情况进行分析,可以看出医疗器械的申请总量远大于其他三个产业,这与全球分布情况相一致。制药业中的三个子产业中,中药申请量相对较大,生物制药申请量较低,这与全球分布情况有所差异,但这与我国是一个传统的中药大国相吻合。

由于产业特点,医疗器械的专利申请一般涉及实用新型和发明,而实用新型和发明主要在审查程序和保护期限上存在差异,即实用新型相对于发明在审查程序上少了实质审查环节,在保护期限上分别为 10 年和 20 年,从而导致发明的专利价值一般高于实用新型,实用新型专利的申请及授权相对较容易。从图 2 - 6 可以看出,全国医疗器械专利申请中,发明和实用新型基本各占一半。

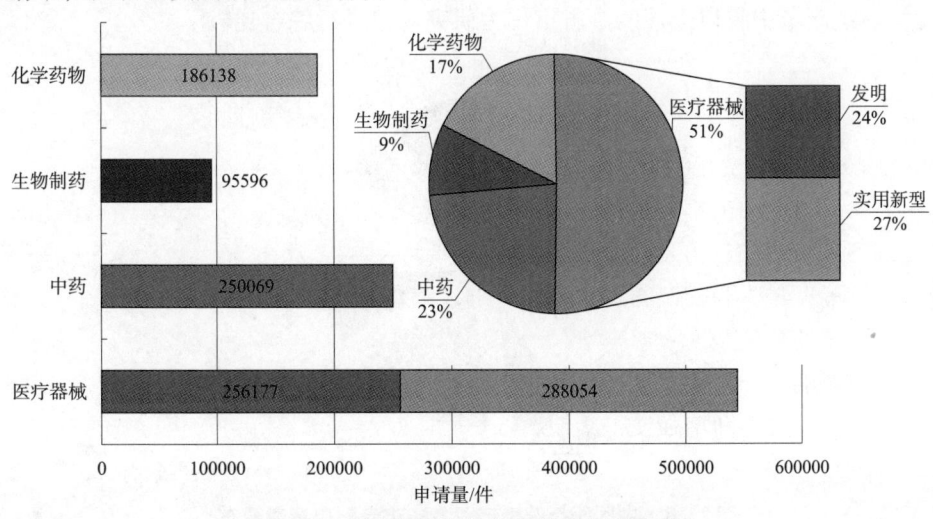

图 2 - 6　医疗健康产业各大分支申请量分布

我们进一步对申请人的国别进行了分析，如图2-7所示。从图中可以看出，总体上以国内申请人为主，约78%，尤其是中药领域，国内申请人的申请占到了95%以上；而生物制药领域中，国外申请人的申请量接近一半，明显高于其他领域。

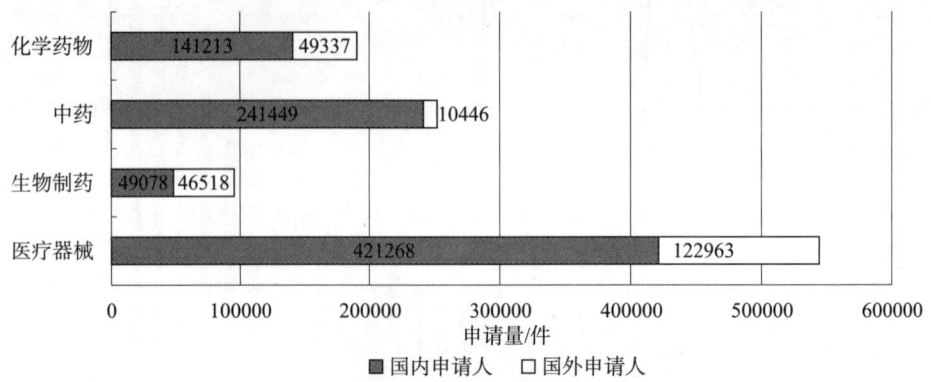

图2-7 医疗健康产业各分支申请人国别分布

可见，在化学药物、中药和医疗器械领域，国内申请仍以国内申请人为主，但在生物制药领域，国外申请人在中国进行了大量的专利布局。而生物制药作为制药行业的后起之秀，近年来发展迅猛，也不断取得新的突破，但相对来说其技术壁垒较高，国内生物制药的技术创新水平有着很大的发展空间，同时也面临着巨大的外部挑战。

2.2.3 医疗健康产业在各省市专利申请量分布

为了研究国内各省市在医疗健康产业领域的发展情况，我们对各省市专利申请量进行了分析，如图2-8所示。从中可以看出，申请量排名前六位的省市分别为山东、江苏、广东、北京、浙江和上海，它们的总和占据了全国总申请量的58%，这与这些省市的经济实力相吻合。其中，山东省以146882件位居首位，占全国申请量的18%。专利价值不仅体现在数量上，更体现在质量上，为了更有针对性地研究山东省区域内外的竞争力，后续章节中将以上述六个省市作为研究对象进行综合比较。

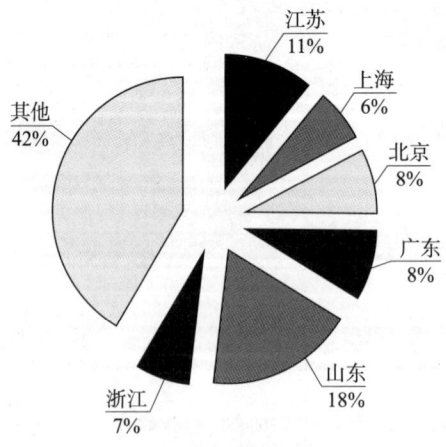

图2-8 中国医疗健康产业各省市专利申请量分布

2.2.4 "十一五"和"十二五"期间国内各健康产业分支的变化比较

为了进一步了解健康产业在中国的发展情况,我们比较了全国范围内"十一五"和"十二五"期间的申请量变化,健康产业的专利总申请量从"十一五"期间的210069件增长至"十二五"期间的467187件,增幅122%,其中,各分支领域专利申请占比的变化如图2-9所示。从中可以看出,化学药物、中药和医疗器械在"十二五"期间申请量有了明显提升,但生物制药专利申请所占比例"十二五"期间相比"十一五"期间明显减小,由原来的11%减小到6%,而且生物制药专利申请量提升很少,仅由23040件提升至28951件,可见,生物制药技术创新或需引起更大的重视,以使得医疗健康产业各方面协调均衡发展。

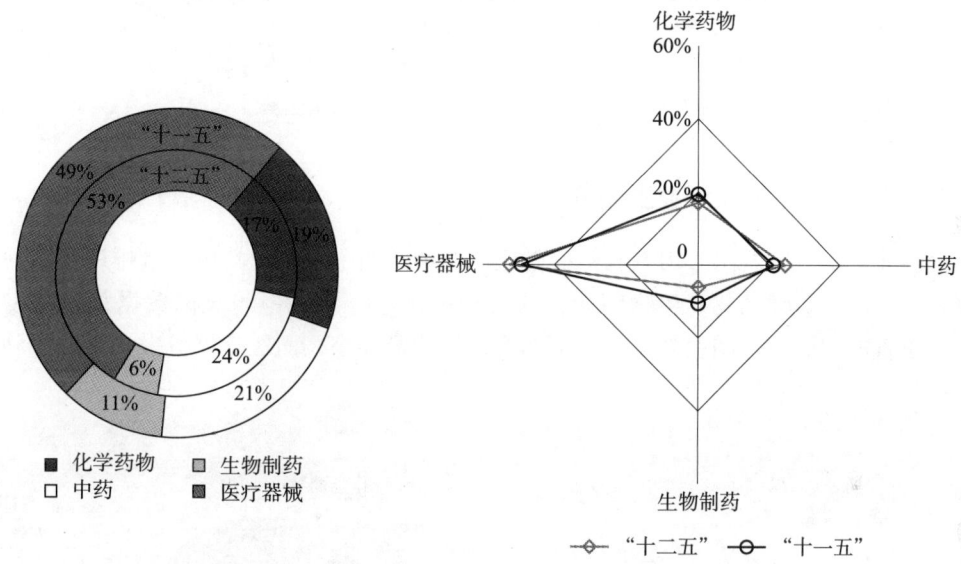

图2-9 "十一五"和"十二五"期间的申请热点变化

2.3 山东省医疗健康产业专利总体情况

2.3.1 山东省医疗健康产业专利申请量趋势

总体来看,山东省医疗健康产业的专利申请量呈现出持续快速增长的态势,如图2-10所示,除2001年和2009年外,其他年份的增长率都在10%以上,从2010年以来,其增长率在12%~31%,根据该增长速度,预计2016年、2017年当年的申请量有望突破3万件。快速增长的专利有助于山东医疗健康产业的转型升级,但关键在于如何将快速增长的专利进行产业转化,特别是实现高价值专利的成果转化。

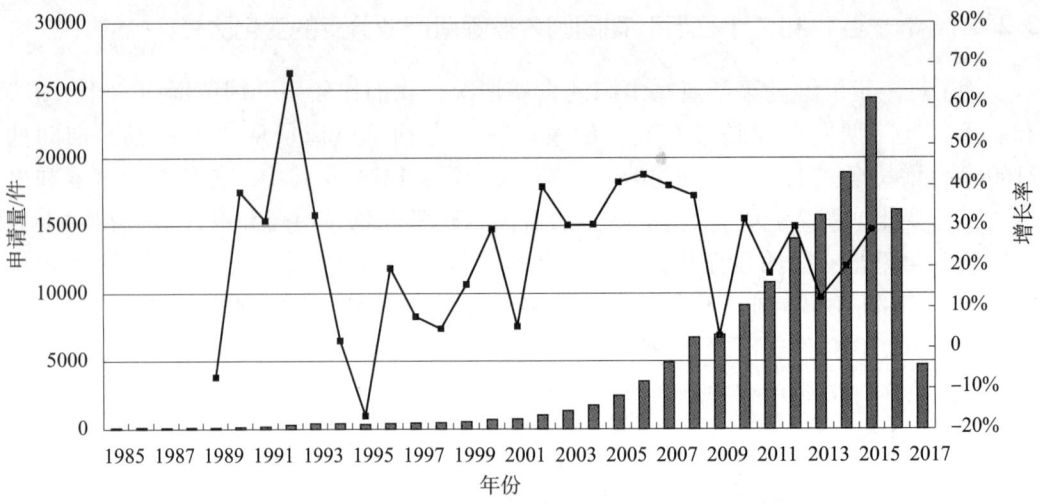

图 2-10 山东医疗健康产业专利申请量趋势

2.3.2 山东省医疗健康产业主要分支申请量分布

由图 2-11 可以看出，山东省医疗健康产业中的四个子产业的申请量排序依次为医疗器械、中药、化学药物、生物制药，这与全国排序一致。但与全国数据相比可以发现，山东省的中药占比明显较大，生物制药占比明显较小，而医疗器械中，发明专利的占比较小。

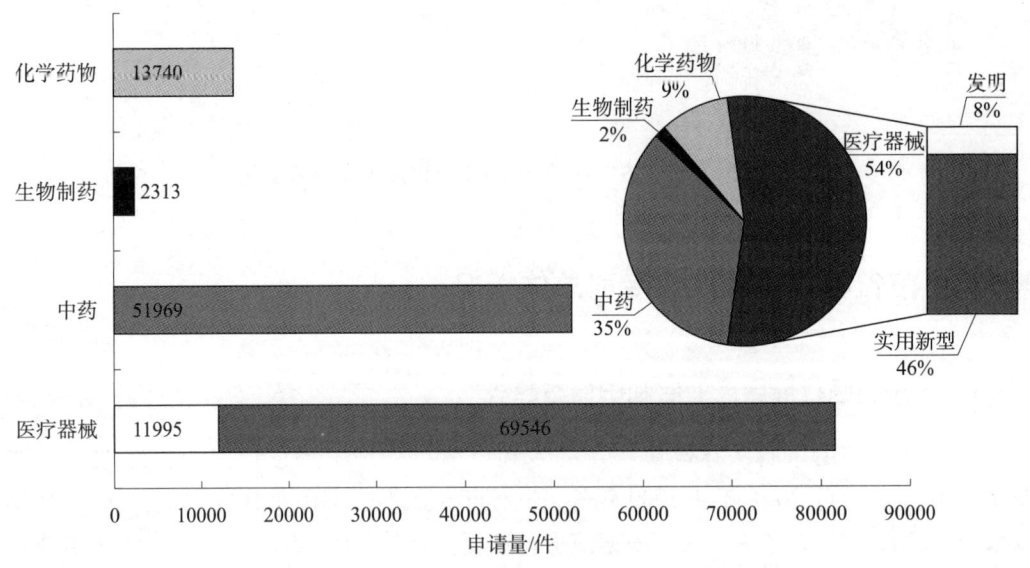

图 2-11 山东医疗健康产业主要分支申请量分布

结合山东省医药工业产值来看，化学药物在工业产值上占据了绝大部分，但专利申请量明显低于中药，某种程度上反映出山东省化学药物虽然产值比重大，但在专利申请的热度方面还明显不如中药等其他领域；山东省中药专利申请量较大，但其在产业上的转化率并不明显。

对于医疗器械，专利价值相对较高的发明专利申请明显低于实用新型；另外，从山东省与全国数据可以看出，山东省医疗器械的发明专利申请占比明显低于全国平均水平。

对于生物制药，其占比（2%）远低于全国（9%）和全球（10%），可见，山东省在生物制药领域实力相对较弱，而生物制药是近年全球药物研发热点，因此，在未来发展中，山东省有必要进一步加强对生物制药的创新。

2.3.3　山东各地区医疗健康产业专利申请量分布

图 2 - 12 显示了山东各地区医疗健康产业专利申请量分布情况，从该图可以看出，青岛、济南的申请量构成了第一梯队，潍坊、济宁、烟台、威海、临沂、淄博、泰安则形成第二梯队，聊城、菏泽等形成第三梯队。该数据在一定程度上反映出山东省各地区医药工业创新发展状况。

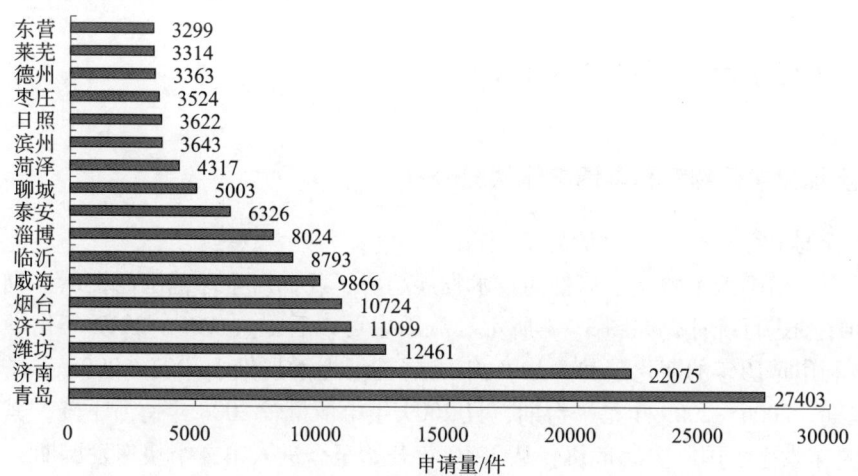

图 2 - 12　山东各地区医疗健康产业专利申请量分布

青岛、济南凭借其经济、人才优势，在医药工业创新中有较大优势，而潍坊、济宁、烟台、威海、临沂、淄博作为中坚力量，将为山东医疗健康产业的发展提供更多选择。

第3章　化学药物专利态势分析

本章的研究对象是化学药物。通过统计全球范围以及中国的化学药物专利申请量情况，了解化学药物的技术发展趋势；通过统计相关专利申请地区分布，分析各地区在化学药物方面的技术研发状况；通过统计各技术主题申请量，发现活跃的技术分支；通过统计各适应症申请量趋势，了解化学药物针对不同适应症的技术发展趋势；通过统计分析不同适应症领域申请人情况，描绘出本领域重要申请人的专利申请布局以及各适应症分支优势企业；通过对比"十一五"和"十二五"期间的专利申请情况，把握该产业技术热点变化和发展趋势。

3.1　全球化学药物专利态势分析

3.1.1　全球化学药物专利申请总体状况分析

（1）全球化学药物专利申请趋势分析

为了更为清晰地了解化学药物的技术发展趋势，我们对全球范围内发明专利申请数据按时间序列进行统计，如图3-1所示。从图中可以看出，1985~2017年化学药物领域全球专利申请历年的变化趋势，1996年之前是缓慢发展期，1997~2005年是第一个快速发展期，2006~2009年是平台期，且2009年申请量较2008年有所下降，其原因可能是2008年发生了国际金融危机；从2010年开始至今进入第二个快速发展期。

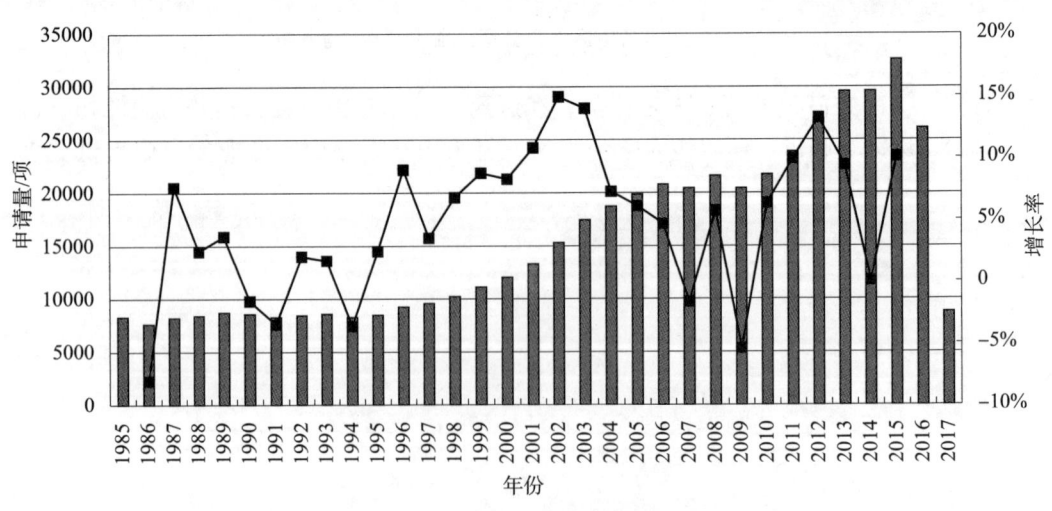

图3-1　全球化学药物专利申请趋势

（2）全球化学药物专利技术主题分析

以适应症为对象，对全球化学药物专利技术主题分布进行分析，如图 3 - 2 所示，抗肿瘤、神经系统、心血管系统、抗感染、代谢疾病、消化系统、非中枢止痛方面的药物占了申请总量的 62%。其中，申请量份额最多的是抗肿瘤药物，总申请量达 63995 项，神经系统疾病药物、心血管系统疾病药物分别以 58370 件、53141 件的申请量各占据 10% 的申请量份额。

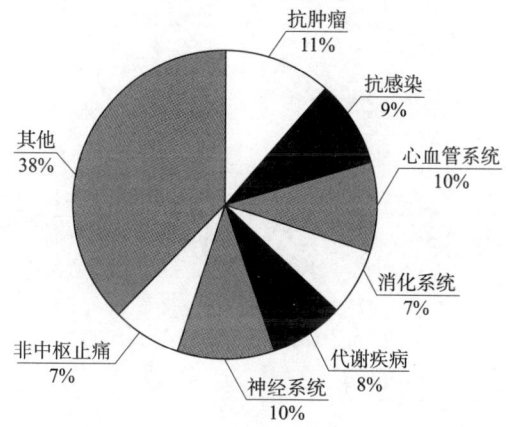

图 3 - 2　全球化学药物专利技术主题分布

对全球化学药物主要技术主题专利申请量变化趋势进行研究，如图 3 - 3、图 3 - 4 所示：2000 年之前，各技术主题的申请量相差并不大，从 2000 年之后不同主题之间的差距逐步变大，尤其是从 2010 年开始，抗肿瘤领域的申请量占据绝对优势。对比 2014

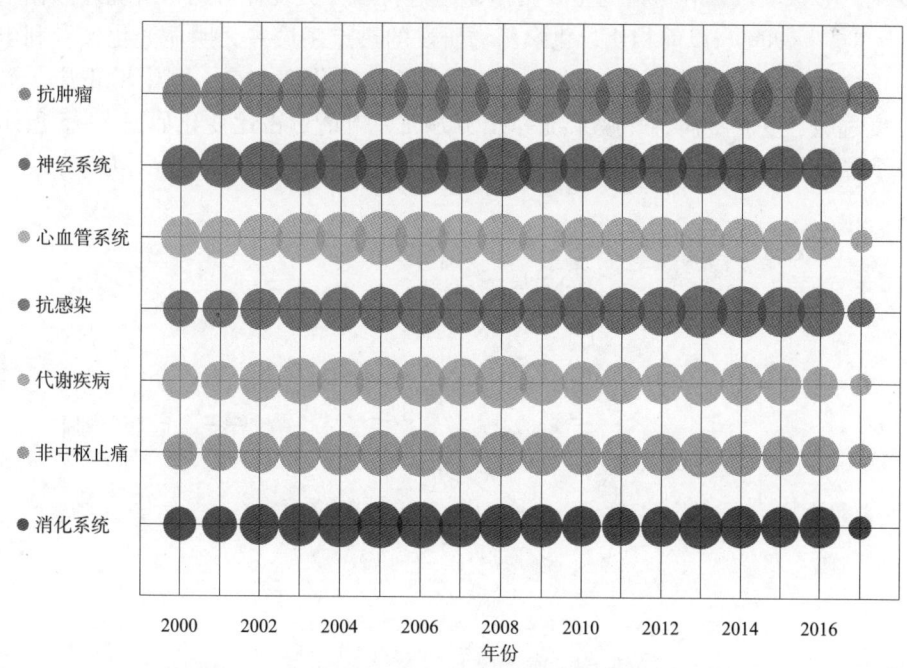

图 3 - 3　全球化学药物主要技术主题专利申请量趋势

年和 2015 年的申请数据表明，在其他 6 个技术分支的申请量均呈下降态势的情况下，抗肿瘤领域的申请量仍然具有明显的增长，显示出该技术分支的技术容量大，具有较大的技术改进空间。

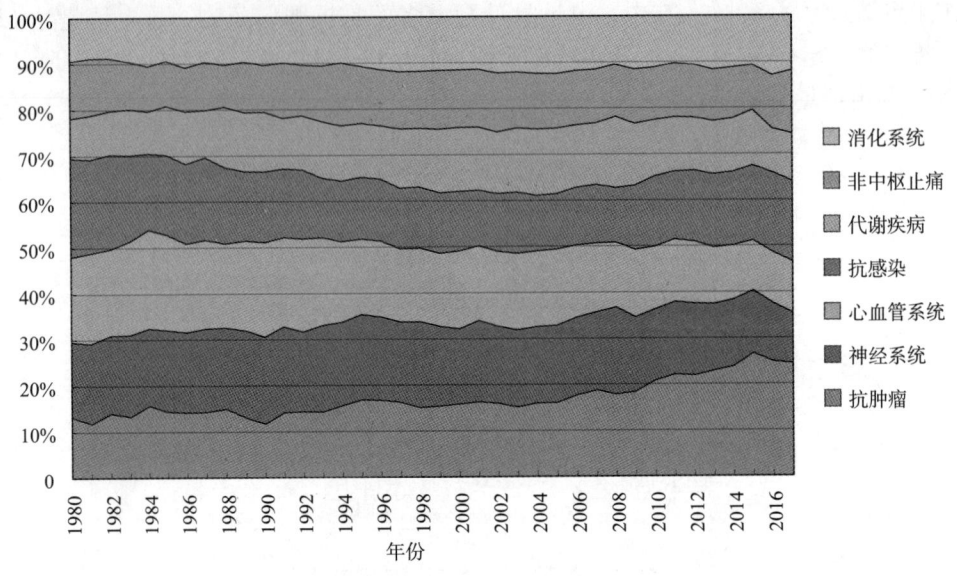

图 3-4　全球化学药物主要技术主题专利申请份额趋势

（3）"十二五"以前、"十二五"期间全球化学药物热点变化

为了了解全球范围内"十二五"以前、"十二五"期间化学药物领域的技术构成和热点变化，对该领域专利申请的主要技术主题进行了分类统计对比。从统计数据可以看出，"十二五"期间与以前相比，化学药物研发的热点领域并无明显变化，专利申请主要分布于抗肿瘤、抗感染、神经系统、心血管系统、代谢疾病、非中枢止痛、消化系统、免疫过敏、皮肤疾病、呼吸系统等几个方面，申请量占比变化如图 3-5 所示。除上述几个热点领域之外，其他领域在"十二五"期间与以前的占比分别为 26%、31%。

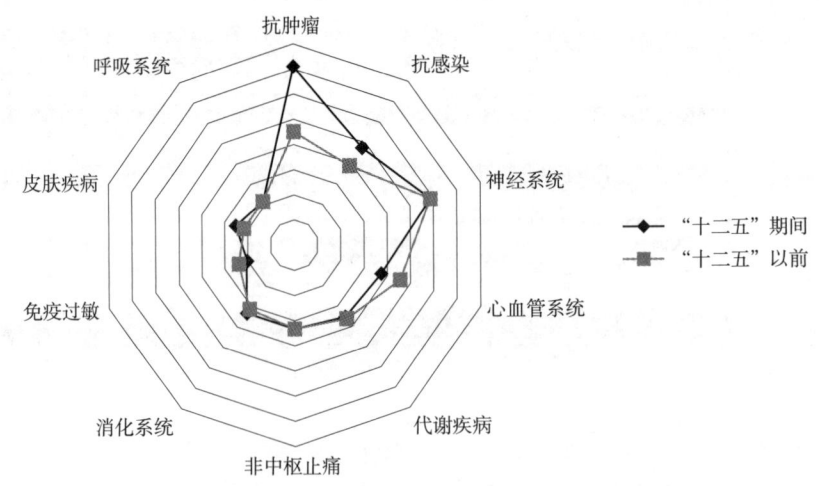

图 3-5　化学药物领域"十二五"以前/期间全球专利申请热点对比

由图 3 - 5 可见,"十二五"期间,抗肿瘤领域申请量所占比重明显上升,而传统热点领域,如心血管、代谢疾病、非中枢止痛等所占比重则有所下降。这与主要技术主题全球专利申请量趋势图所体现出的发展方向一致。由此可见,抗肿瘤是近年来化学药物领域的热点研究方向。

3.1.2　全球竞争区域分析

（1）原创国家/地区分布分析

如图 3 - 6 所示,化学药物全球重要的原创国家/地区主要集中在美国、中国以及日本,美中日三个国家的原创申请量占全球将近 2/3,其中美国、中国分别以申请量174303 项、170443 项各占约 25%,日本申请量为 111145 项,占 16%,其他原创申请量较大的有德国、英国、欧专局、韩国、法国、俄罗斯等。

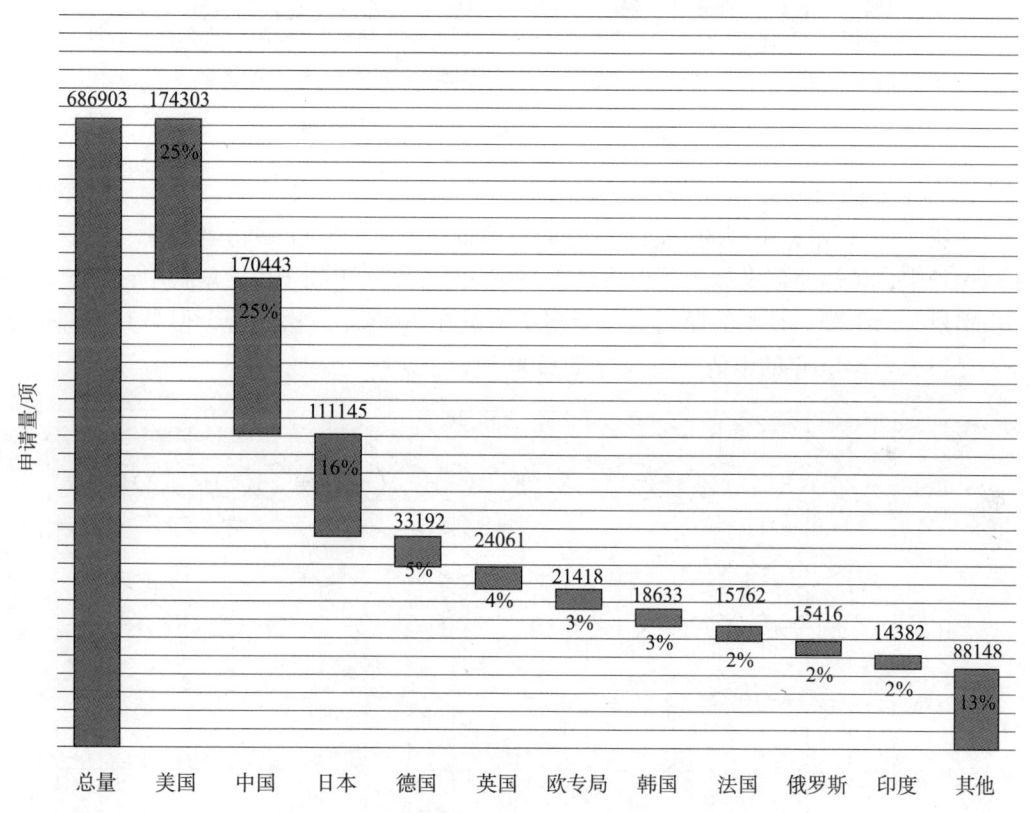

图 3 - 6　全球重要的化学药物原创国家/地区分布

（2）主要原创国家/地区专利申请产出比重分析

如图 3 - 7 所示,中国的原创占本国申请量比重最高,高达 76.40%;美国次之,占64.80%;而欧专局和英国的原创占本国申请量比重较低,分别为 13.70%、24.90%,这可能是因为这两个国家/地区市场较大,全球公司注重对其进行专利布局,相对降低了原创比重。

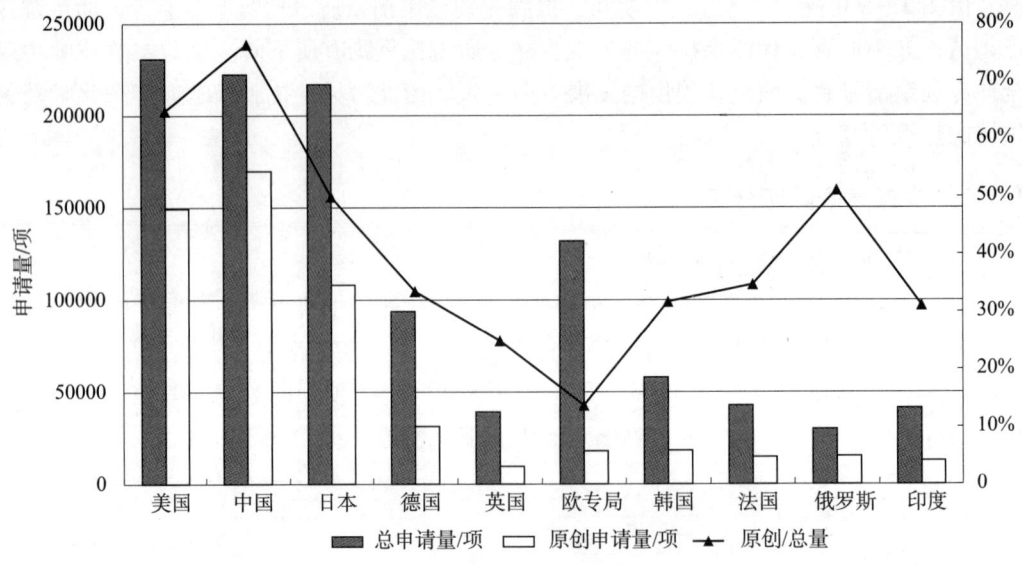

图 3 – 7　主要原创国家/地区全球专利申请产出占比

（3）主要原创国家/地区专利申请产出趋势

如图 3 – 8 所示，中国的原创全球专利申请量、申请份额自 1998 年以来，一直处于快速增长中；美国原创全球专利申请量自 1998 年到 2004 年处于稳定增长中，直到 2005 年申请量开始下降；日本的原创全球专利申请量在 2006 年首次下降，但是其下降幅度并不是很大，2015 年的申请量还保持在 1500 项以上。

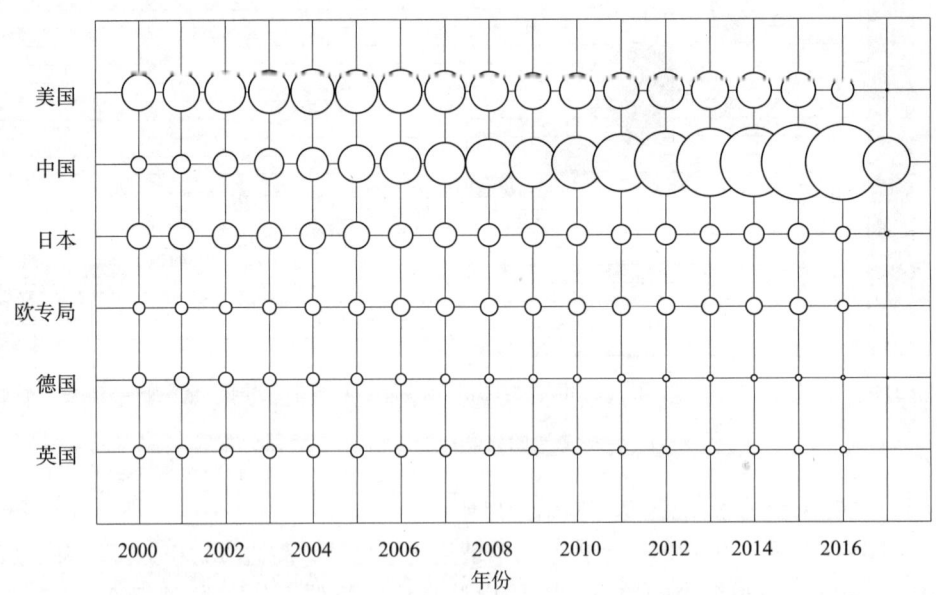

图 3 – 8　主要原创国家/地区全球专利申请产出量趋势

结合图 3 – 8 和图 3 – 9 可以看出，无论是在绝对数量还是相对占比方面，中国均处于快速增长之中。从申请数量来看，2005 ~ 2006 年开始，美国、日本、德国以及英国的申请量均呈现下降趋势，2010 年开始申请数量虽然有所上升，但均未达到各自国家/地区 2004 年的申请水平。而与此趋势相反的是，2005 ~ 2017 年全球申请量保持增长，并未出现明显的下降（参见图 3 – 1）。对比图 3 – 7 和图 3 – 1 可见，中国对化学药物领域全球专利申请量的增长做出了极大的贡献。

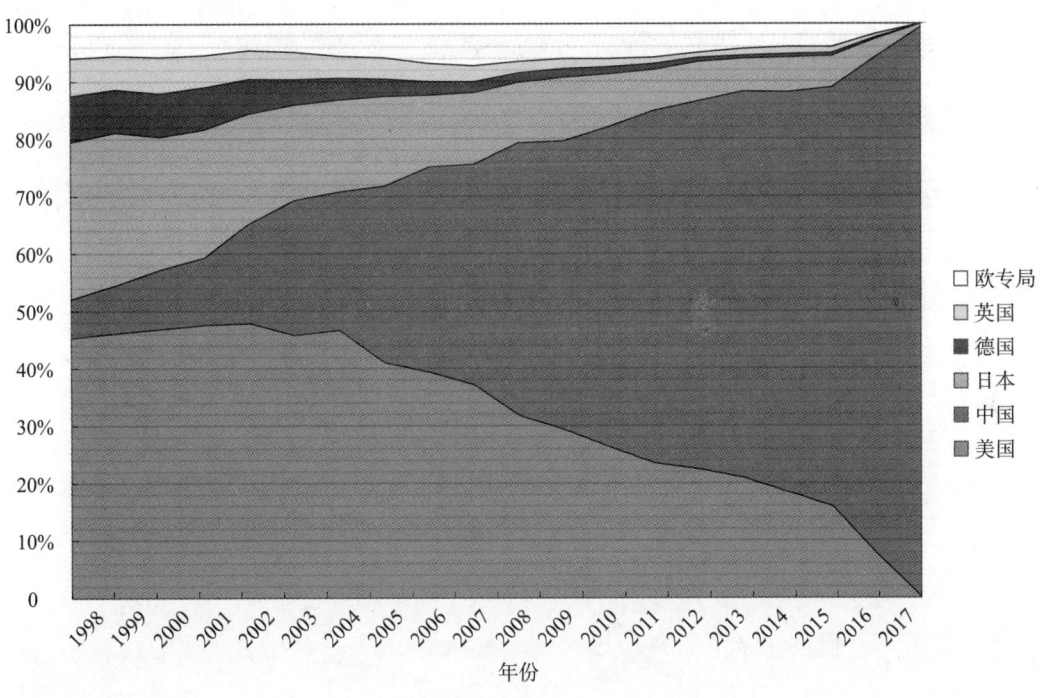

图 3 – 9　主要原创国家/地区全球专利申请产出份额趋势

（4）主要原创国家/地区专利技术主题分析

为了研究主要原创国家的技术主题侧重点，对其技术主题分布进行了分类分析。

从图 3 – 10 可以看出，主要国家地区的研究热点集中于抗肿瘤、抗感染、神经系统、心血管系统、代谢疾病等方面，这与图 3 – 2 所披露的信息一致。值得注意的是，中国在抗肿瘤和抗感染两大领域所占比重显著高于其他国家/地区，对这两个领域较为倚重。

（5）"十二五"以前、"十二五"期间主要原创国家/地区技术实力对比

如图 3 – 11 所示，"十二五"以前，美国、日本、中国分别排名原创申请量的前三位，三者相加占总申请量的 62%；而"十二五"期间，中国后来居上排名第一，占总申请量的 56%。此外，"十二五"期间，传统欧洲技术强国，如德国、英国申请量占比明显下降，可能是由于他们的申请转移到了欧专局所致。

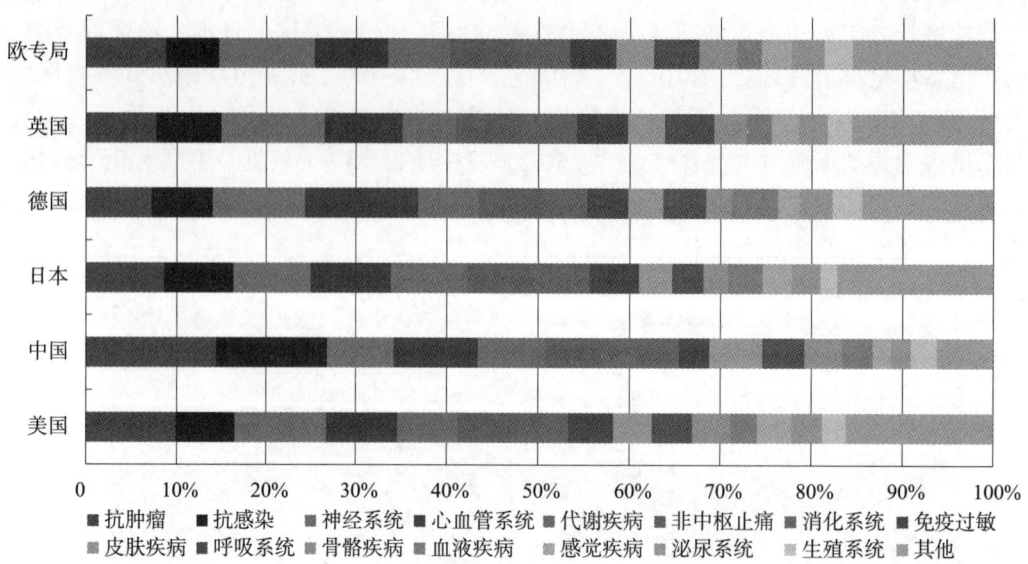

图 3-10　主要原创国家/地区专利技术主题分布

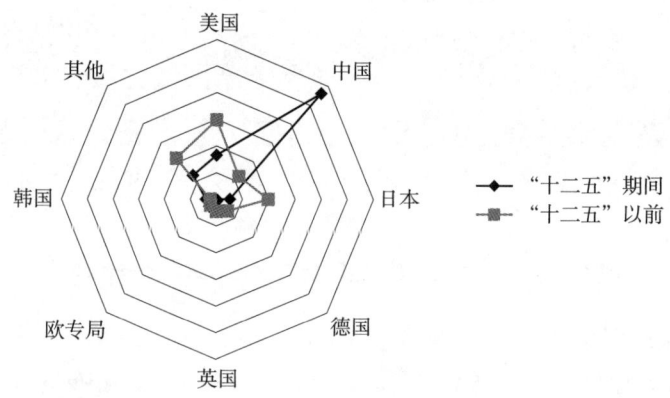

图 3-11　"十二五"以前、"十二五"期间主要原创国家/地区技术实力对比

（6）目标市场国家/地区分布分析

如图 3-12 所示，与技术产出区域相比，目标市场的分布较为分散，排名前三位的国家/地区依然是美国、中国和日本，分别占比 18%、17%、17%，占据了总量的 52%。由于欧洲专利申请可以指定多国获得保护，因此与德国、英国等主要技术产出国相比，欧专局在目标市场的所占比例较大，达到了 10%。

（7）主要目标市场国家/地区专利布局趋势

对全球化学药物主要目标市场国家/地区专利布局情况进行分析，如图 3-13、图 3-14 所示。近 20 年来，美国、中国和日本一直是全球专利布局的主要市场。与原创国家/地区全球专利申请趋势类似，从 2005～2006 年开始，除中国以外，其他主要国家/地区的专利布局量均呈现稳中有降的态势，而中国则保持快速增长。由此可见，各国对中国市场的重视程度日趋提高。

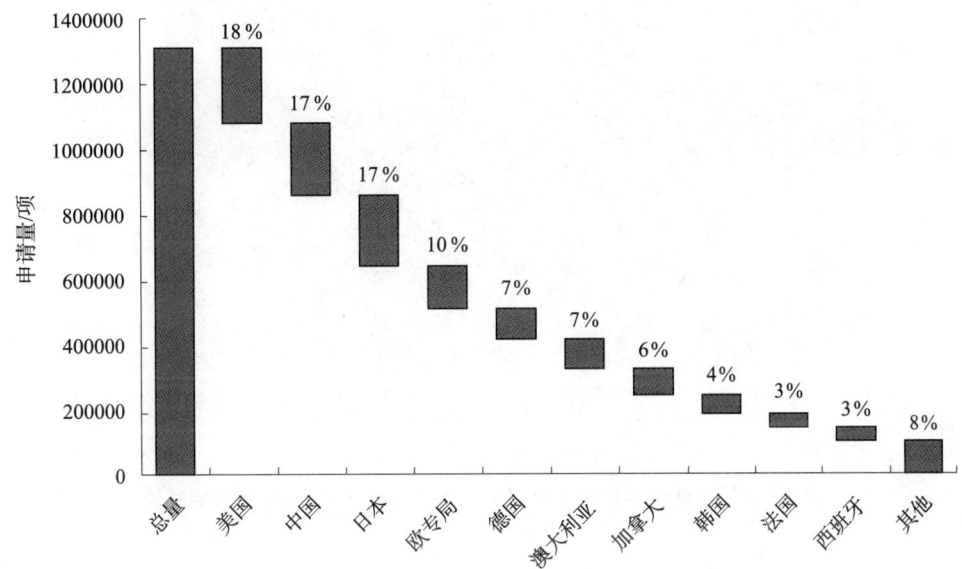

图 3 – 12　全球化学药物领域专利申请目标市场分布

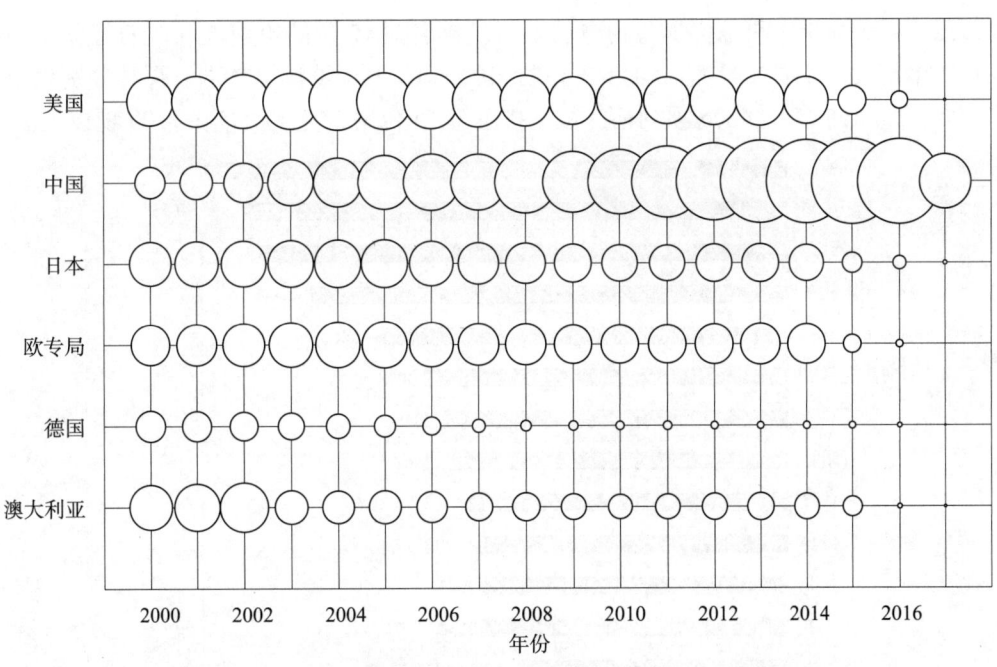

图 3 – 13　全球化学药物主要目标市场国家/地区专利布局数量趋势

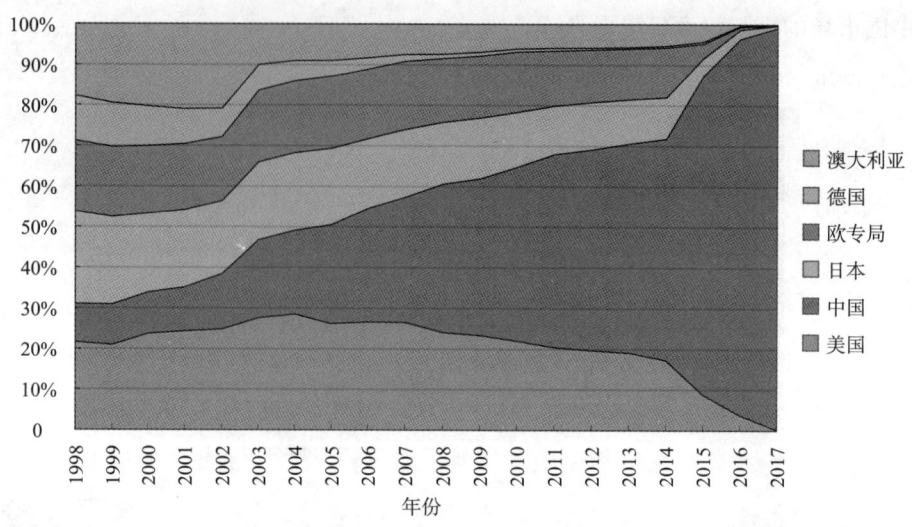

图 3 - 14　全球化学药物主要目标市场国家/地区专利布局份额趋势

3.1.3　全球主要申请人分析

（1）主要申请人排名

图 3 - 15 显示了全球化学药物专利申请量排名前 15 位的申请人，他们是化学药物领域技术研发的主要领导者，均为熟知的跨国公司，其中罗氏、辉瑞、拜耳分别以申请量 4966 项、4653 项、4505 项列前三位，排名第 15 位的默克申请量在 1700 项以上。

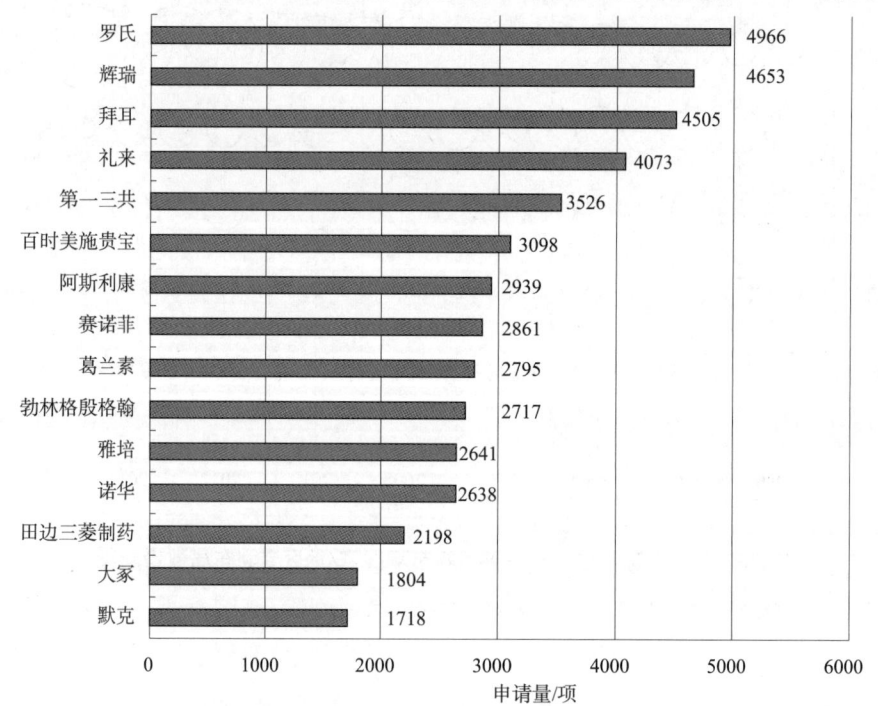

图 3 - 15　全球化学药物专利申请人排名

（2）主要申请人技术主题分布

图 3-16 显示了全球化学药物专利申请量排名前 15 位的申请人的技术主题分布：诺华的抗肿瘤药申请量最大，辉瑞的神经系统、心血管系统、抗感染、代谢疾病药物等领域申请量均最大，另外，申请量排名前三的罗氏、辉瑞、拜耳除了在各自重点领域保持着较高水平的申请量外，也同时注重其他领域的专利申请，与此战略相同的还有赛诺菲、勃林格殷格翰、诺华，而申请量排名第四的礼来在皮肤疾病、免疫过敏、呼吸系统疾病药物领域的专利申请量较少。

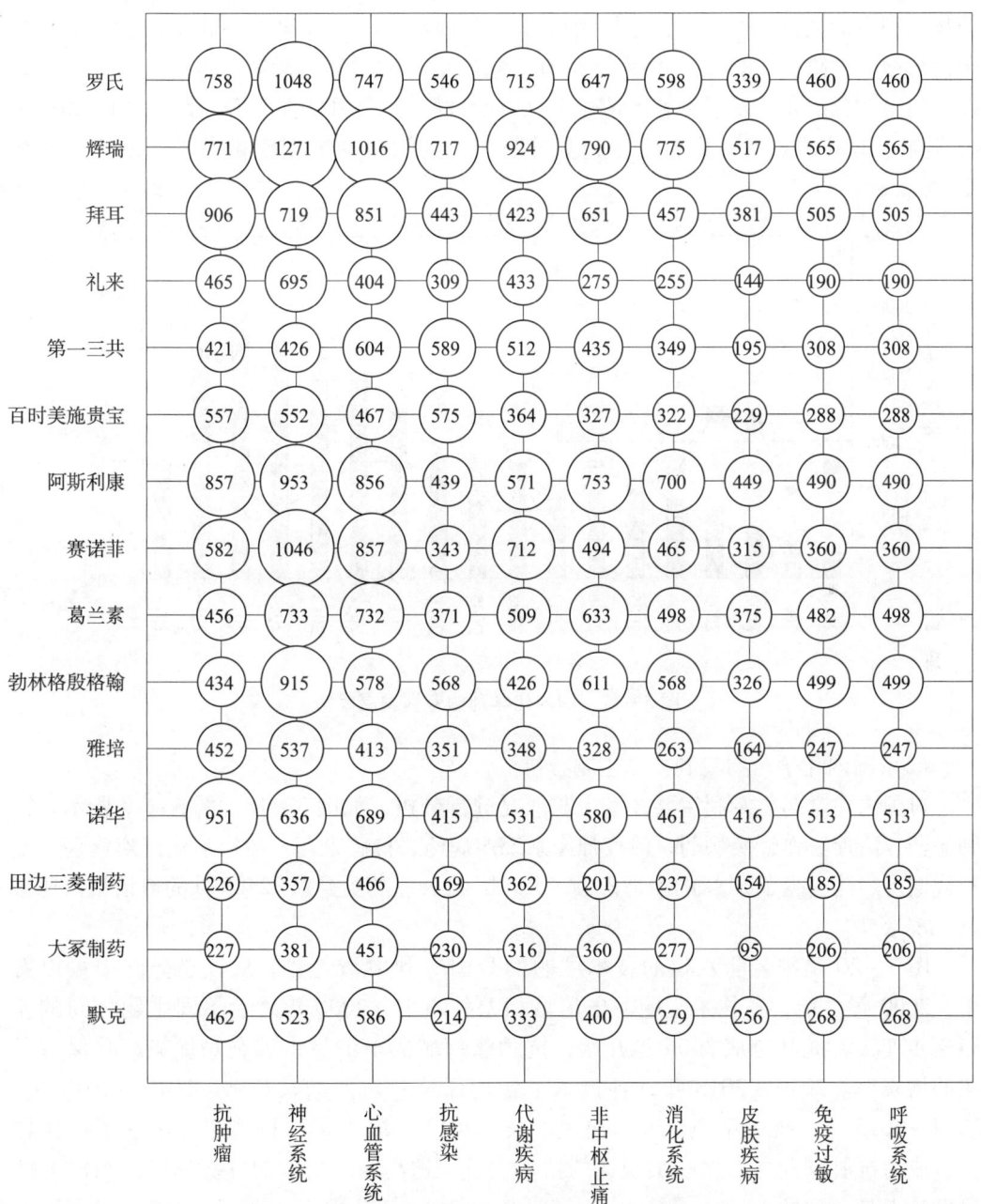

图 3-16　全球化学药物主要申请人技术主题分布

3.2 国内化学药物专利态势分析

3.2.1 国内化学药物专利发展总体状况分析

（1）国内化学药物专利发展趋势分析

对国内化学药物专利发展趋势进行分析，如图3-17所示。1992年以前，国内化学药物专利申请数量较少，增长也较为缓慢，从1992~2000年开始，化学药物申请量处于持续增长的阶段，2000~2015年经历了急剧增长的过程，2015年申请量达到19426件。值得注意的是，发明专利申请通常自申请日起18个月才能公开，因而造成2016~2017年申请量的数据不完整，在趋势分析中，这两年的数据仅供参考，不代表趋势变化。

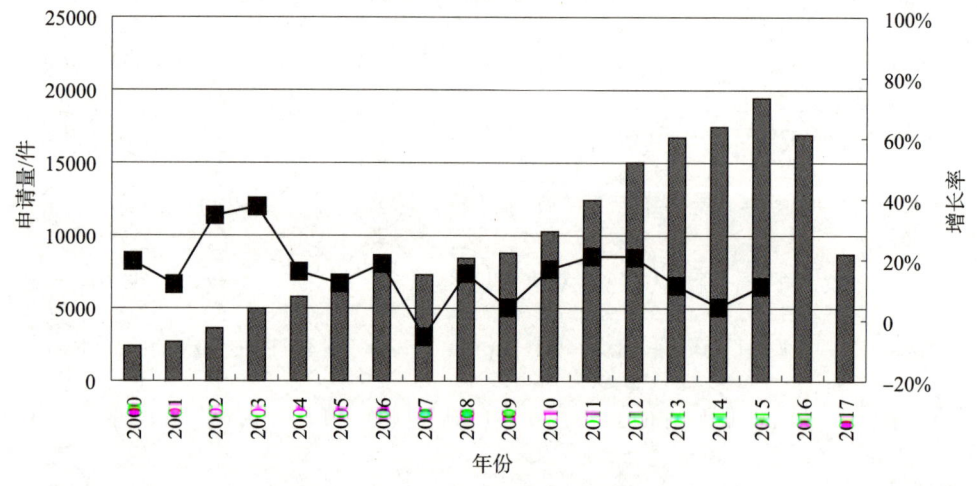

图3-17 国内化学药物专利发展趋势

（2）国内化学药物专利技术主题分析

对国内化学药物专利主要技术主题情况进行分析，如图3-18、图3-19所示。抗肿瘤药、治疗心血管疾病药、治疗神经系统疾病药、抗感染药、治疗消化道疾病药、治疗代谢疾病药占据了51%的申请份额，其中，抗肿瘤药更是以32420件的申请量占比接近11%。

图3-20是排名前八位的技术主题的全国专利申请趋势。从该趋势图中可以看出，2000年之前，各技术主题的申请量相差并不大，2000年之后不同主题之间的差距逐步变大，尤其是从2006年开始，抗肿瘤领域的申请量占据绝对优势，并保持最快的增长率。2010~2015年，各技术主题均保持一定的增长趋势，2012~2013年、2014~2015年，抗感染药出现了快速增长，2014~2015年，抗代谢药出现了迅猛增长，成为抗肿瘤药之后增长最快速的技术主题。这与相应疾病的发病率以及当前全球研发热点是一致的。

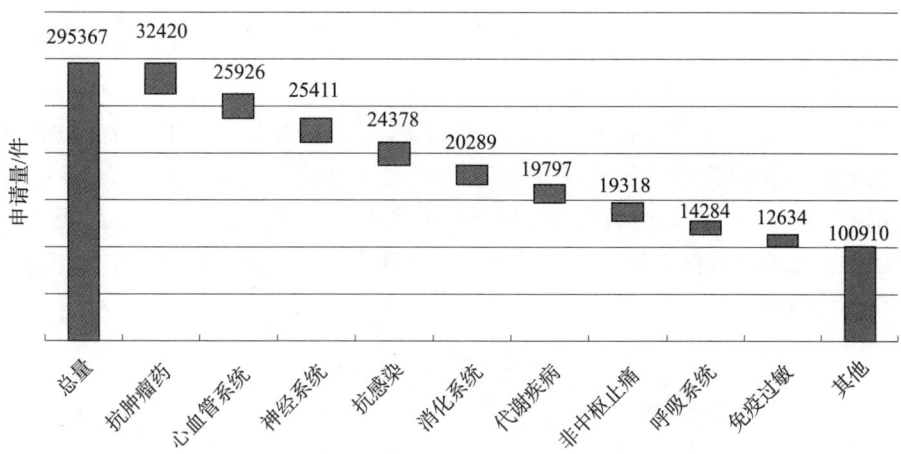

图 3 - 18　国内化学药物专利主要技术主题申请量

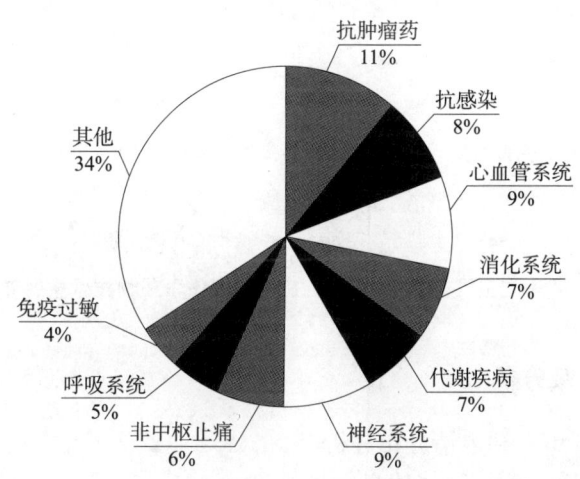

图 3 - 19　国内化学药物专利主要技术主题申请份额

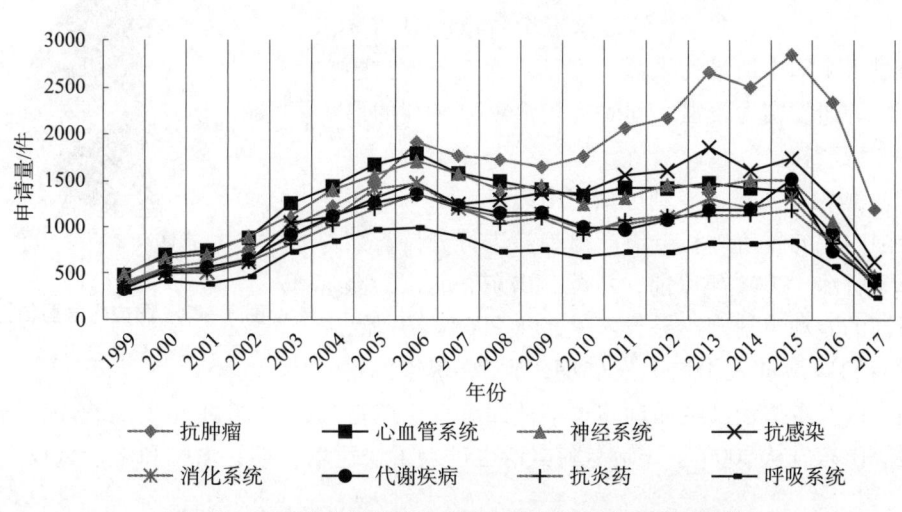

图 3 - 20　国内化学药物专利主要技术主题申请数量趋势

（3）"十二五"以前、"十二五"期间国内化学药物热点变化

为了了解"十二五"期间、"十二五"以前化学药物国内专利申请的技术热点变化，对该领域专利申请的技术主题进行了分类统计，如图3-21所示。"十二五"期间和"十二五"以前，化学药物前八位的技术主题排名并未发生变化。除上述八个研究热点领域之外，其他技术主题在"十二五"期间、以前占比总和分别为34%、39%，也就是说，"十二五"期间排名前八位的技术主题申请份额占比从61%上升至66%，抗肿瘤领域的占比明显提高。这表明国内化学药物的研发主题逐步趋向集中化，热点领域的竞争也更为激烈。

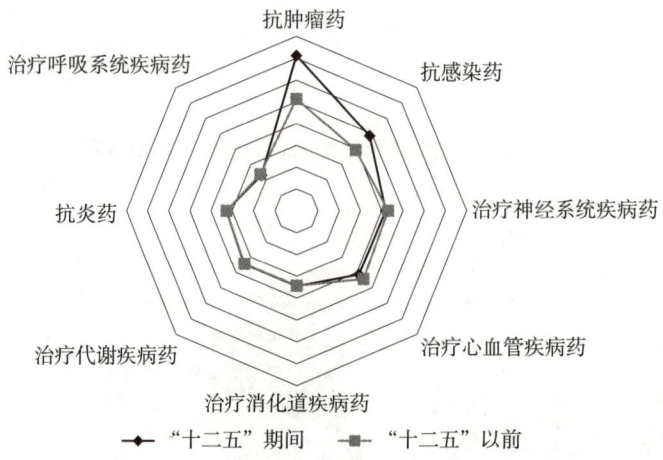

图3-21 "十二五"以前和"十二五"期间化学药物技术主题变化对比

3.2.2 国内竞争区域分析

（1）国内主要省市专利申请分布分析

如图3-22所示，国内的申请量主要集中在江苏、山东、上海、北京、浙江、广东等省市。其中，江苏、山东、上海、北京、浙江这五个省市的申请量占比超过了全国申请量的半数，可见，这五个省市的化学药物的研发实力较强，同时也较注重以专利的形式保护知识产权。

（2）国内主要省市专利申请产出趋势

对国内主要省市专利申请产出趋势进行分析，如图3-23所示。2008年以前，江苏、山东、北京、上海和浙江的专利申请产出差异不大，从2008年开始，

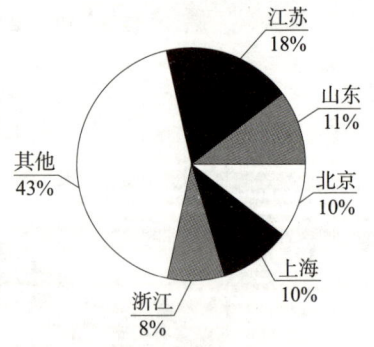

图3-22 国内化学药物
专利申请分布及占比

江苏省专利申请进入了快速发展期，到2010年，其增长幅度以及申请量已经远远超过其他四个省份或地区，但2014年出现波动，增势有所减缓。山东省从2009年开始专利申请也进入了快速增长期，增幅和申请量仅次于江苏省。

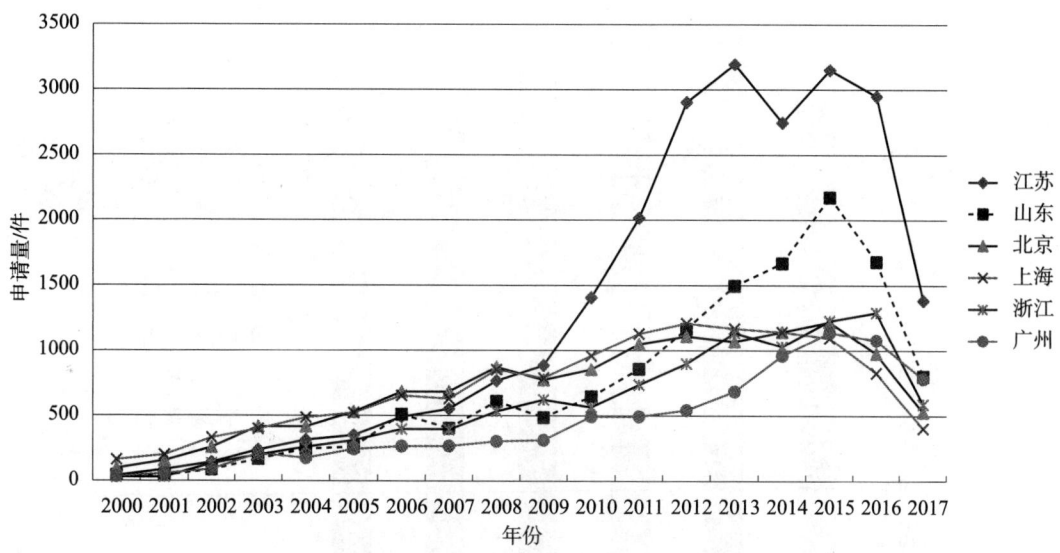

图 3 - 23　国内主要省市专利申请产出趋势

（3）国内主要省市专利技术主题分析

对国内主要省市专利技术主题分布情况进行分析，如图 3 - 24、图 3 - 25 所示：抗肿瘤、抗感染药物仍然是化学药物研发的两大热点领域。北京以及浙江抗肿瘤药物的申请量明显高于抗感染药物，而山东省这两大领域所占比重则基本持平。这说明在抗肿瘤药物研发与国内其他主要省市保持同样增长态势的基础上，山东省的传统优势项目抗感染药物的研发也保持一定的份额。

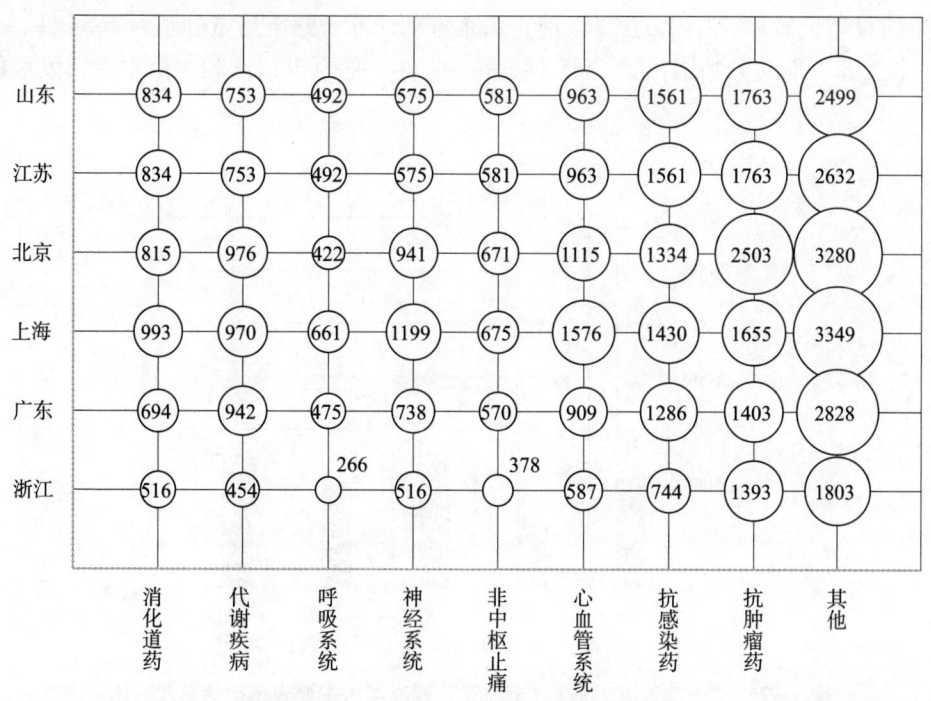

图 3 - 24　国内主要省市专利技术主题分布

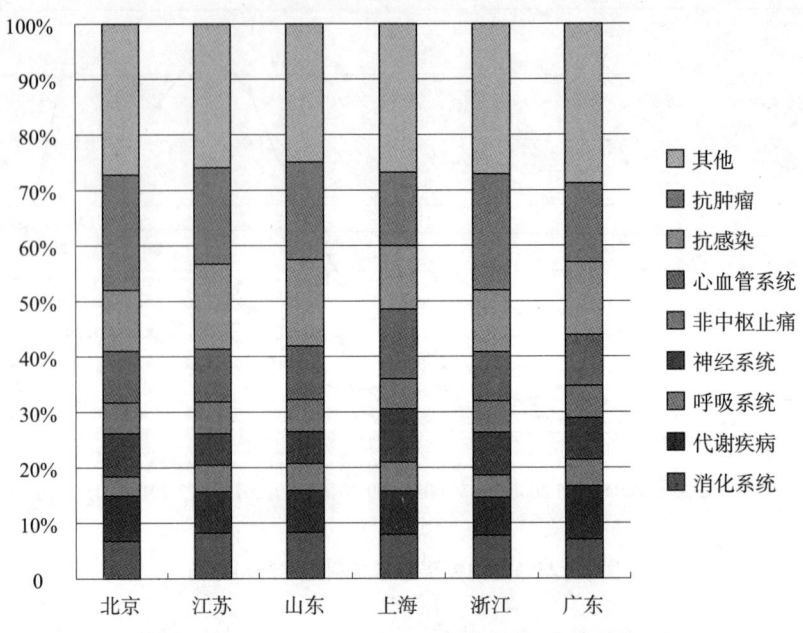

图 3–25　国内主要省市专利技术主题百分比分布

（4）"十二五"以前、"十二五"期间国内主要省市技术实力对比

以"十二五"为时间界限，对国内主要省市申请量情况进行分析，如图 3–26 所示，"十二五"以前江苏、上海、北京分别位于申请总量的第一名、第二名、第三名，"十二五"期间排名前三的分别为江苏、山东、上海。"十二五"期间山东省以及江苏省的申请量增长显著。"十二五"以前，山东省和江苏省的申请量分别为 2654 件、4099 件，"十二五"期间分别增长到 7365 件、14007 件，是原申请量的 3 倍左右，发展能力较强。

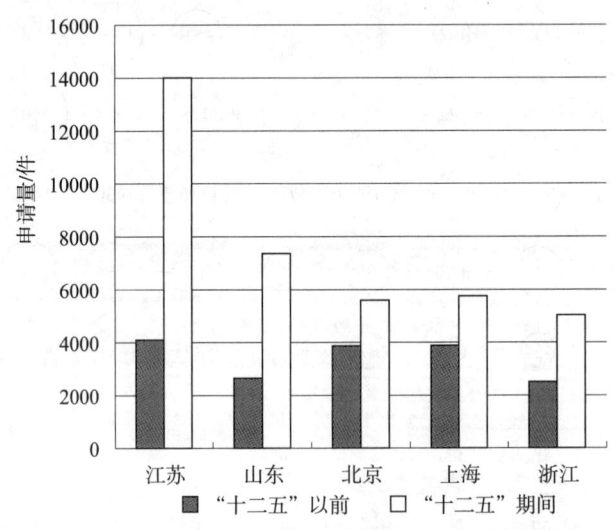

图 3–26　"十二五"以前、"十二五"期间国内主要省市申请总量对比

　　以同样的时间线对主要省市技术主题分布情况进行分析，如图 3 – 27、图 3 – 28 所示。山东、北京、浙江在"十二五"以前和"十二五"期间申请的技术主题前三位没有变化，分别是抗肿瘤药、抗感染药和心血管疾病药；"十二五"以前江苏、上海技术主题排名前三位的分别是抗肿瘤药、心血管疾病药和抗感染药，"十二五"期间排名为抗肿瘤药、抗感染药和心血管疾病药，抗感染药申请量涨幅较大，这说明随着抗生素耐药问题日趋严重、对新型抗生素的需求凸显，抗感染药成为继抗肿瘤药之后的又一研发热点。

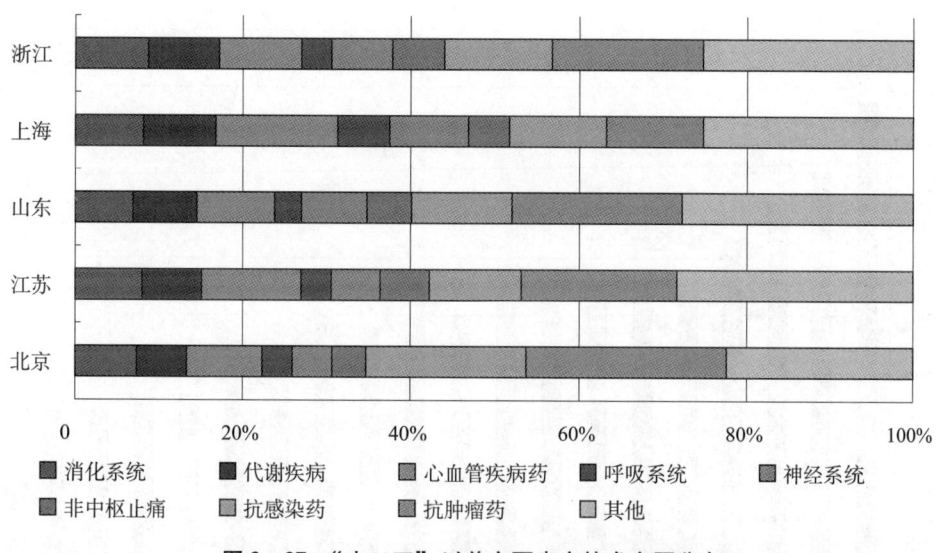

图 3 – 27　"十二五"以前主要省市技术主题分布

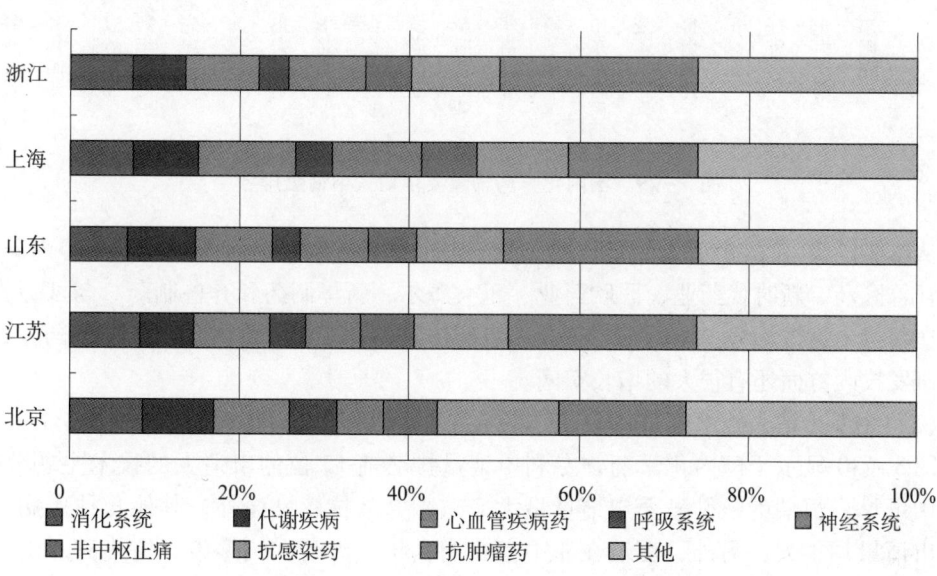

图 3 – 28　"十二五"期间主要省市技术主题分布

3.2.3 国内主要申请人（企业）分析

（1）主要申请人排名

图 3-29 显示了国内化学药物专利申请量排名前 20 位的企业申请人，他们是国内化学药物领域技术研发的主要领导者，均为国内熟知的制药公司，其中，东阳光、正大天晴、石药和恒瑞申请量均在 300 件以上，分列前四位，排名第 20 位的科伦制药申请量在 166 件。

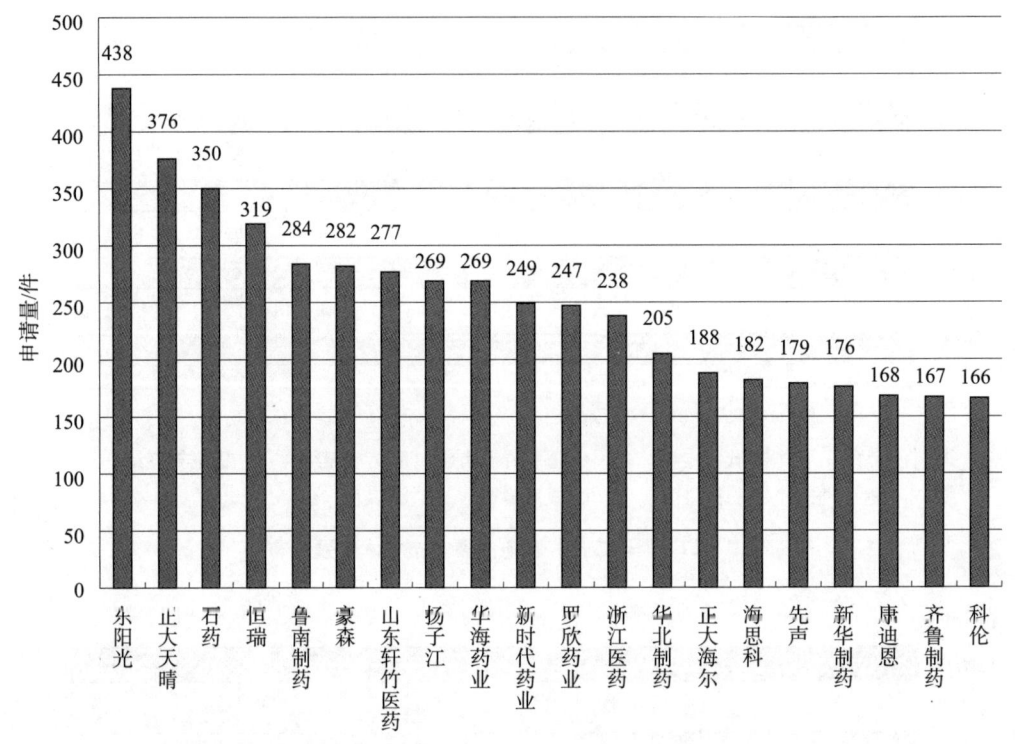

图 3-29 国内化学药物重要申请人申请量排名

从排名前 20 位的申请人分布地域来看，山东省有七家药企入围，分别是鲁南制药、山东轩竹医药、新时代药业、罗欣药业、正大海尔、新华制药和齐鲁制药。与江苏省相比，在数量上占据优势。但山东省企业的申请仿制药和长线药物占比高，原创药少，在新药研发投入方面还有很大的增长空间。

（2）主要申请人技术分布

图 3-30 显示了国内化学药物专利申请量排名前 15 位的申请人的技术主题分布，从图中可见：恒瑞的抗肿瘤药申请量最大，东阳光除抗感染药外，其他几种疾病药物领域申请量均很大；另外，恒瑞在非中枢止痛，正大天晴在抗感染、抗代谢，山东轩竹医药、罗欣制药在抗感染药领域申请量也较为突出，申请量排名前五位的东阳光、正大天晴、恒瑞除了在各自重点领域保持着较高水平的申请量外，也同时注重其他领域的专利布局。

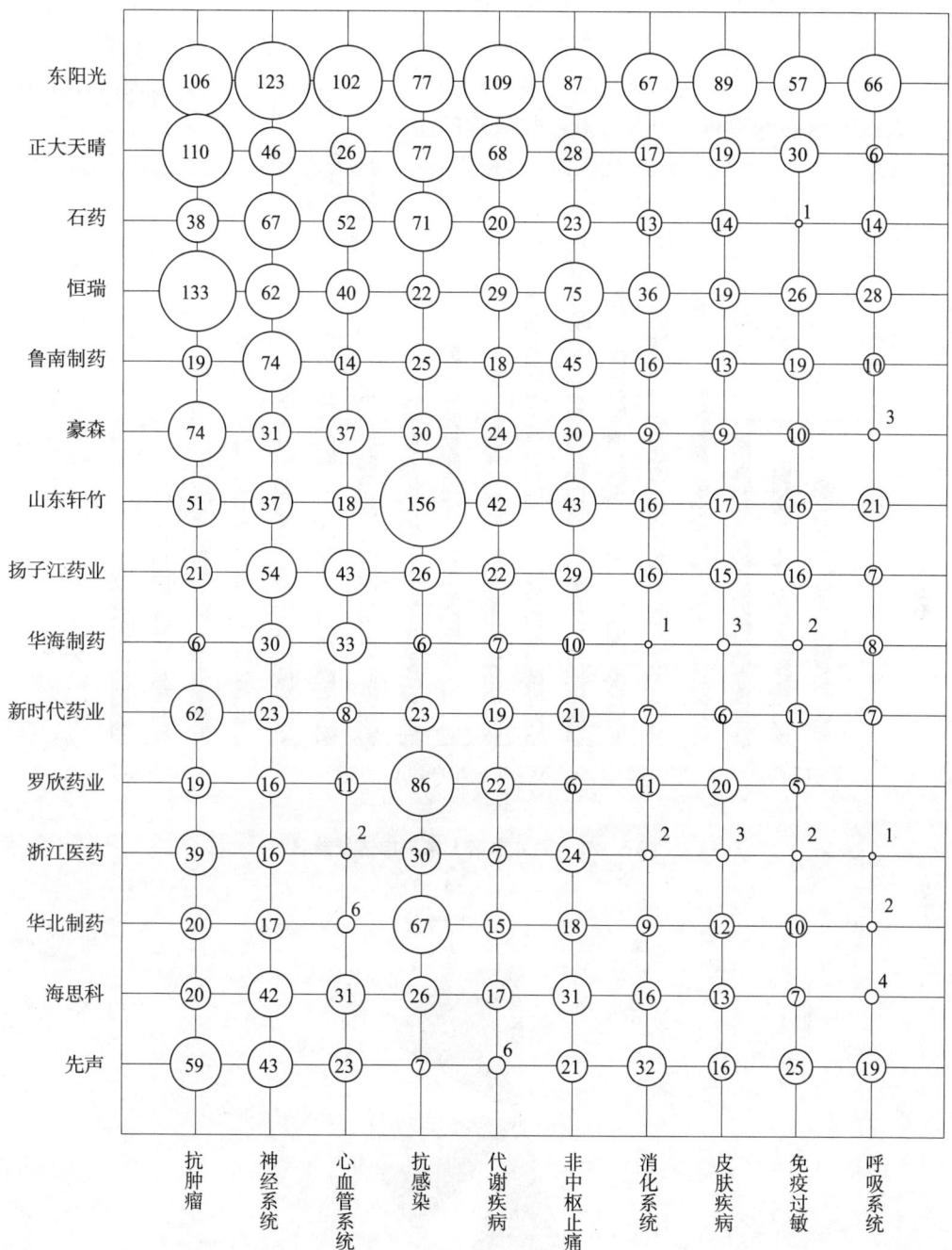

图 3 – 30　国内化学药物专利申请量重要申请人的技术主题分布

（3）国外申请人在华申请态势

除中国原创申请外，不可忽视的是国外申请人的技术输入，其来华申请基本属于技术含量和价值较高的专利，国内和省内申请人需注重专利侵权风险防范。对国外申请人来华申请量情况进行分析，如图 3 – 31 所示，除 2007 ~ 2011 年受国际金融危机的影响，国外来华申请在2000～2006年以及2011～2015年之间均呈逐年上涨的态势。国外来华申请人申请的热点集中在神经系统、心血管系统、抗肿瘤药和非中枢止痛药领域，如图3-32所示。针对上述热点领域的技术输入，国内申请人需注重海外申请人在国内的专利布局以及专利侵权风险的防范。

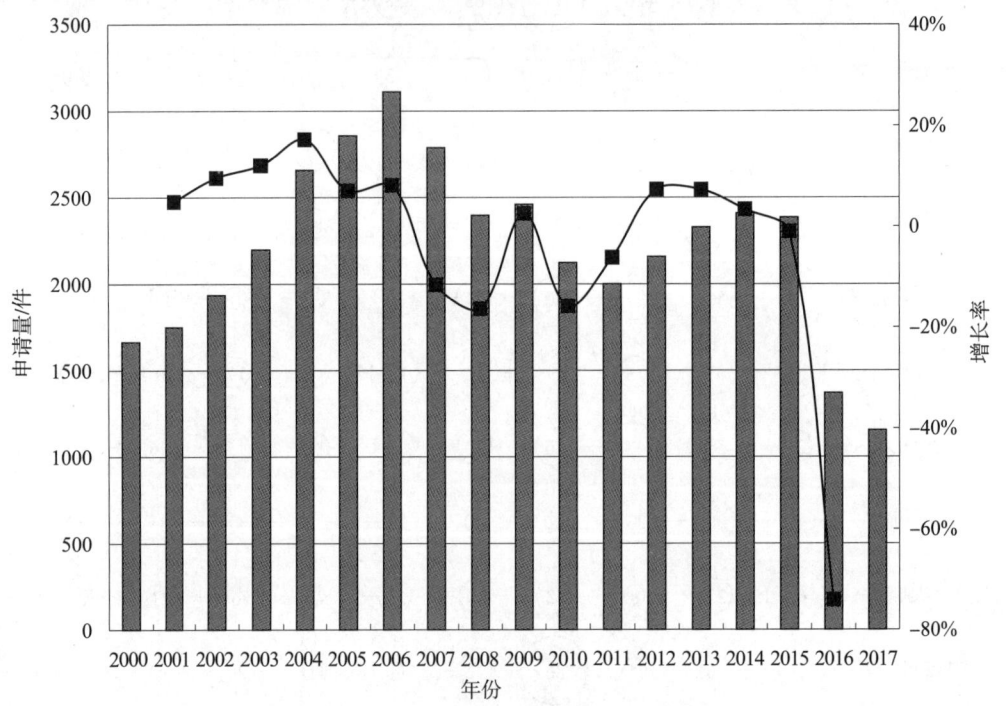

图 3 - 31　国外申请人来华申请量趋势

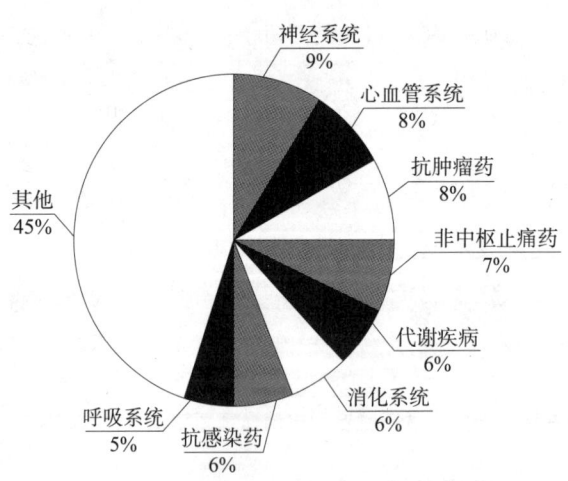

图 3 - 32　国外申请人来华申请技术主题分布

3.3 山东省化学药物专利态势分析

3.3.1 山东省化学药物专利申请总体情况分析

（1）山东省各区域专利申请分布分析

对山东省各地区专利申请量分布情况进行分析，如图 3－33、图 3－34 所示，山东省的专利申请地域分布较为集中，排名前六位地区的申请量占据总量的 3/4 以上，济南和青岛分别以 25% 和 22% 的占比占据第一、第二位。作为省会城市，济南坐拥山东大学、济南大学等重点高校，同时拥有齐鲁制药、轩竹医药等研发型企业，因此其拥有强大的研发实力，并且随着"国家综合性新药研发技术大平台"落户济南，可以预见其研发实力会登上一个新的台阶；而青岛作为山东省 GDP 排名第一的城市，经济实力雄厚，并且拥有中国海洋大学、中科院海洋研究所等高校、科研院所，研发实力同样遥遥领先。其他申请量较大的地区有淄博、临沂、烟台和潍坊，分别占比 10%、9%、7%、6%。

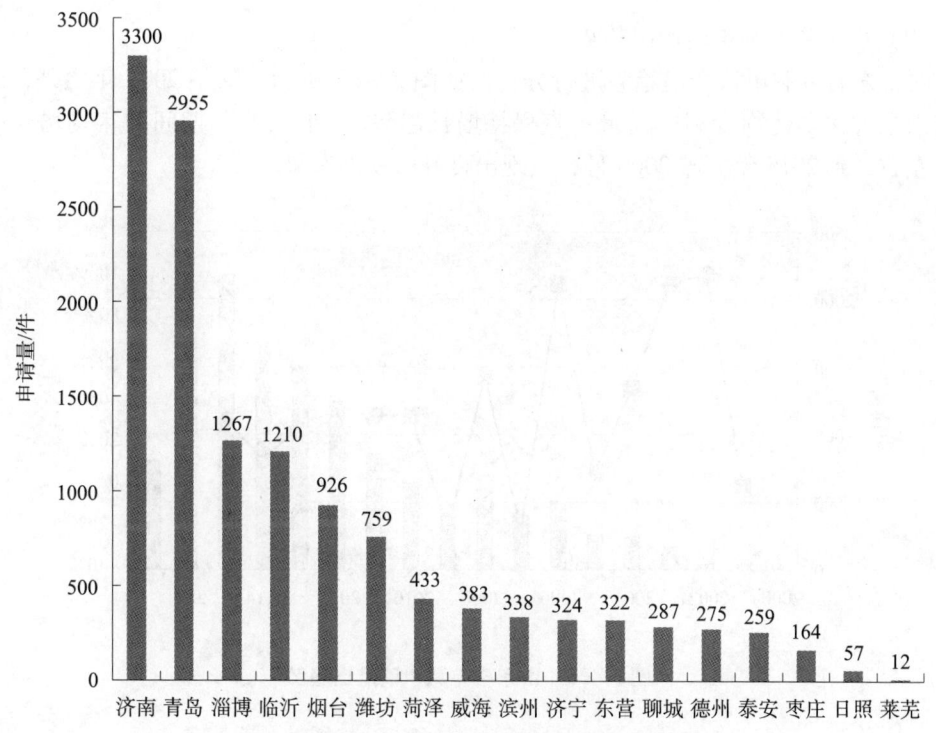

图 3－33 山东省各地区专利申请量分布

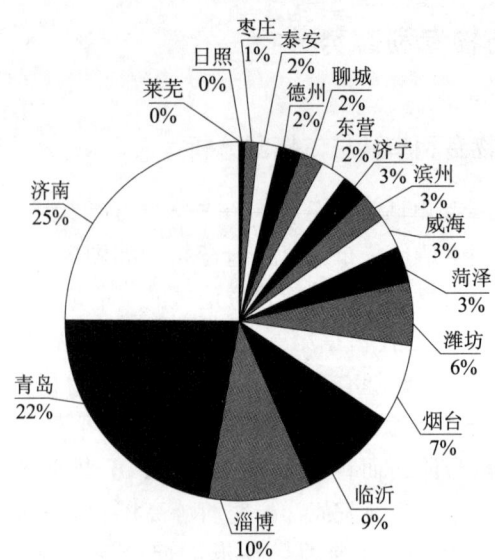

图 3－34　山东省各地区申请量占比分布

（2）山东省专利申请产出趋势

对山东省专利申请产出趋势进行分析，如图 3－35 所示，除了 2009 年之外，近十年来山东省化学药物专利申请量一直保持增长趋势，"十二五"期间的年均增长率为 30% 左右，到 2015 年突破 2000 件，表现出良好的发展态势。

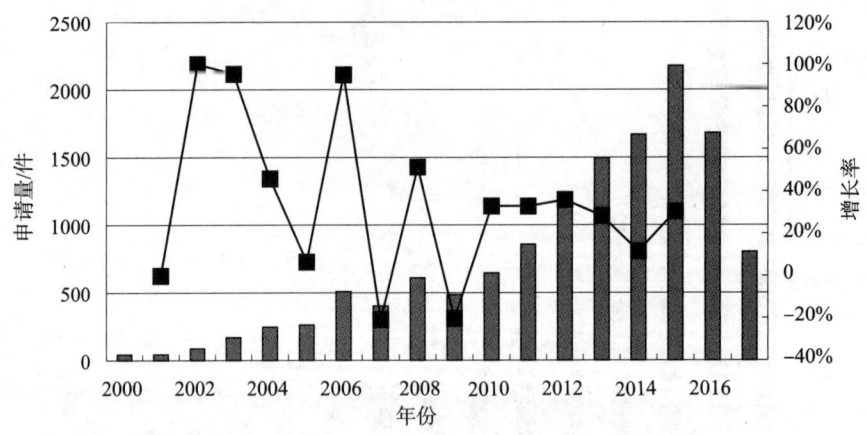

图 3－35　山东省专利申请产出趋势

（3）山东省各区域专利申请产出趋势

图 3－36 显示了 2000～2017 年山东省各地区化学药物领域专利申请历年的变化趋势。济南起步较早，2006 年的申请量即达到 343 件，明显高于其他地区。随后经历数年的调整，2010 年以后申请量也基本保持增长态势。2011 年开始，青岛的申请量迅猛增长，2013～2015 年占据明显的优势地位。随着山东省国家创新药物孵化基地和综合性新药开发技术大平台的建设，"十二五"期间，淄博、烟台、潍坊、临沂等地区的申请

量也有明显增长。对快速增长的五个区域申请趋势进行分析，如图 3 - 37 所示，"十二五"期间，济宁、聊城和菏泽的申请量保持稳步增长，威海和东营的申请量虽然在 2014~2015 年有所降低，但 2016 年开始即有所回升，具有发展潜力。

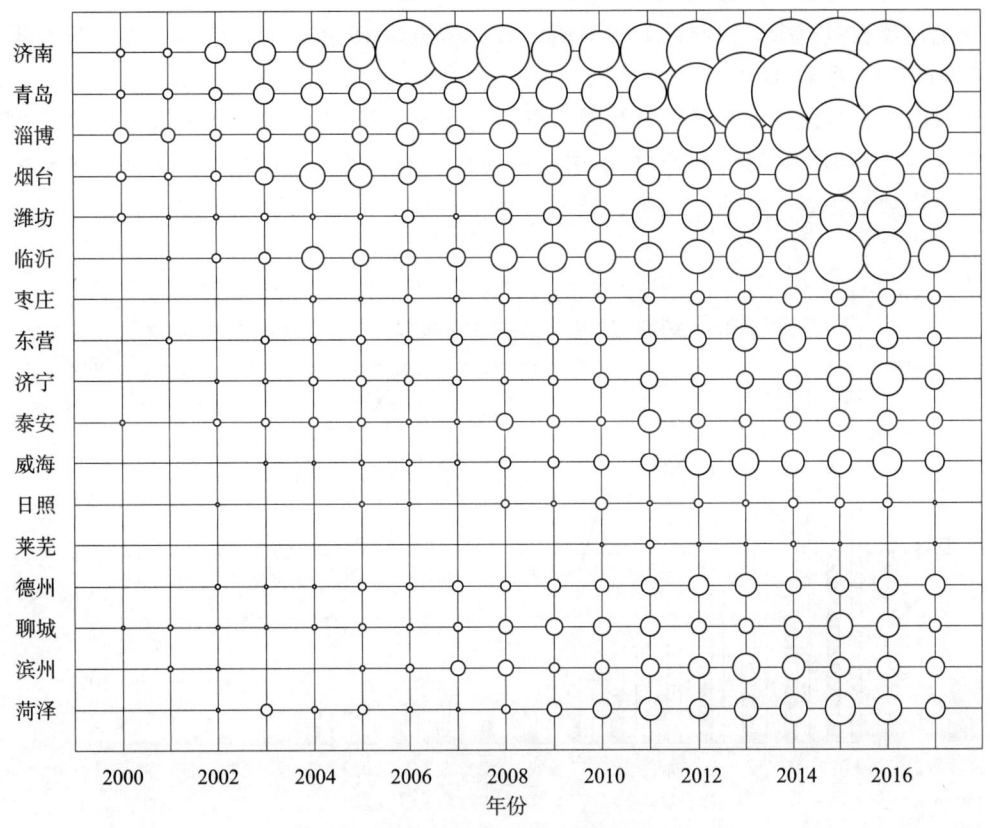

图 3 - 36　山东省各区域专利申请产出趋势

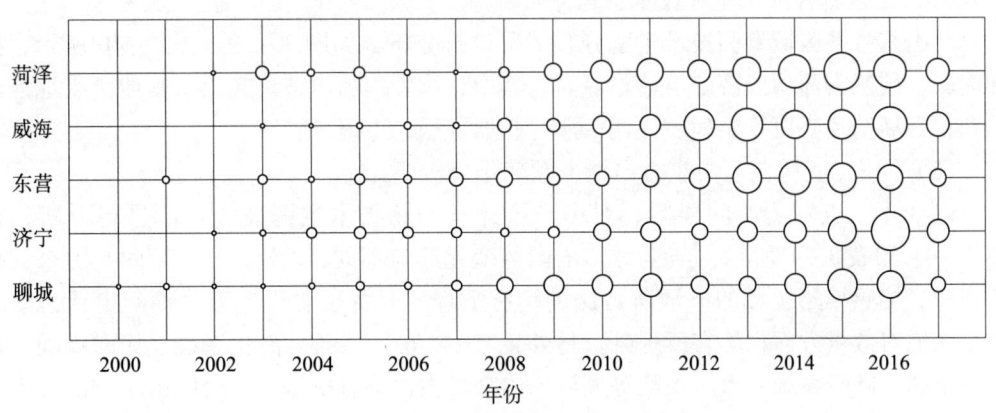

图 3 - 37　山东省快速增长的五个区域专利申请产出趋势

（4）山东省各区域专利有效性分析

专利授权量及占比可以从一定程度上反映出专利的质量和价值，以专利授权/申请量比例为指标，对山东省和其他五个竞争区域的申请质量进行分析。通常，发明专利申请在其申请日起满18个月公布，2016~2017年申请的部分专利可能会由于没有公开而导致上述授权量减少，因此，上述申请量数据截至2015年12月31日，授权量数据截至2017年12月31日。

对山东省各区域专利授权量及授权率情况进行分析，如图3-38所示，六个主要城市中，济南、临沂和潍坊的授权/申请比例均高于山东省平均授权率，淄博和烟台的比例与平均数值相当。其他地区中，滨州、济宁、东营、德州的授权/申请比也明显高于全省平均值。

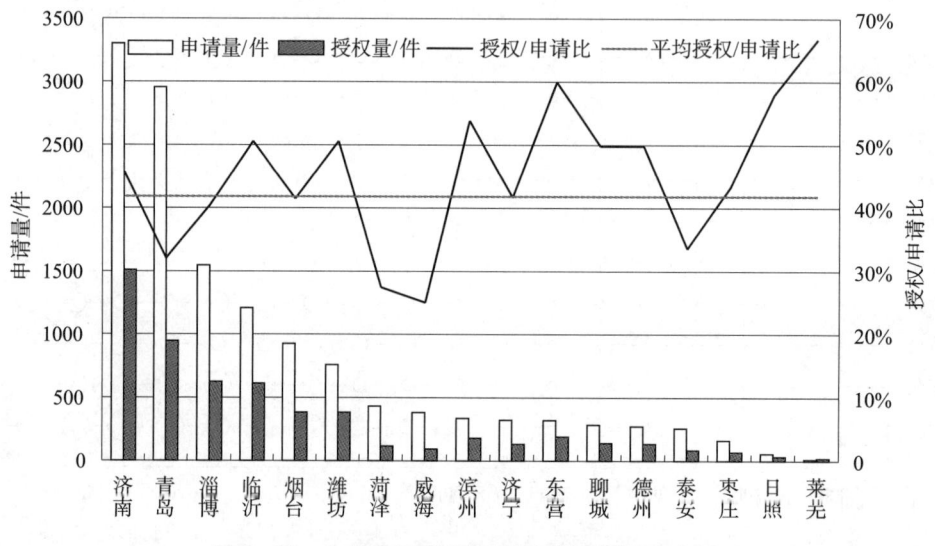

图3-38 山东省各区域专利授权量及授权率分析

（5）山东省各区域专利技术主题分布

对山东省各区域专利技术主题分布情况进行分析，如图3-39、图3-40所示，抗肿瘤药、抗感染药均以济南申请量最高，其中，抗肿瘤药申请量超出了其他所有地区的总和；青岛治疗心血管疾病、代谢疾病、骨骼疾病的申请量较高。

（6）"十二五"前后山东省申请主题变化分析

以"十二五"为时间界限，对山东省化学药物技术主题变化情况进行分析，如图3-41和表3-1所示，与全球、全国的变化趋势不同，"十二五"期间，山东省抗肿瘤药、抗感染药领域的申请所占比例均有下降。但由于"十二五"期间申请总量较大，在绝对数量方面仍然有所提升。另外，"十二五"期间，消化系统、代谢疾病、非中枢止痛、呼吸系统、血液疾病等领域的申请量占比均有所提升，表明山东省的技术主题分布趋于广泛化。

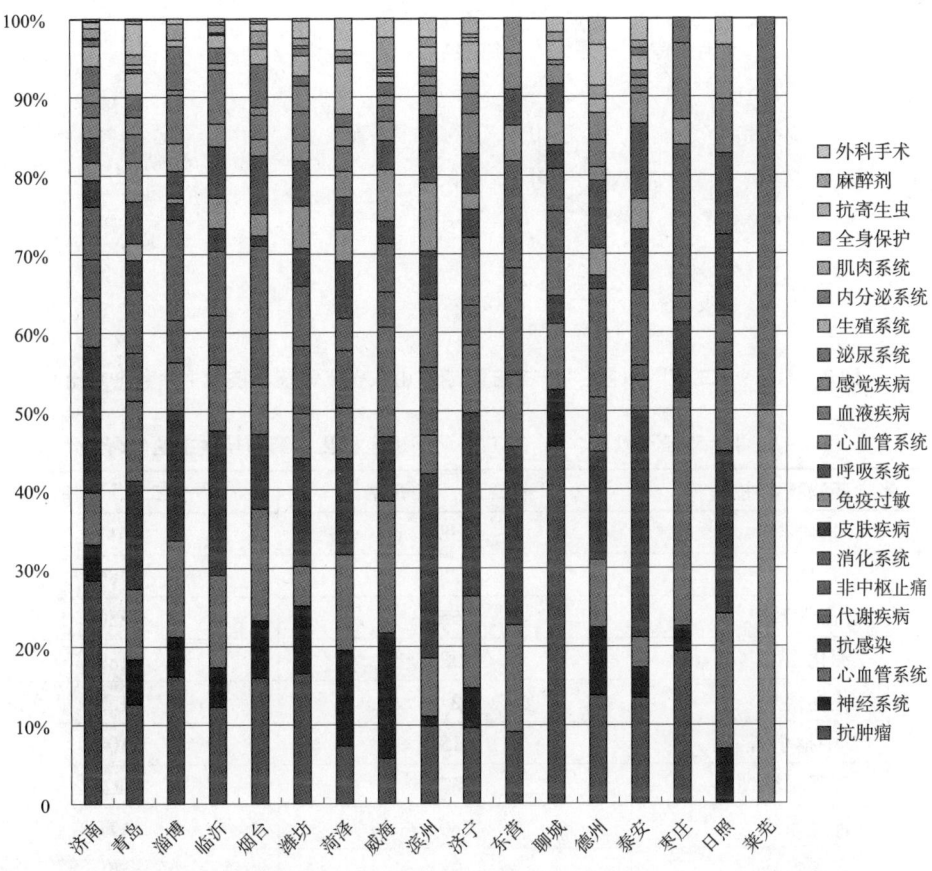

图 3-39 山东省各区域专利技术主题分布

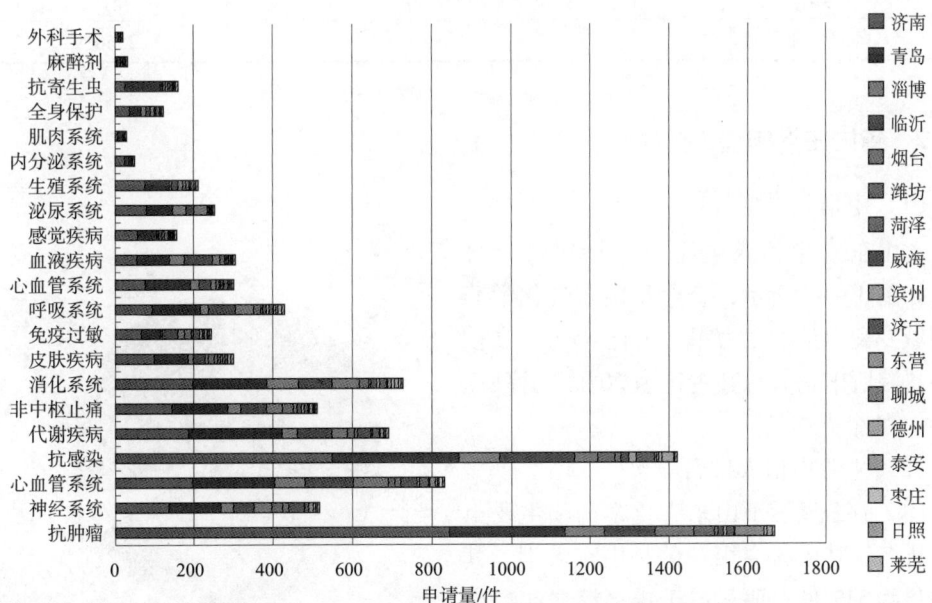

图 3-40 山东省各区域专利技术主题申请量

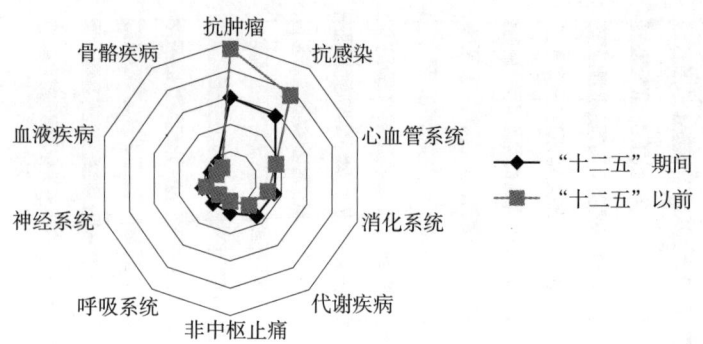

图 3–41 "十二五"以前、"十二五"期间山东省化学药物技术主题变化对比

表 3–1 "十二五"以前、"十二五"期间山东省化学药物技术主题申请量

化学药物技术主题	"十二五"期间/件	"十二五"以前/件
抗肿瘤	758	611
抗感染	725	486
心血管系统	455	230
消化系统	437	189
代谢疾病	424	153
非中枢止痛	318	104
呼吸系统	282	92
神经系统	280	121
血液疾病	198	70
骨骼疾病	198	67
其他	1000	437
总和	5075	2560

3.3.2 省内主要申请人分析

（1）申请人类型分析

对山东省申请人类型分布情况进行分析，如图 3–42 所示，企业是山东省化学药物领域专利申请的主力军，占比 65%，高校和科研院所申请人总和占比为 20%，另外还有 14% 的个人申请。

（2）主要申请人排名

图 3–43 显示了山东省化学药物主要申请人排名。其中排名第一的是山东大学，其申请量为 517 件，明显高于排名第二的鲁南制药集团（287 件）。其他申请量较大的申

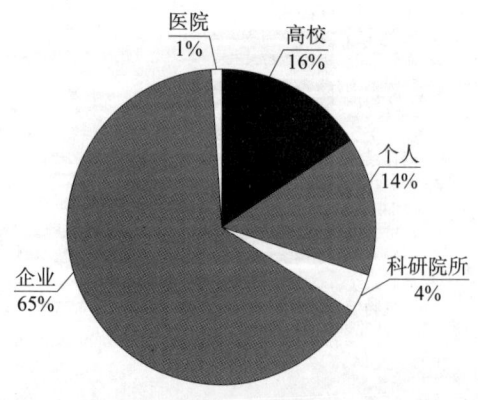

图 3–42 山东省各申请人类型占比

请人分别为轩竹医药（270 件）、新时代药业（245 件）、罗欣药业（237 件）。从申请人类型方面来看，排名前十位的申请人中有 3 所高校、1 所科研院所，其他为企业。

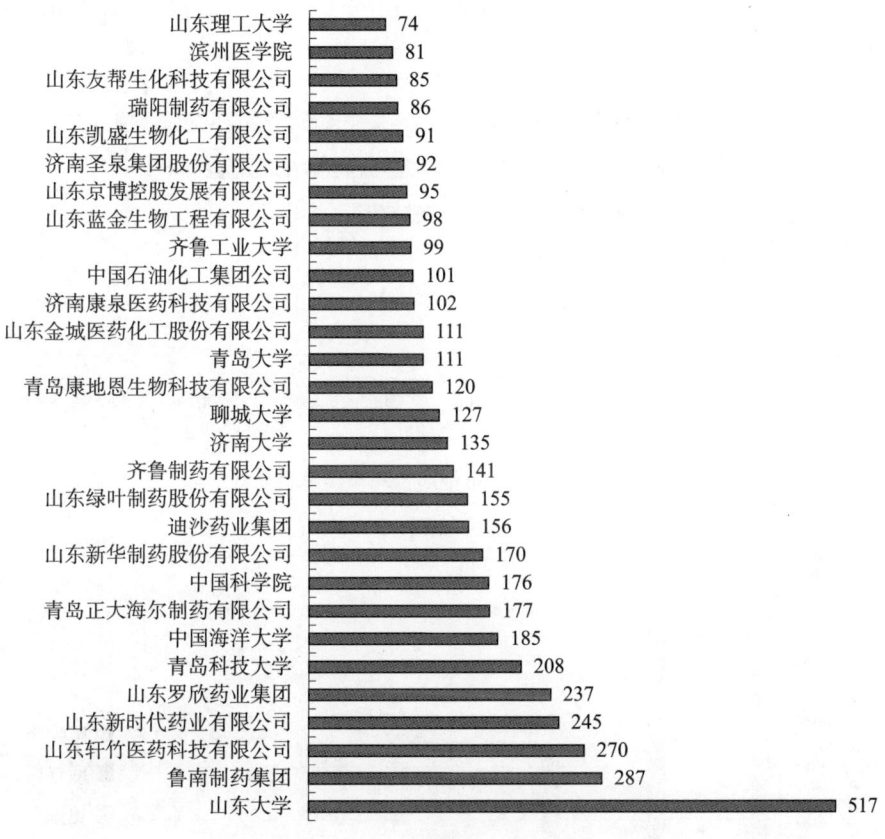

图 3 - 43 山东省化学药物主要申请人排名

3.4 竞争省份实力比对

对竞争省份的化学药物专利活动进行分析，可以了解化学药物领域竞争省份的技术优势、专利战略、技术实力、技术规划策略等，从而预测竞争省份未来的目标、资源等，为山东省制定专利和市场对抗策略提供依据。以下从专利布局、重点领域保护力、重要申请人技术实力比对三个角度进行分析。

根据国内化学药物各省市申请量，排名前六位的分别为江苏省、山东省、北京市、上海市、浙江省、广东省，以下对这六个省市的专利申请情况进行比对。

3.4.1 专利申请海外地域分布比对

由于海外申请成本较高，因此，只有技术含量较高或者有利于市场竞争的专利技术，申请人才会考虑进行海外申请。如图 3 - 44 所示，六省市中他局申请量最多的是上海，为 812 件，其次为江苏 705 件，山东申请量 170 件；如图 3 - 45 所示，美国是各竞争省市海外布局的重点市场，其次是欧洲、日本、韩国，各竞争省市海外专利申请主要通过《专利合作条约》（PCT）途径。从六省市的全球专利申请情况可以看出，上海、江苏在化学药物领域竞争力较强，对高价值专利更注重全球市场布局，而美国是他们的重要海外市场。

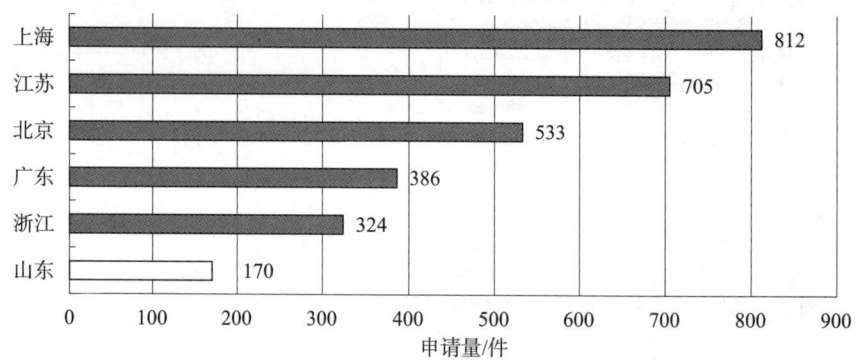

图 3-44 主要省市他局专利申请总量比对

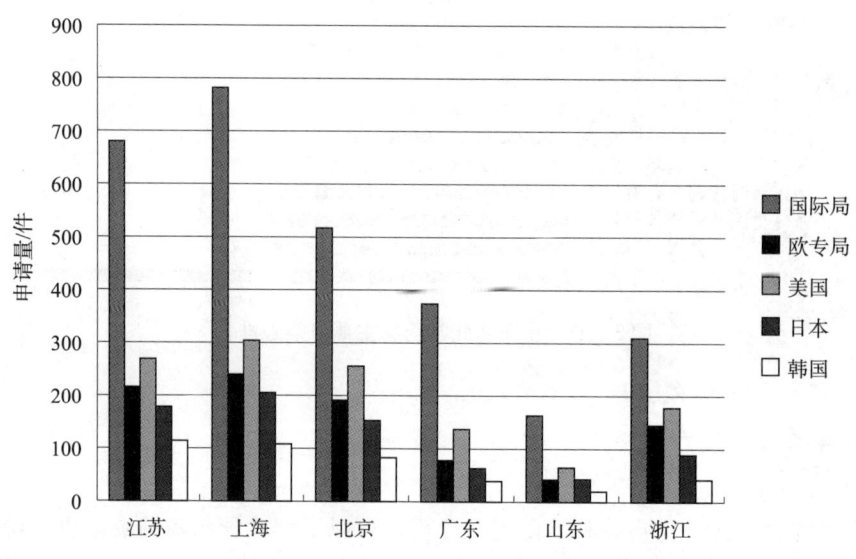

图 3-45 主要省市专利申请他局申请量比对

3.4.2 专利申请授权比对

通常，发明专利申请在其申请日起满 18 个月公布，2016～2017 年申请的部分专利可能会由于没有公开而导致上述授权量减少，因此，下列申请量数据截至 2015 年 12 月 31 日，授权量数据截至 2017 年 12 月 31 日。

对国内主要省市专利申请授权量、授权率进行对比，如图 3-46 所示，除江苏省外，其余省市专利授权率均在全国平均值以上，浙江省的授权率最高为 65.44%，山东省授权率为 53.95%；江苏省虽然授权率不高，但申请量较高，最终的授权量也是最高的；从综合申请量和授权量来看，江苏省属于专利活动多且授权专利也多的领域领导者，浙江省属于专利活动少但授权专利多的领域活跃者，北京、上海属于专利活动少授权专利多的领域潜在竞争者。

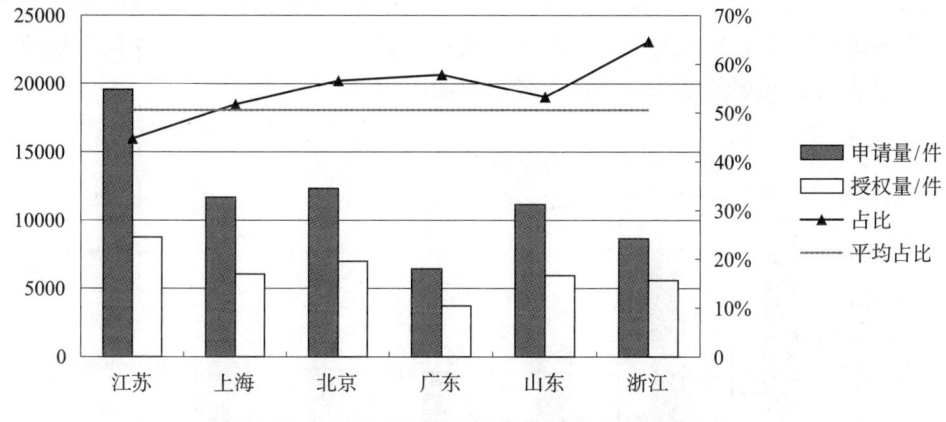

图 3 – 46　主要省市专利申请授权量及授权率比对

3.4.3　重点领域保护力比对

专利申请中，化合物专利对所属领域保护力度最强。以下针对药物化合物整体产出以及抗肿瘤和抗感染这两个山东省综合实力较强的技术领域进行比对。

（1）药物化合物产出比对

如图 3 – 47 所示，在主要省市的药物化合物占化学药物申请总量的比例方面，上海的占比仅次于广东，说明广东、上海在化学药物领域创新研发能力和竞争力相对较强，山东省的化学药物申请量占比 13.36%，但基于其在化学药物总申请量上的优势，在化学新药开发方面还有较大的发展空间。

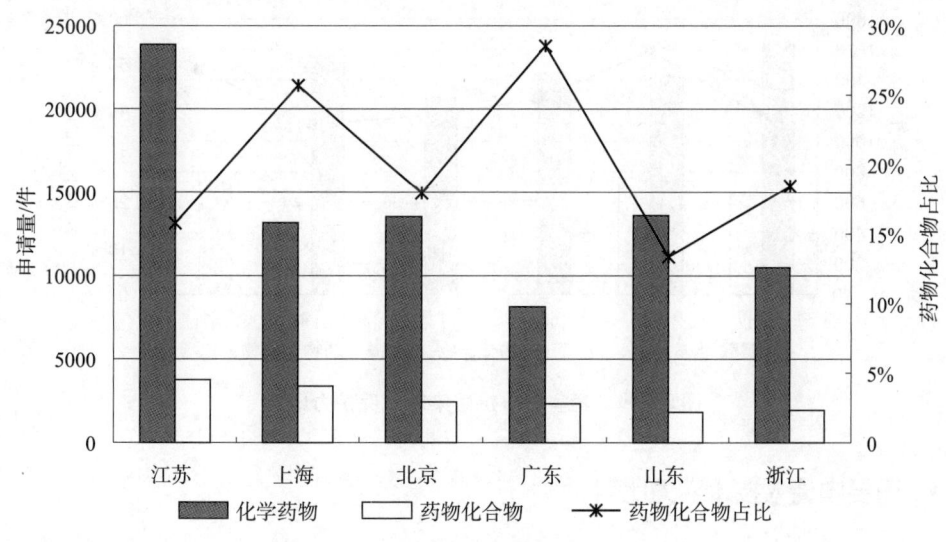

图 3 – 47　竞争省市药物化合物产出比对

（2）抗肿瘤领域保护力比对

如图 3 - 48 所示，浙江、上海在抗肿瘤化学药物领域的化合物专利申请最多，其中，浙江的肿瘤药物化合物占肿瘤化学药物的比例最高，表明其在该领域的创新能力和竞争力都比较强，山东省抗肿瘤化学药物申请量排名第三，但抗肿瘤药物化合物的占比偏低，表明其在该领域的创新发展还有较大空间。

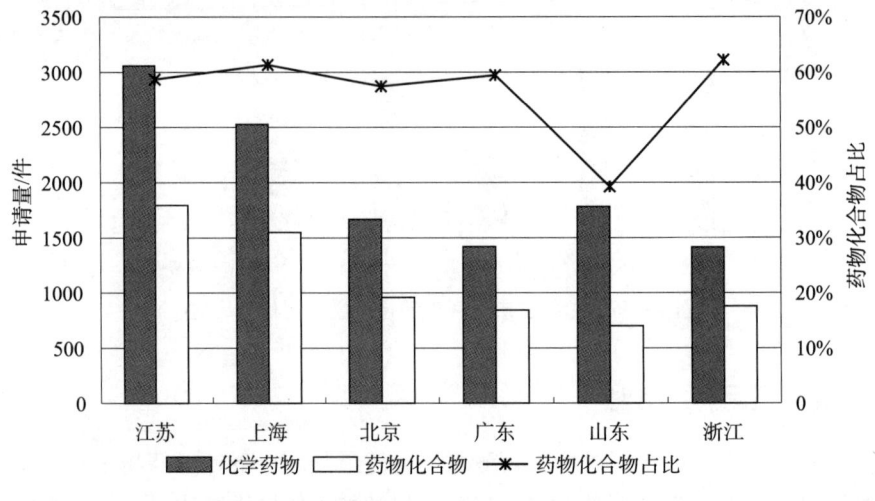

图 3 - 48　竞争省份抗肿瘤领域保护力比对

（3）抗感染领域保护力比对

如图 3 - 49 所示，上海的抗感染化合物和药物化合物占比均最高，其次是浙江，山东、江苏抗感染化合物以及药物化合物占比不相上下，但山东省抗感染化学药物的总申请量较高，在此优势下，可以进一步加大抗感染新化合物的开发力度。

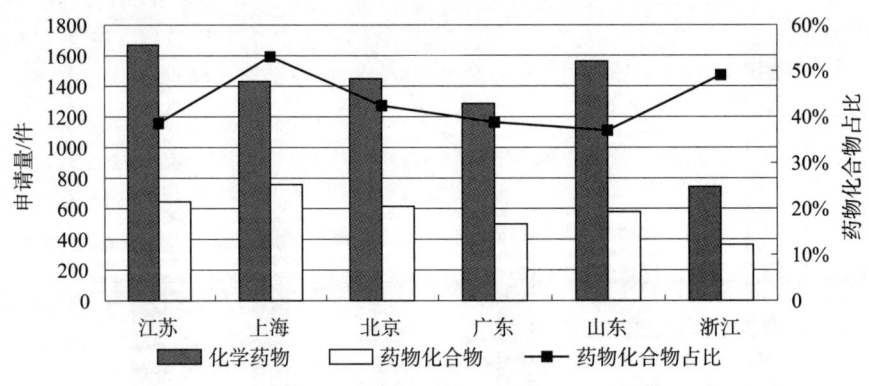

图 3 - 49　竞争省份抗感染领域保护力比对

3.4.4　重要申请人技术实力比对

（1）重要申请人产出比对

对全国和山东省企业申请人前 20 位的申请量进行统计，如表 3 - 2 所示。

表 3 - 2　国内/山东省前 20 位企业型申请人申请量及排名比对

排名	全国申请人	申请量/件	山东省申请人	申请量/件
1	东阳光药业	438	鲁南制药	284
2	正大天晴	376	轩竹医药	277
3	石药集团	350	新时代药业	249
4	恒瑞医药	319	罗欣药业	247
5	鲁南制药	284	正大海尔	188
6	豪森医药	282	新华制药	176
7	轩竹医药	277	康地恩生物	168
8	扬子江药业	249	齐鲁制药	167
9	华海药业	269	迪沙药业	156
10	新时代药业	269	绿叶制药	155
11	罗欣药业	247	金城医药	111
12	浙江医药	238	康泉医药	102
13	华北制药	205	中石化	101
14	正大海尔	188	蓝金生物	98
15	海思科药业	182	京博控股	95
16	先声药业	179	圣泉集团	92
17	新华制药	176	凯盛生物	91
18	康地恩生物	168	瑞阳制药	86
19	齐鲁制药	167	友帮生化	85
20	科伦药业	166	蓝盛洋医药	70

从表 3 - 2 可以看出，与全国重要申请人申请量相比，山东省重点企业专利申请还有较大发展空间；另外，山东省排名前 20 位的企业申请人中，有 1/5 左右为化工类企业，其主要申请集中在化工原料而非药物，这也充分体现出山东省为原料药重要产地，原料药占比偏高。

（2）重要申请人重点领域技术保护力比对

以下分别选择全国和山东省研发重点和热点领域：抗肿瘤、神经系统、心血管系统领域、抗感染领域、代谢领域、非中枢止痛领域排名前三位申请人，通过各个领域化学药物申请量和药物化合物申请量对比，对其技术实力进行分析。

图 3 - 50 为抗肿瘤领域重要申请人技术实力比对。恒瑞、正大天晴和东阳光的抗肿瘤药物化合物申请量占比极高，尤其是东阳光，几乎和化学药物申请量持平，说明这些企业对抗肿瘤领域的创新能力以及保护力较强；轩竹医药的化合物申请量较高，齐鲁次之，新时代虽然抗肿瘤化学药物申请量较高，但其关于创新化合物申请量较少，专利申

请较多地集中于已知药物的剂型、制备方法、晶型的改造等。

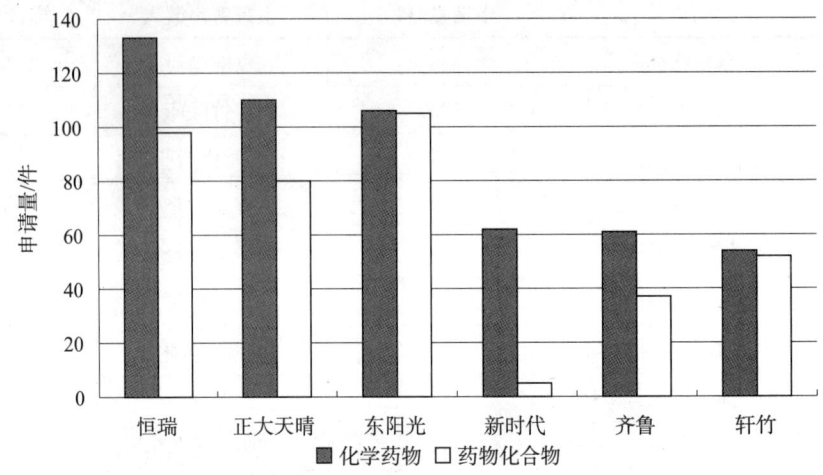

图3－50　抗肿瘤领域重要申请人技术实力比对

图3－51为神经系统疾病领域重要申请人技术实力比对。东阳光、恒瑞、石药的神经系统疾病化合物申请量较高，其中，东阳光在该领域药物化合物申请量占化学药物申请量的将近80%，充分体现出其对该领域的创新能力和保护力；轩竹医药在神经系统疾病领域的化合物申请量占化学药物申请量的50%，属于省内对该领域保护力较强的企业。

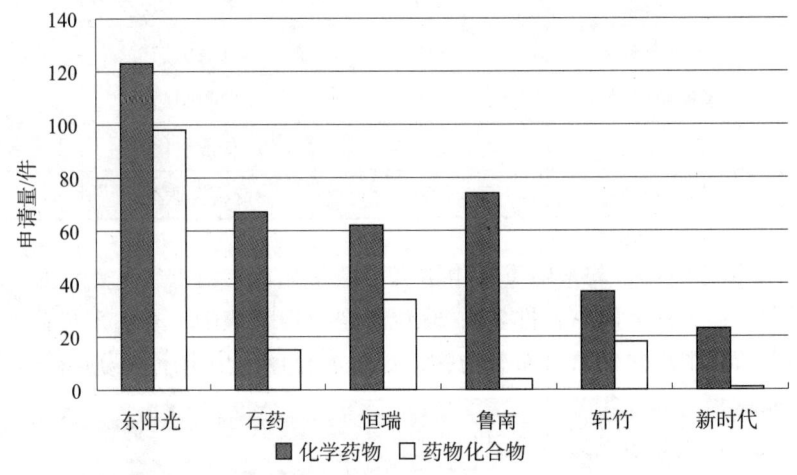

图3－51　神经系统疾病领域重要申请人技术实力比对

图3－52为心血管领域重要申请人技术实力比对。东阳光在心血管领域的药物化合物申请量占化学药物的90%以上，其新药创新研发能力较强；石药、扬子江的占比也接近50%；轩竹医药占比86%，在心血管领域的创新能力较强；绿叶、迪沙除了对已知药物的剂型、制备方法、晶型的改造外，在新药开发方面还有较大的发展潜力。

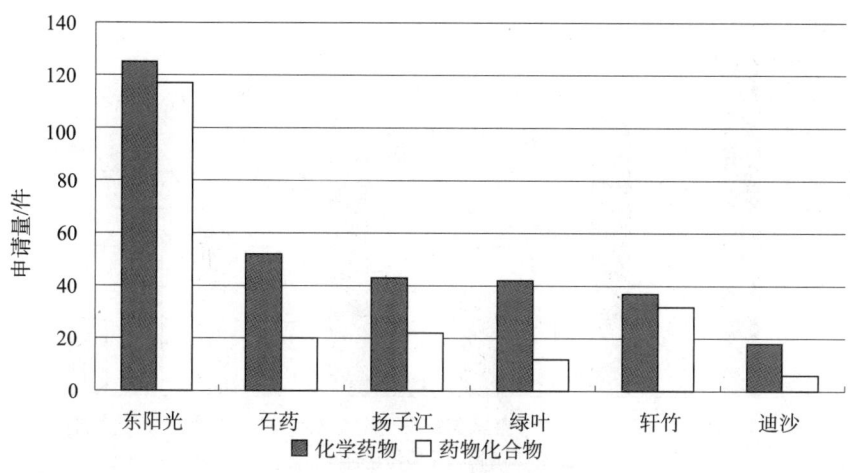

图 3－52　心血管领域重要申请人技术实力比对

图 3－53 为抗感染领域重要申请人技术实力比对。无论从化学药物总申请量还是药物化合物的申请量，轩竹医药都远远超出了排名第二的东阳光，其在该领域的创新力和保护力当属最强；基于申请总量的优势，罗欣和康地恩在新化合物开发和申请方面还有较大的发展空间。

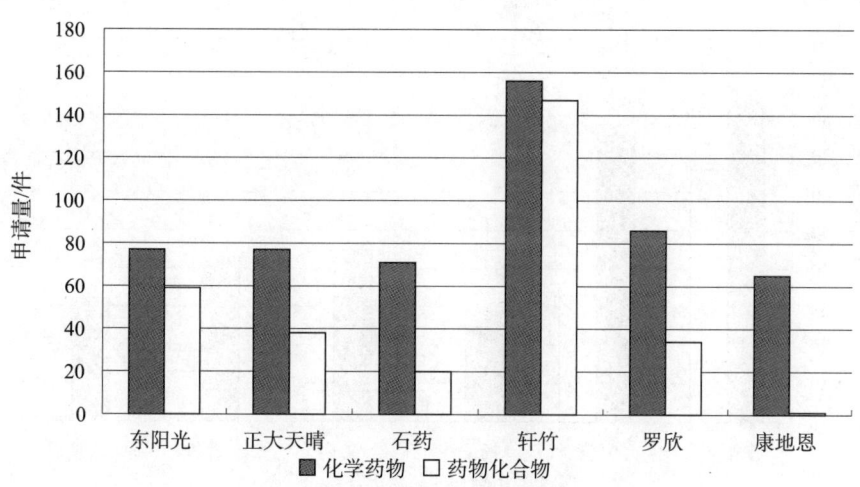

图 3－53　抗感染领域重要申请人技术实力比对

图 3－54 为代谢疾病领域重要申请人技术实力比对，可以看出，代谢疾病领域东阳光、恒瑞仍然是技术保护力相当强的，正大海尔化学药物申请量几乎与恒瑞持平，但基本上没有药物化合物的产出，其申请更多地集中在剂型和组合物；轩竹的化合物申请量几乎与化学药物申请量持平，说明其在该领域有相当强的保护力和创新开发能力。

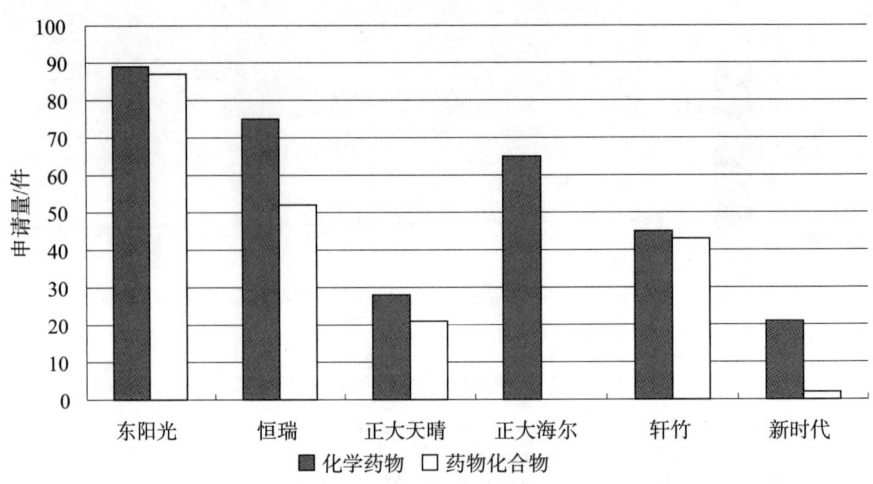

图 3-54　代谢疾病领域重要申请人技术实力比对

图 3-55 为非中枢止痛领域重要申请人技术实力比对，可以看出，东阳光与恒瑞属于抗炎止痛领域保护力和创新能力相当强的，其药物化合物分别占化学药物的 76%、44%，而山东省内创新能力最强的轩竹占比为 30%，基于总量的优势，鲁南、轩竹和康地恩在该领域的新药开发方面有很大的发展空间。

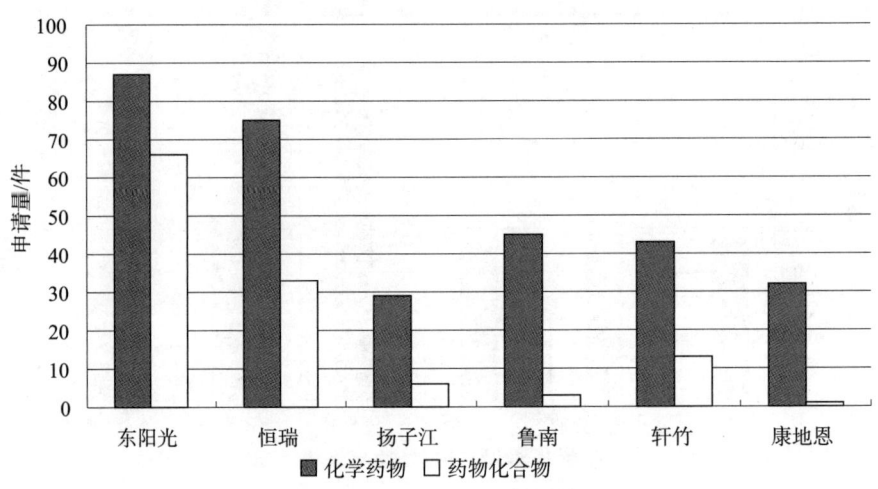

图 3-55　非中枢止痛领域重要申请人技术实力比对

第4章 生物制药专利态势分析

本章的研究对象是生物制药。通过统计全球范围、中国及山东的生物制药专利申请量情况，了解生物制药的技术发展趋势；通过统计相关专利申请来源国家/地区分布，分析各国、各地区在生物制药的技术研发状况；通过统计分析该领域申请人情况，描绘出本领域重要申请人的专利申请布局；通过对各技术分支相关专利申请的技术内容进行分析统计，发现活跃的技术分支，以及各技术分支优势企业。

4.1 全球生物制药专利态势分析

4.1.1 全球生物制药专利发展趋势分析

为了了解生物制药的全球技术发展趋势，对1985年起全球范围内生物制药发明专利申请数据按时间序列进行统计，如图4－1所示。

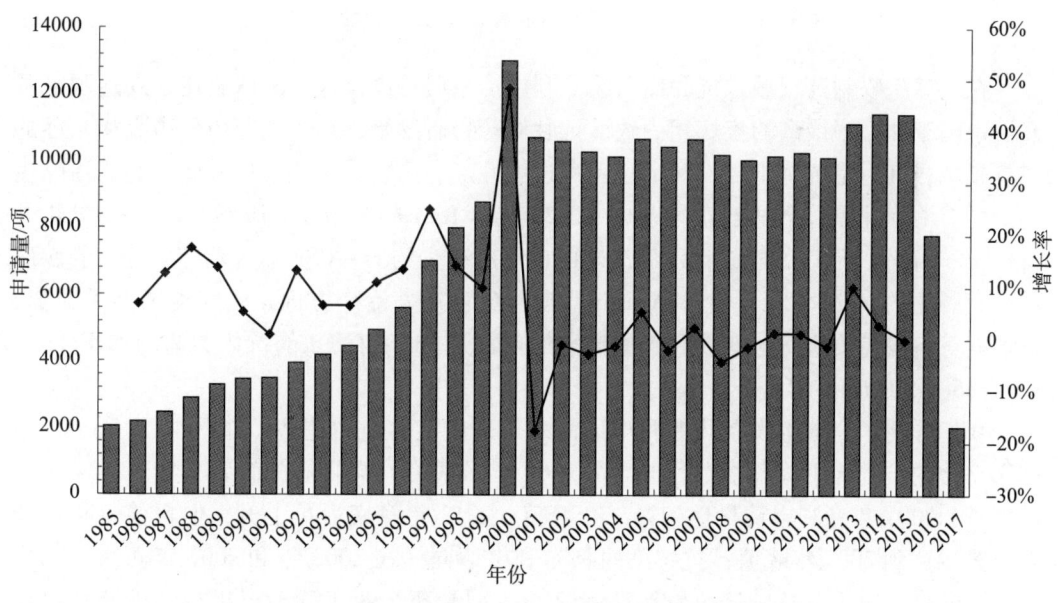

图4－1 全球生物制药专利量历年趋势变化

由图4－1可见，1995年以前生物制药的全球相关专利申请处于缓慢发展期，从1995年开始全球范围内的生物制药专利申请进入第一个快速发展期，2000年达到第一个申请量相对峰值，此后申请量略有下降，2001～2012年是生物制药专利的平稳发展期，2013年全球生物制药专利申请又有所增加。

4.1.2 全球生物制药专利技术主题分析

受生态环境恶化、生物学和遗传学等因素的影响，全球老龄化人口不断增长，慢性疾病发病率逐年上升，同时生命科学的快速发展，推动研发各类疾病的发病机理和治疗，各个疾病领域的药物研发也风起云涌，目前生物技术药物在治疗严重威胁人类健康的重大疾病中举足轻重。我们对生物制药专利申请按适应症进行了分类统计，如图4-2所示，以此了解针对不同适应症的开发侧重情况。

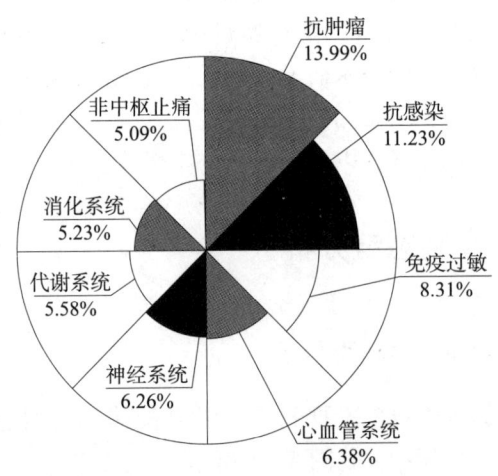

图4-2　全球生物制药专利申请量排名前八位适应症分布

在全球生物制药领域，抗肿瘤药物专利申请量居首位，这与全球癌症是发达国家及发展中国家死亡率最高的疾病相一致，抗肿瘤药物研发始终是各大制药公司竞相角逐的热点领域；其后是抗感染药物和治疗免疫过敏性疾病药物。癌症治疗方面，肿瘤治疗生物药物有治疗非霍奇金淋巴瘤的 anti - CD20 抗体 Rituxan、治疗乳腺癌的 anti - EGFR Ⅱ 抗体 Herceptin、治疗肿瘤放化疗后出现的白细胞减少的 G - CSF 以及治疗肺癌、乳腺癌和结直肠癌的 anti - VEGF 抗体 Avastin；自身免疫疾病治疗方面，治疗类风湿关节炎、银屑病等自身免疫疾病最有效和销量最大的药物是 anti - TNFa 的抗体类药物如 Enbrel、Remicade 和 Humira 等。

我们分析了全球生物制药专利申请前八位适应症的申请趋势，如图4-3所示。排名第一位的抗肿瘤生物药物专利申请在 2000 年出现第一个峰值，而后略降，2004 年再次增长，2007 年专利申请量达到第二个峰值，2012 年触底后再上升，但目前每年申请量已难以达到 2007 年峰值；抗感染药物专利申请同样在 2003 年和 2007 年两次达到峰值，回升势头也不及抗肿瘤生物制药，这与大型制药企业正逐渐退出抗感染药物市场有关。

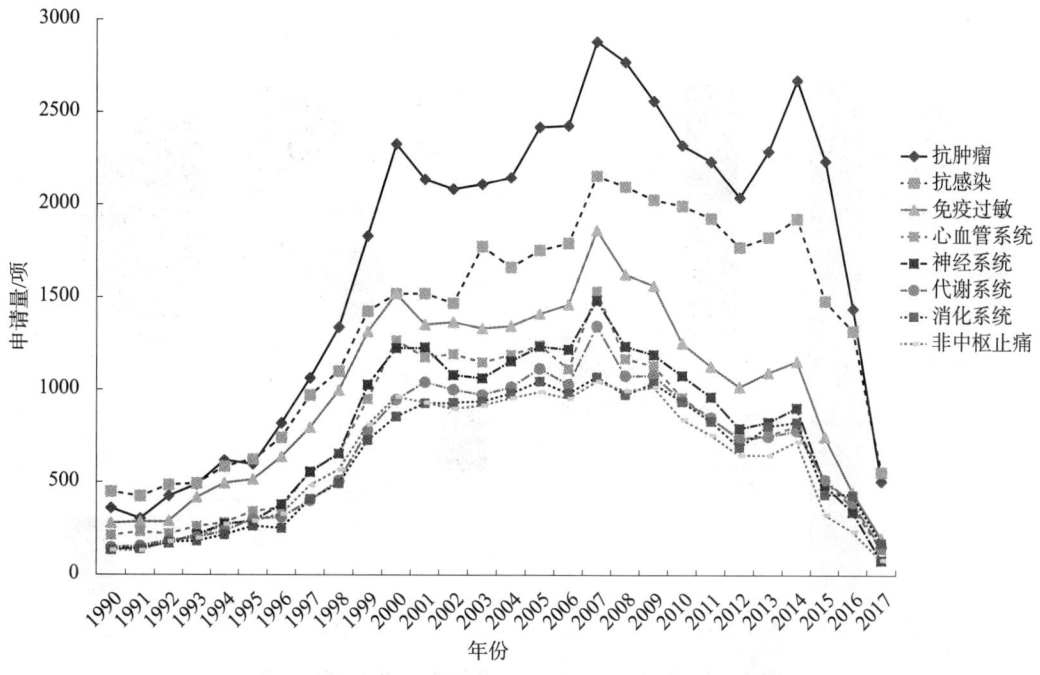

图 4 - 3　全球生物制药专利申请前八位适应症申请趋势

4.1.3　全球生物制药专利区域分析

（1）技术原创国家/地区分布分析

对采集的全球生物制药专利申请数据按优先权国别进行统计，以确定生物制药在全球的技术原创国家/地区，进一步分析各个国家/地区在生物制药的技术实力和研发活跃程度，其中以件为统计单位。

如图 4 - 4 所示，生物制药领域中，以美国专利申请作为优先权的专利申请量远远大于其他国家/地区，占到全球生物制药专利技术原创的 49%，申请量是排名第二位中国的 3.5 倍，足见美国在全球生物制药领域的霸主地位，是主要技术研发国，技术实力远高于其他国家/地区，这与美国拥有全球绝大多数的医药企业巨头有关，而后依次是中国、日本、欧专局，其中以中国专利申请作为优先权的专利申请量在该领域排名第二，说明我国生物制药研发和投入均有着一定的实力，与日本相当，但相比于美国，中国在生物制药领域的研发实力仍然相对薄弱。

新药研发能力是一个国家医药产业发展水平的重要标志，近几年来各国政府出台相应计划推进生物制药产业快速发展，如德国的"生物制药计划"、日本的"生物制药战略委员会计划"、南非的"从农业到生物制药计划"，以及我国"十二五"规划将生物技术作为七大战略性新兴产业之一大力发展，并归入 2006 ~ 2020 年"科学技术中长期发展计划"，足见各国对生物制药新药及新疗法研发的重视和研发投资力度。

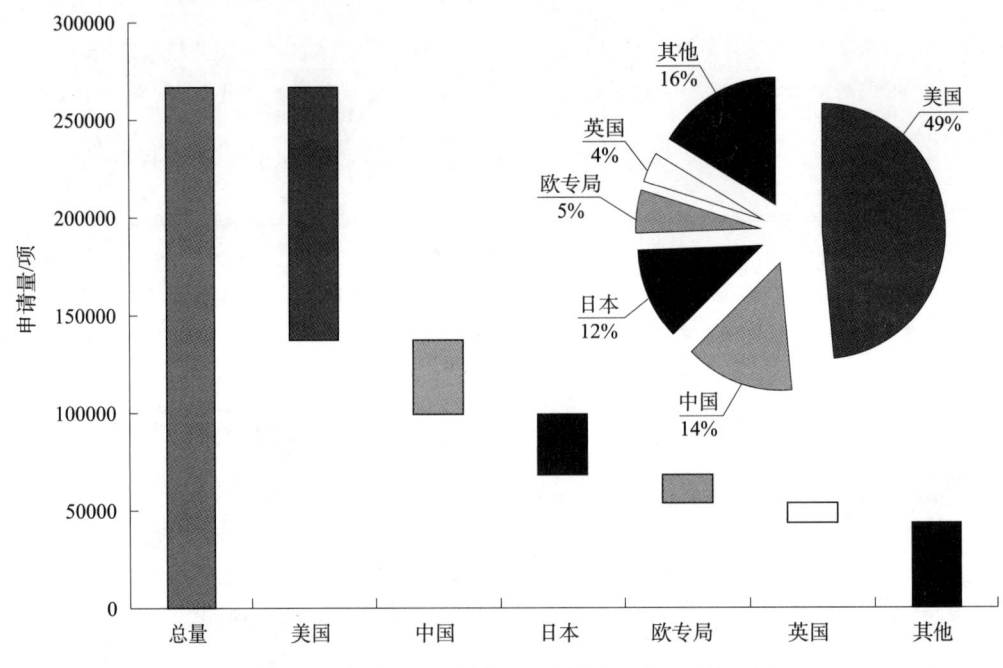

图 4 – 4   全球生物制药技术原创国家/地区对比分析

我们分析了全球专利五大局的原创国家/地区专利申请产出比重，如图 4 – 5 所示，可以看出美国的原创占本国申请量比重非常高，达到 86%，而中国技术原创专利较多，但原创占本国申请量比重仅为 50% 左右，虽然高于日本、欧专局和韩国，但相较美国，该原创专利占本国申请量比重较低，因此后期在注重全球专利布局的同时，也应当提高原创比重。

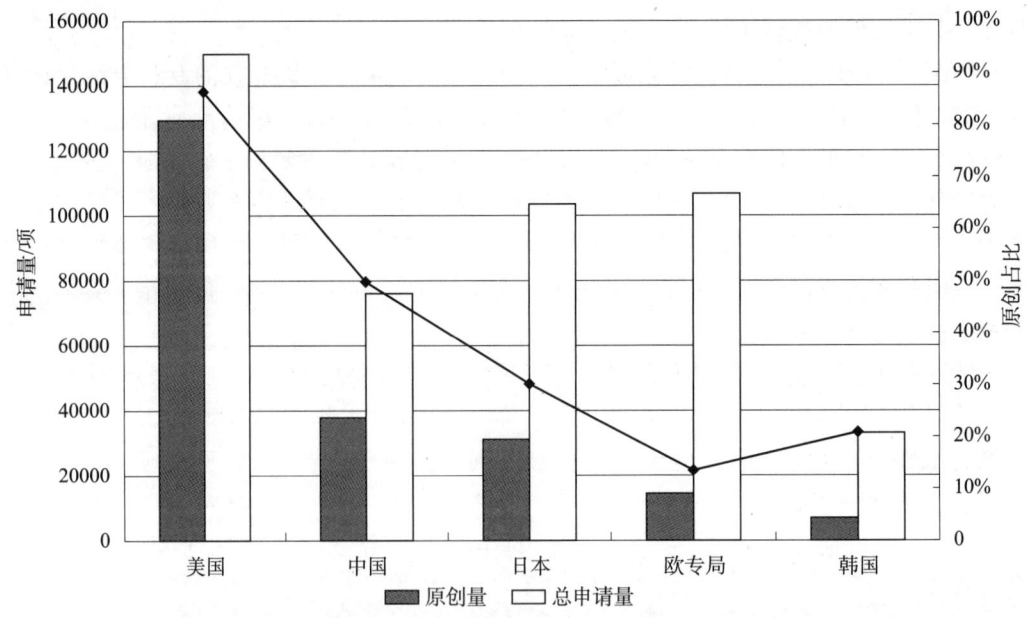

图 4 – 5   主要原创国家/地区专利申请本区域产出比重分析

（2）目标市场国家/地区分析

通过对生物制药领域专利申请家族要求公开国家的分析，可以了解全球生物制药技术领域专利的战略布局，也可以通过分析了解相应专利技术的流向性。

按专利家族公开国家对生物制药全球专利申请进行的统计分析，如图 4 – 6 所示。可以看出，排名首位的是美国和 WIPO（WO），其后依次是欧专局、日本、澳大利亚和中国，美国不仅是全球生物制药的主要技术研发国，也是目标市场排名首位的国家，可见其在生物医药市场的重要性；WO 专利申请量排在第二位，这意味着在生物制药专利布局中，生物制药专利申请多寻求在多个国家和/或地区保护，体现了该领域专利申请和市场的国际化。而欧专局、日本、澳大利亚和中国等也是生物制药专利申请布局的重点国家。

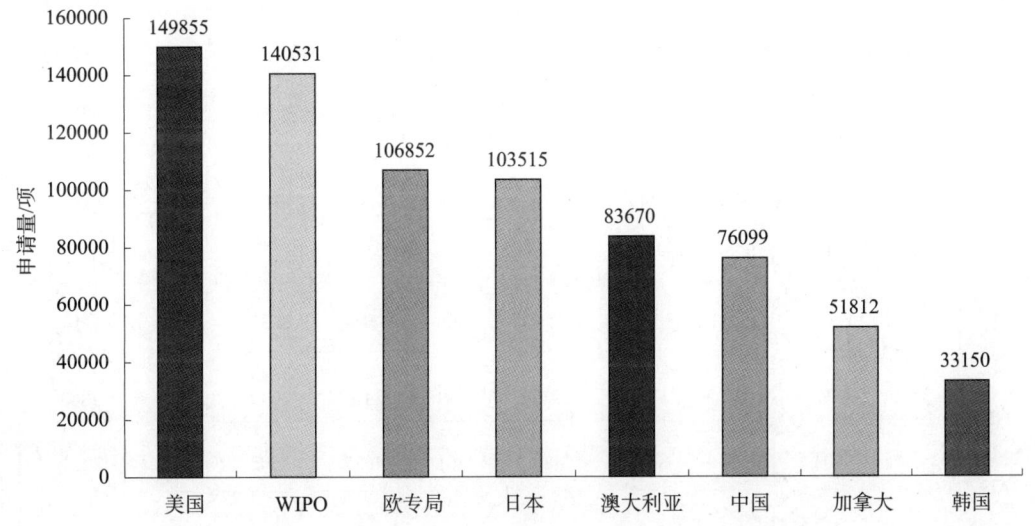

图 4 – 6　全球生物制药专利申请主要国家/地区专利申请量

我们统计了全球生物制药领域技术原创排名前八位的国家/地区专利技术输出量，如表 4 – 1 所示；同时对全球生物制药专利主要技术原创地专利输出情况进行了分析，如图 4 – 7 所示。可以看出，美国在技术原创国和技术目标申请国排名均是第一位，中国、欧专局、日本是技术原创的第二位至第四位，同时也是主要技术保护地，从各原创国的技术申请范围来看，美国、欧专局和日本都在积极进行全球布局，但中国通过 WI-PO 布局专利申请不足 8%，在美国、欧洲、日本等技术输出比例更低，因此中国生物制药专利申请需要在全球布局方面进一步加强。

表 4 – 1　生物制药专利主要技术原创地与目标申请地数量对比　　　（单位：件）

目标地 原创地	WO （140531）	US （149855）	EP （5775）	JP （106852）	AU （83670）	CN （76099）	CA （51812）	KR （33150）	DE （32907）
US（129407）	90212	108857	64812	50090	55774	23965	34158	16543	14632
CN（37896）	3021	1246	974	785	1468	37733	431	440	205

续表

目标地 / 原创地	WO (140531)	US (149855)	EP (5775)	JP (106852)	AU (83670)	CN (76099)	CA (51812)	KR (33150)	DE (32907)
JP (31217)	10474	9788	9032	30166	4630	3541	3685	3162	3462
EP (14464)	11407	10281	12483	7750	6506	4718	5633	3262	3210
GB (10150)	8237	6874	7368	5928	5849	2413	2990	1604	2863
AU (9867)	9003	8079	8445	7429	9461	4627	5502	3578	2223
KR (6923)	2477	2199	1229	1179	606	1014	361	6645	207
DE (9867)	3507	3880	4460	3928	2853	998	1964	885	6503

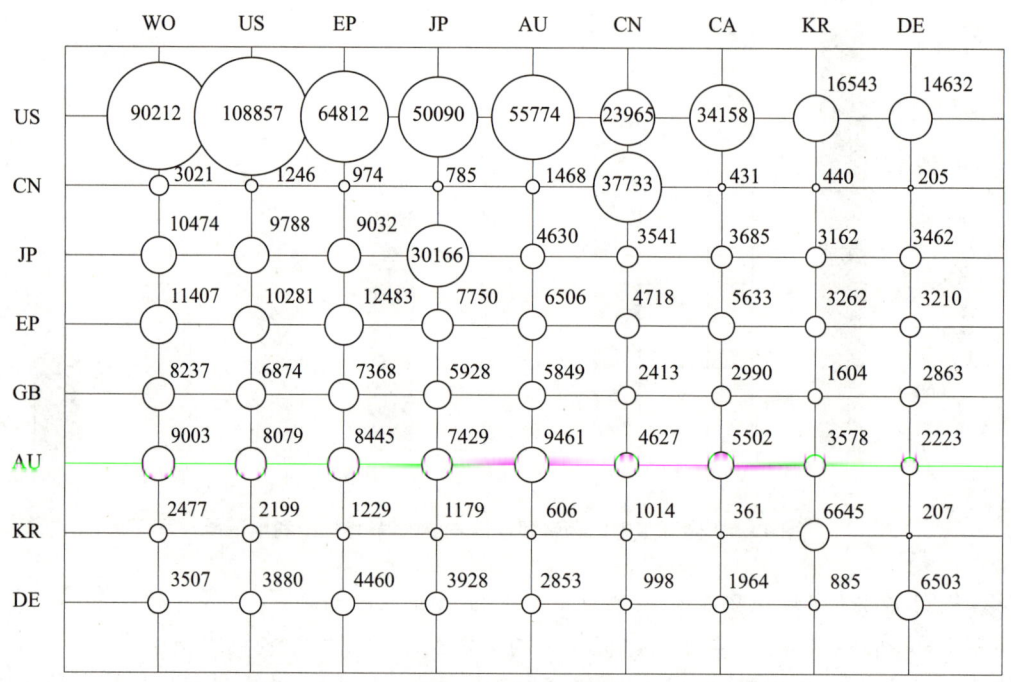

图 4-7　全球生物制药主要技术原创地专利输出情况分析

进一步分析，可以发现如下要点：

1）中国：中国专利原创量大，但国外专利技术布局少，在 WIPO、美国、欧专局仅有少量布局，其他国家/地区布局量极少。

2）美国：美国 70% 左右的生物制药专利申请通过 WIPO 寻求在多个国家和/或地区的布局保护，体现了其布局的国际化。

3）欧专局：欧专局专利申请同样多通过 WIPO 进行全球布局，其技术主要流向国为美国、欧洲国家和日本。

4）日本：日本技术主要流向美国和欧专局。

表 4-1 和图 4-7 中，国家代码对应如下：WO-WIPO；US-美国；EP-欧专局；

JP‒日本；CN‒中国；AU‒澳大利亚；KR‒韩国；DE‒德国；GB‒英国。

（3）主要国家/地区专利申请活跃度分析

我们对全球生物制药主要国家/地区专利申请活跃度进行了分析，其中专利申请活跃度是指该国家/地区的近五年专利申请量占其专利申请总量的比例。

从图4‒8和表4‒2中可以看出，专利申请活跃度从高到低依次为：中国、韩国、WIPO、加拿大、美国、欧专局、日本和澳大利亚，表4‒2进一步对上述几个国家/地区专利申请活跃度进行分析，亚太地区生物技术产业的活动日趋活跃，中国、韩国和日本正引领亚洲生物技术产业迅速发展。尤其是中国作为新兴市场之一，其生物制药专利申请近五年活跃度最高，说明近几年中国生物制药研发热度很高，与我国大力扶持生物医药产业的发展，尤其是国家重大新药创制专项的启动实施有力引导和推动产业创新发展息息相关；同时通过 PCT 途径申请专利的活跃度也非常高，这说明生物制药的申请人纷纷加强在全球的专利申请和布局。

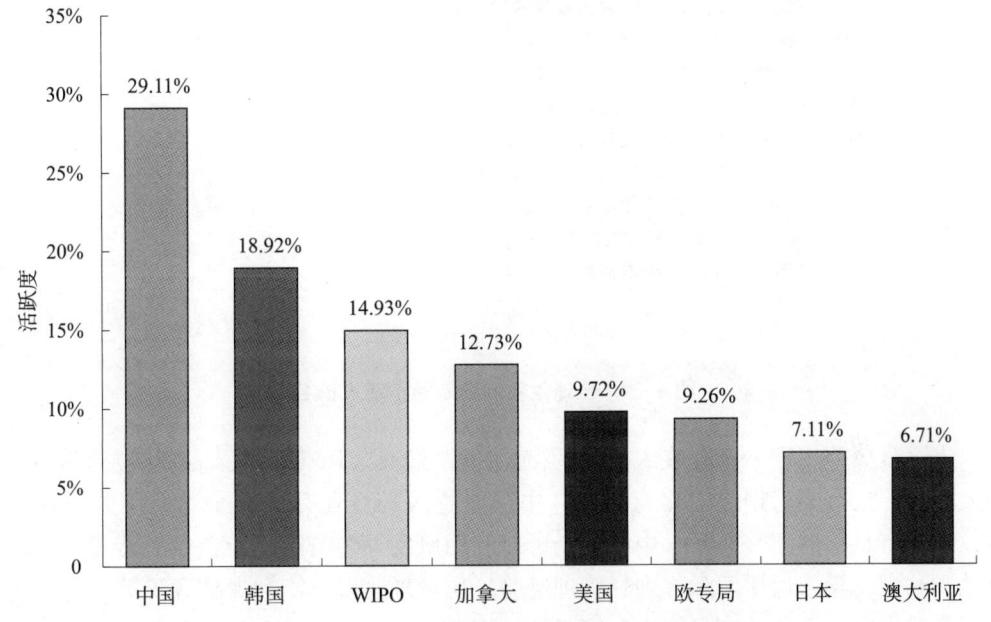

图4‒8　全球生物制药主要国家/地区专利申请活跃度

表4‒2　主要国家/地区生物制药专利申请活跃度数据表　　（单位：项）

国家/地区		美国	WIPO	欧专局	日本	澳大利亚	中国	加拿大	韩国
专利受理总量		149855	140531	106852	103515	83670	76099	51812	33150
申请活跃度	近五年专利受理量	14569	20986	9896	7362	5616	22154	6595	6273
	近五年专利占比	9.72%	14.93%	9.26%	7.11%	6.71%	29.11%	12.73%	18.92%

4.1.4 全球生物制药专利申请人分析

（1）主要专利申请人排名

图 4-9 显示了全球知名药企生物制药领域专利申请量排名，其中前三位分别为诺华、罗氏和拜耳，而且诺华和罗氏的申请量远高于后续企业，这与生物制药业昂贵的研发费用及研制时间相关，也就决定了在生物制药的研发创新中，大型制药公司始终是其主要投入者和推动者。

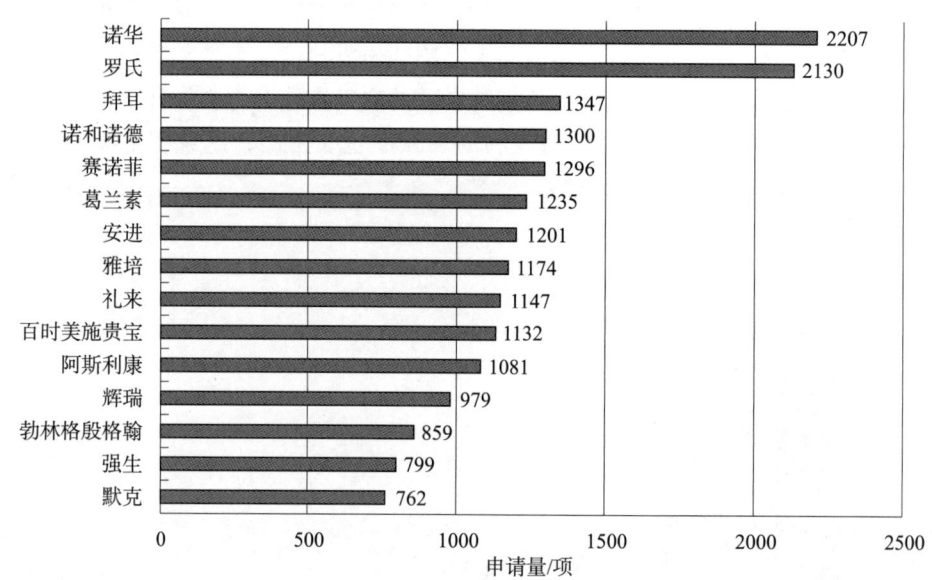

图 4-9　全球生物制药专利申请人排名

进一步分析发现，全球收入前 20 位与研发及发展（R&D）投入前 20 位的制药公司惊人一致，仅在先后排位上略有不同，中国生物医药企业目前在全球范围并未占据排位，说明有足够的上升空间，中国药企可以利用研发外包与跨国药企在华转移生产增加订单和利润，学习运用国际规则、管理经验、质量理念以及专利保护意识等，这将有利于提高我国医药行业的竞争能力和国际地位。

（2）主要专利申请人相关专利申请技术主题分布

从图 4-10 可见，生物制药领域专利申请量排名首位的诺华，平衡侧重抗肿瘤、抗感染和免疫过敏生物制药的研发，同时对其他适应症领域有均衡涉及，而罗氏在抗肿瘤领域生物制药研发相对突出，需要注意的是，排名第六位的葛兰素在抗感染领域申请量突出，可见各大药企都有各自侧重的研发领域并保持着较高水平的申请量，也同时注重其他领域的专利布局。

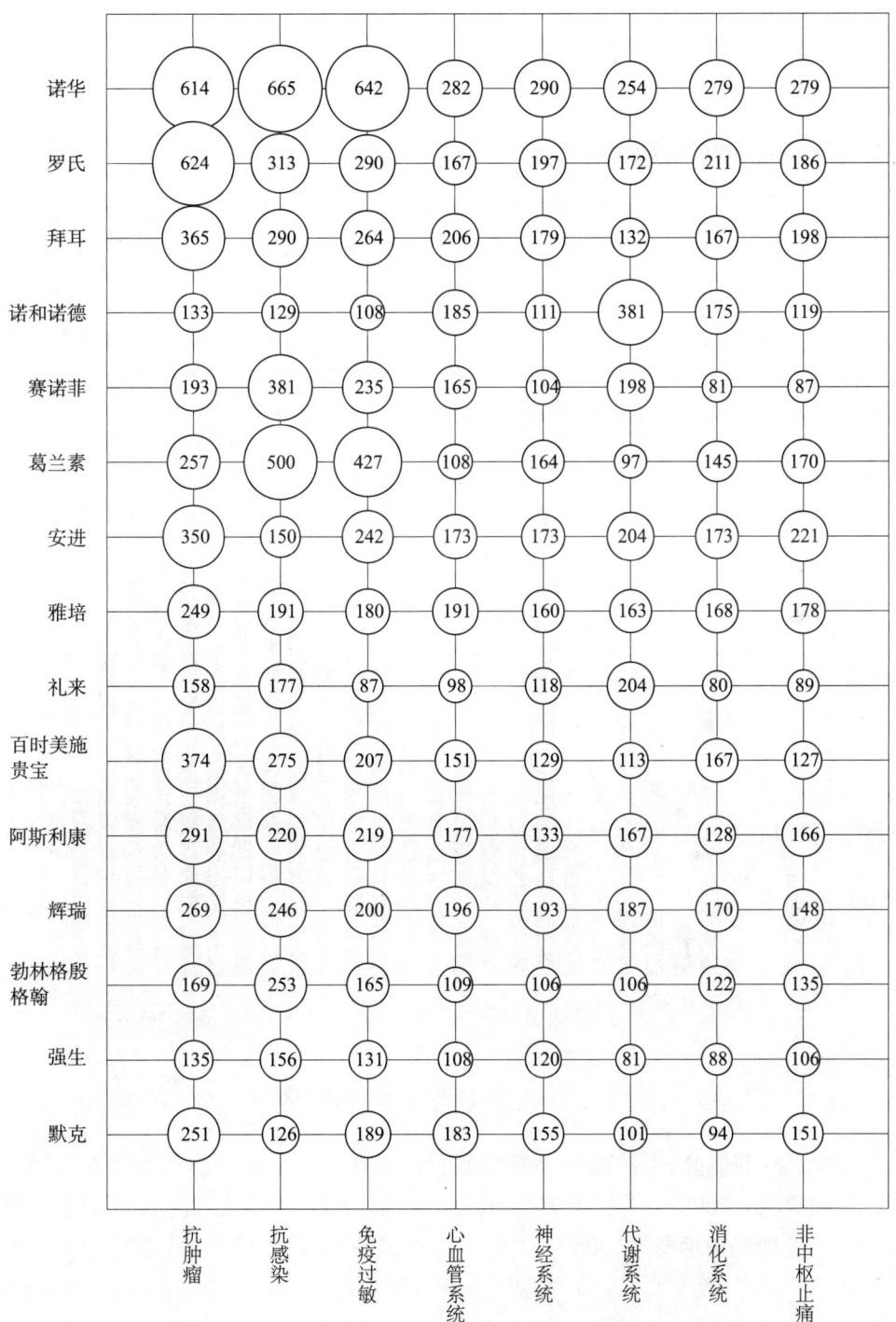

图 4－10　全球生物制药主要申请人专利申请技术主题分布

4.2 国内生物制药专利态势分析

4.2.1 国内生物制药专利发展趋势

图 4－11 展示了国内生物制药专利申请发展趋势。我国生物技术制药业起步较晚，国内生物制药从 20 世纪 80 年代萌芽，但申请量甚少，1990～1998 年发展相对缓慢，属于萌芽期，从 1999 年开始迅猛发展，2000 年达到第一个峰值，但随即申请量锐减，2002 年开始第二个发展期，并维持增长趋势，申请量持续攀升，足见国内生物制药的持续研发热潮。进一步分析 2000 年全国生物制药专利申请量剧增的原因，是上海博德基因开发有限公司在当年提交了 2660 件生物制药相关专利申请。

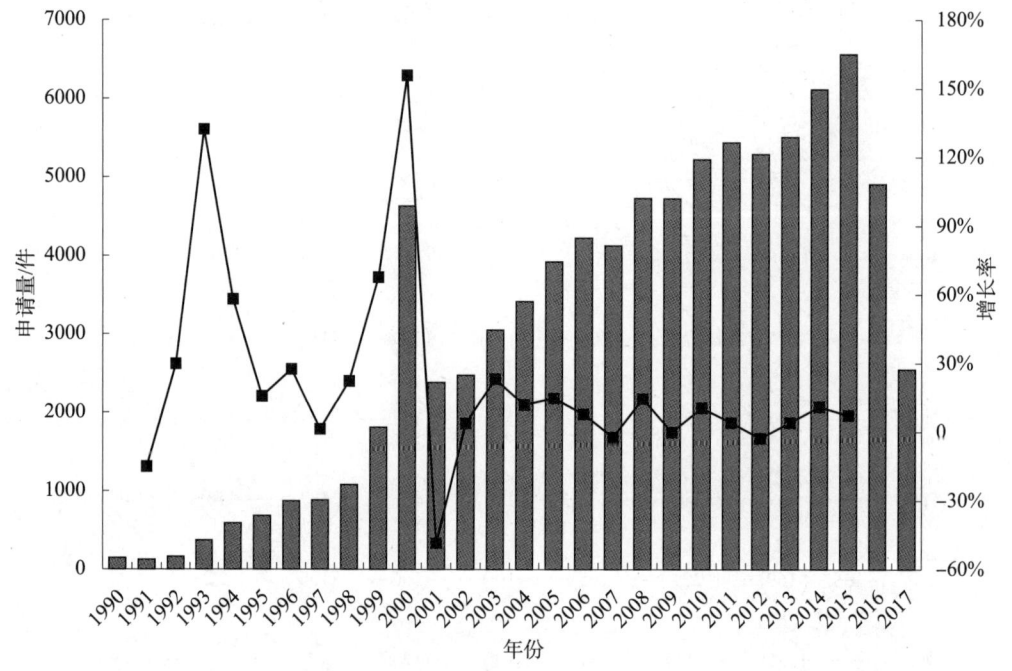

图 4－11　国内生物制药专利申请发展趋势

自 2000 年国际迎来生物医药产业发展的大潮开始，生物医药产业就正式引起了我国政府的重视。2006 年出台了第一个针对生物医药产业发展的文件《国家中长期科学和技术发展规划纲要（2006～2020 年)》，2008 年提出了"重大新药创制"的方针，2010 年，再次颁布了《关于加快培育和发展战略性新兴产业的决定》，明确指出将生物医药产业作为重点培养，2011 年颁布了《"十二五"生物医药产业振兴规划》，除此之外，还有其余相关政策，如"863 计划""973 计划""自然科学基金""最优开发项目"等，这些都为生物医药产业的发展创立了便捷的环境条件，提供了基础性的资金支持。

图 4－12 展示了国内生物制药专利申请和 PCT 进入国家阶段/巴黎公约专利申请

占比。国内生物制药专利申请量虽然众多，但其中 PCT 申请进入中国国家阶段/巴黎公约申请占到 55%，相对国内申请为 45% 占据明显优势，足见中国医药市场的重要性。

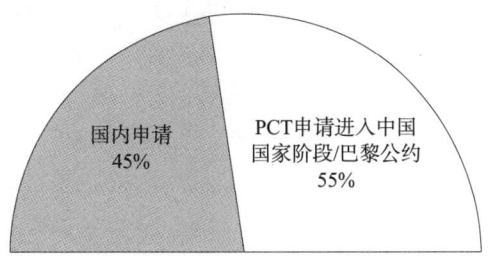

图 4 – 12　国内生物制药专利申请和 PCT 进入国家阶段/巴黎公约专利申请占比

4.2.2　国内生物制药专利技术主题分析

从图 4 – 13 可以看出，全国生物制药领域抗肿瘤药和抗感染药物居第一、第二位，治疗免疫过敏疾病药物居第三位，与全球生物制药适应症分布相一致，且排名前六位药物占据主要的申请份额。

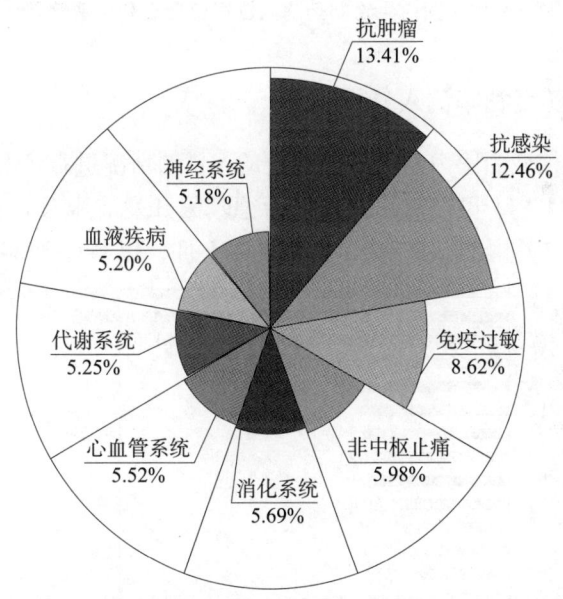

图 4 – 13　国内生物制药适应症分布

图 4 – 14 展示了国内生物制药前六位适应症专利申请趋势。从 2002 ~ 2010 年各适应症基本能保持平稳发展，但 2010 年以后，抗肿瘤药物又一次增长，与全球疾病发展趋势相关，抗感染药物稳定，但其他适应症专利申请呈现下滑趋势。

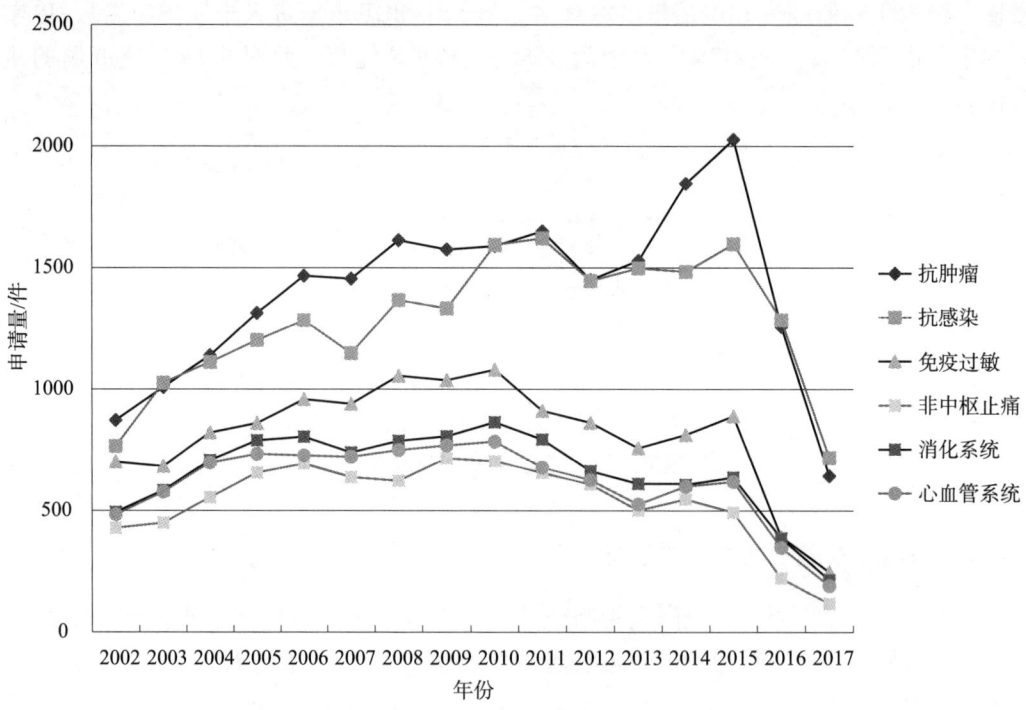

图 4 – 14　国内生物制药前六位适应症专利申请趋势

4.2.3　国内生物制药专利申请人分析

我们对生物制药领域的国内专利申请的申请人排名情况进行了分析，如图 4 – 15 和图 4 – 16 所示。从图 4 – 15 可以看出，上海博德基因开发有限公司在 2000 年就提出了 2660 件生物制药相关专利申请，2001 年又申请 471 件，以共计 3324 件申请量居全国申

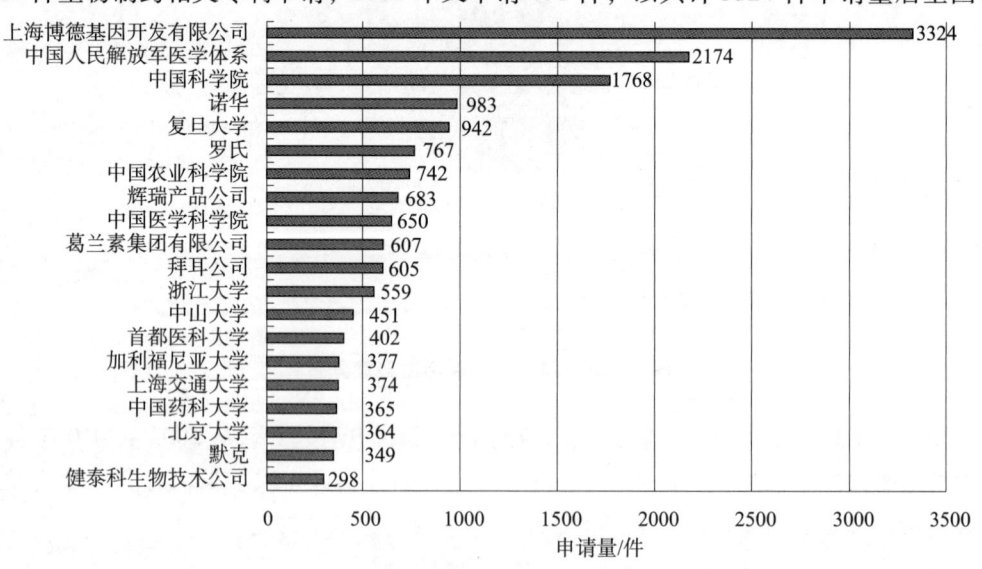

图 4 – 15　全国生物制药专利申请排名前 20 位专利申请人

请量第一位；随后是中国人民解放军军事医学院、中国人民解放军医院等组成的中国人民解放军医学体系以 2174 件申请量居第二位，第三名为中国科学院。前 20 位申请人中，国内申请人有 12 位，主要为高校或科研院校；前 20 位申请人中非国内申请以国际大型制药企业居多，例如诺华、罗氏、葛兰素史克、拜耳等。由此可见，国内药企的研发实力有待增强。

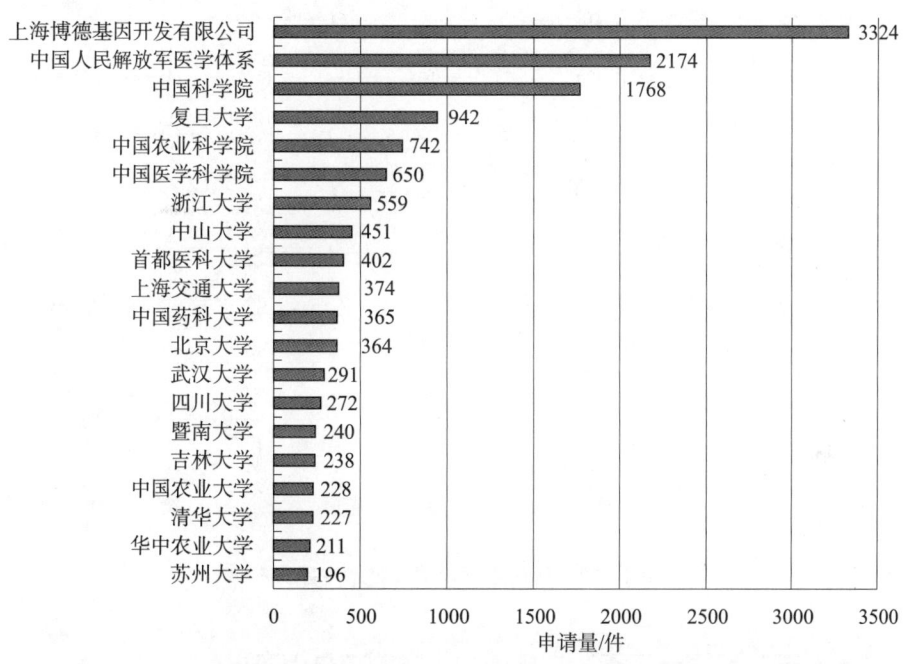

图 4 - 16　国内生物制药排名前 20 位国内申请人

从图 4 - 16 可以看出，前 20 位的国内申请人基本为高校或科研院校，而他们作为科技创新的前沿阵地，已经敏锐地抓住了生物制药这一研究热点。相对而言，企业作为与产业结合最为紧密的科技创新主力军，其创新研究相对滞后，但他们的专利申请能够一定程度地反映该技术产业化程度，而上述数据反映出我国生物制药产业化进程还有待进一步加快。

我们对国内主要申请人进一步分析其研究的适应症分布情况，如图 4 - 17 所示。其中，申请量排名第一位的上海博德基因开发有限公司申请量众多，申请总量远高于后续申请人，其研究领域集中在抗肿瘤、抗感染、免疫过敏以及非中枢止痛，其他领域也有涉及，但由于其申请时间集中在 2000 年前后，对目前国内生物制药分析影响较小，故图中并未体现；排名第二至四位的中国人民解放军医学体系、中国科学院和复旦大学研究领域类似，均是抗肿瘤和抗感染，而第五位的中国农业科学院仅侧重抗感染生物制药研发，其他领域涉及较少，第六位的中国医学科学院侧重抗感染和免疫过敏领域。可见，国内申请人的生物制药研究主要集中在抗肿瘤和抗感染两大领域。

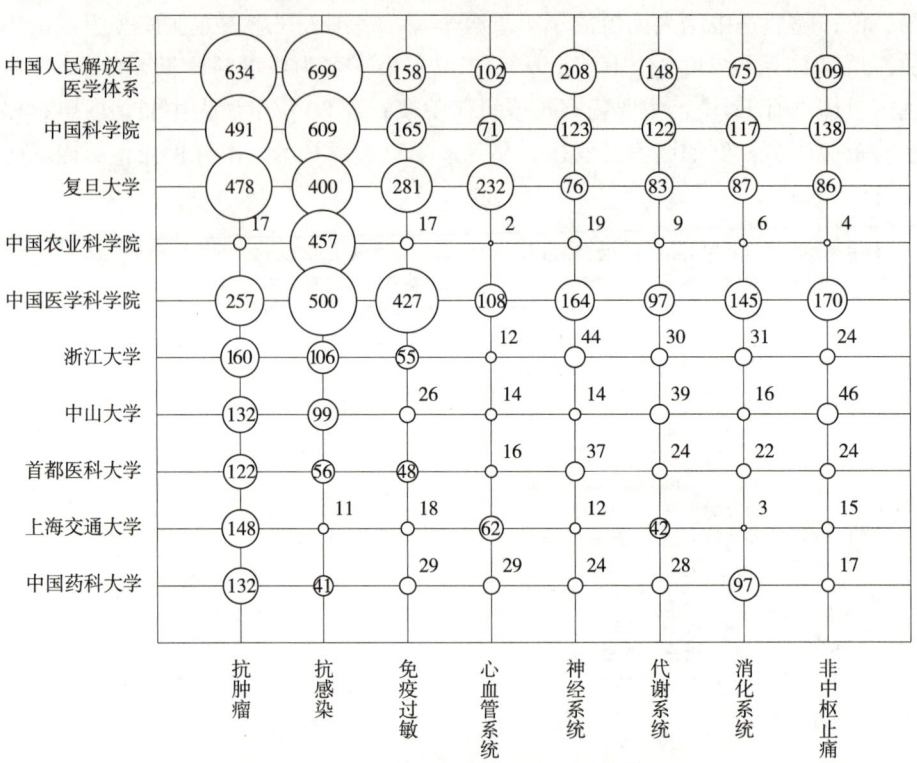

图 4 – 17 国内主要申请人技术主题分布

4.2.4 "十一五"和"十二五"期间国内生物制药热点变化

为了了解"十二五"前后国内生物制药的技术热点变化，对该领域专利申请技术主题进行了分类统计，对比给出了"十二五"前后国内生物制药各适应症的申请量占比变化，"十二五"前后全国生物制药适应症排名基本未发生变化，均以抗肿瘤药物为主导，第二位是抗感染药物。由图 4 – 18 可以看出，"十二五"期间抗肿瘤药物和抗感染药物均有稳步增长，但第三至八位适应症药物申请量均出现轻微下滑。

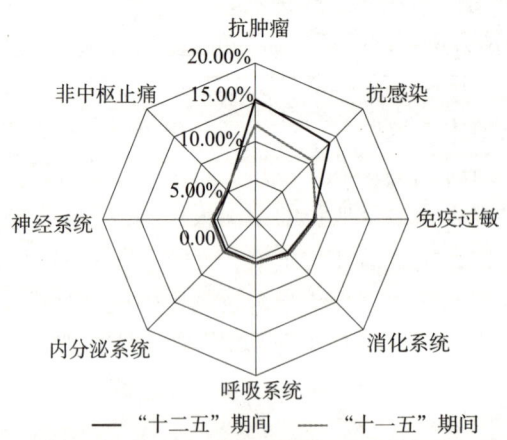

图 4 – 18 全国"十一五"和"十二五"期间生物制药研究热点变化

4.2.5　国内主要省份专利申请分布分析

国内生物制药专利申请量排名前六位的是上海、北京、江苏、广东、山东和浙江，前六位申请量在全国生物制药申请中占比达到 69%，在数量层面对其他省市形成优势，从各省市生物制药专利申请量来看，上海、北京、江苏、广东和山东凭借其强大的技术、资金和科技优势快速发展生物制药产业，成为我国生物制药产业最具活力的地区，中东部沿海由于经济优势、跨国公司投资、高校/科研院所的分布，普遍形成了一定产业规模，相对而言，大部分西部地区生物医药产业相对落后。

整体上我国生物制药产业呈现出环渤海地区、长江三角洲和珠江三角洲的东部集中发展的产业空间格局。这些核心区域具有不同的区位优势，例如环渤海地区生物医药产业的人力资源最具优势，具有中国最发达的临床经验数据和教育人才输送，产业体系较为成熟，区域内城市企业的互补性较高；长三角地区由于具有外贸优势，与国际接轨的便利，让该地区的药品研发具有即时的国际信息交流，也能吸收国际外包经验等，具有最多的跨国企业，通过分工合作，有利于整体水平的提升；珠三角地区市场潜力最大，由于丰富的海外交流经验，让该地区资本流通异常活跃，毗邻港澳，药品流通体系成熟。

4.3　山东省生物制药专利态势分析

4.3.1　山东省生物制药专利申请量分析

从图 4 - 19 整体来看，山东省生物制药相关专利申请上升趋势遵循指数规律，2000 年以前生物制药相关申请量均在个位数，曲线平坦，属于技术萌芽期，而在同一时期，国内生物制药相关专利申请超过 4000 件，两者之间相差甚多，可见，山东省在生物制药领域属于起步较晚的省份。2001 年开始进入初级发展阶段，申请量逐步增加，在 2007 ~ 2010 年申请量有"波浪式"起伏，2011 年后申请量进入发展相对迅速阶段，目前尚未出现明显峰值，足见山东省生物制药领域专利申请势头强劲。分析原因与山东对医药政策的制定和实施有关，从 2009 年至今，山东省政府部门相继出台了多项推动医药产业发展的文件和纲要，针对振兴医药产业，实现医药产业跨越式发展提出了战略性指导意见，尤其是《山东省人民政府关于加快医药科技创新体系建设的意见》。

图 4 - 20 展示了山东省生物医药产业专利申请量与国内申请总量百分比。2000 年以后，山东省生物制药专利申请量在全国占比持续增加，在 2007 ~ 2010 年申请量有"波浪式"起伏，但 2010 年后增长迅速，目前已达到 5% 以上。2017 年的申请量由于还存在未完全公开的情形，统计出的申请量存在被大量低估的情况。

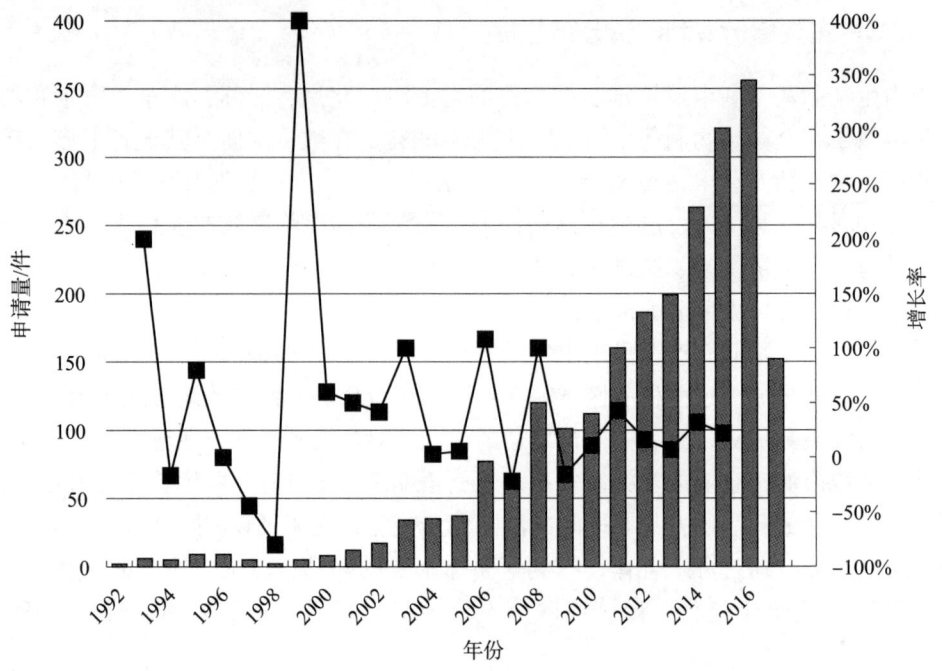

图 4 – 19　山东省生物制药专利申请量趋势

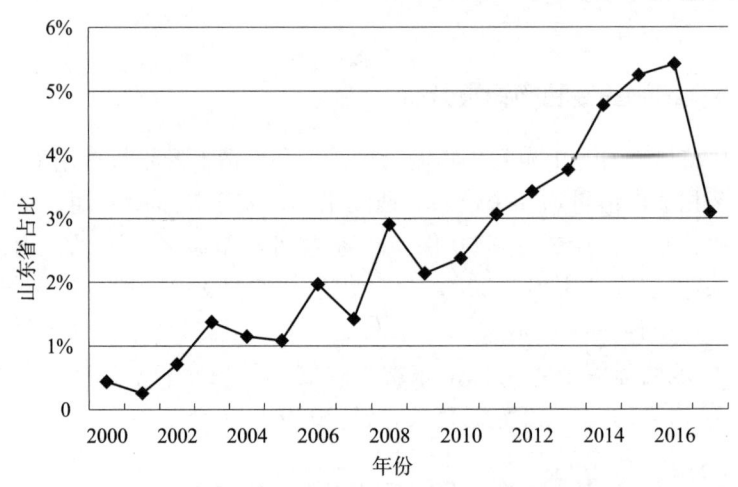

图 4 – 20　山东省生物医药产业专利申请量与国内申请总量百分比

4.3.2　山东省生物制药专利申请技术主题分析

山东省生物制药按适应症主题分类，其申请量分析如下。

图 4 – 21 展示了山东省生物制药专利申请适应症分布，其中抗感染药物居第一位，申请量是第二位抗肿瘤药物的两倍，与全国生物制药领域适应症侧重点有所不同，山东省在生物制药领域更侧重于抗感染药物研究，整体上抗感染药物和抗肿瘤药物仍旧是研究热点。

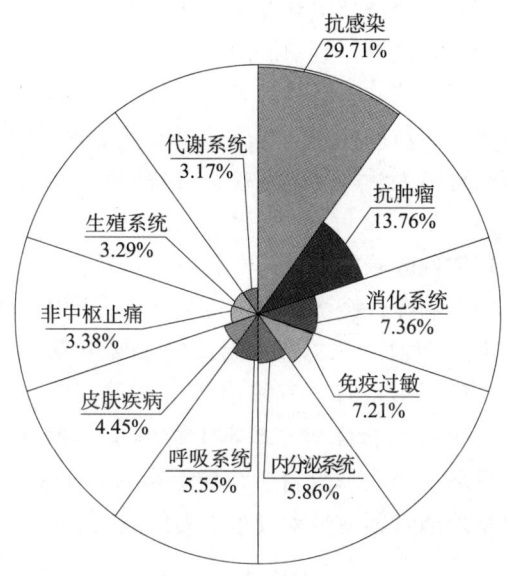

图 4 - 21　山东省生物制药专利申请适应症分布

图 4 - 22 展示了山东省生物制药前四位适应症专利申请趋势。抗感染药物从 2008 年开始申请量超过抗肿瘤药物，并呈现快速增长趋势，而抗肿瘤药物虽然申请总量排第二位，但申请量年度增长趋势不明显，仅是保持平稳发展。

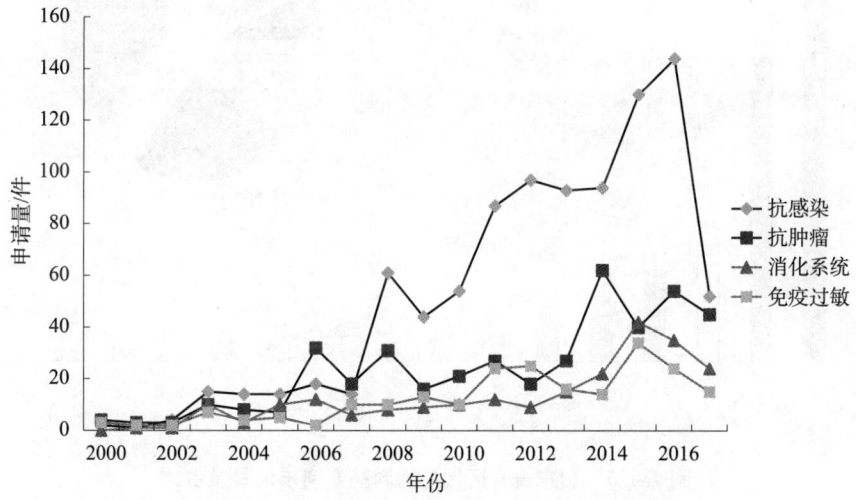

图 4 - 22　山东省生物制药前四位适应症专利申请趋势

4.3.3　山东省各地区生物制药专利申请分析

（1）山东省各地区生物制药专利申请量分布

山东省为了加强基础和应用研究，设置了多个国家创新药物孵化基地和综合性新药开发技术大平台，例如重大新药创制综合大平台（济南）、济南生命科学城、山东（烟台）国际生物科技园、潍坊生化制药及 DNA 疫苗产业园、烟台开发区、菏泽高新区生物医药产业集群，青岛、威海经济技术开发区海洋生物医药产业集群，禹城功能糖产业集群，定陶生物蛋白肽产业集群等。其中济南是省会城市群经济圈的核心，坐拥山东大学、山东中医药大学、省医科院、省药科院等大学科研机构密集的优势，烟台基地发挥生物医药企业密集的优势，潍坊基地利用老医药工业基础较好的优势。另外，青岛也以其强大的经济优势，拥有青岛大学等高等院校，具备雄厚的技术背景及众多的具有知识产权意识的技术人才。

图 4－23 展示了山东省各区域生物制药专利申请量及占比。从该图可见，山东省生物制药专利申请区域集中性明显，经济较为发达的地区专利申请数量较多，其中青岛市以 40% 的高占比居第一位，远高于第二位济南市的 25% 和第三位烟台市的 10%，上述三个区域的排名也充分呼应了山东省"三核引领"布局，申请量高也正是由于三市经济实力雄厚、创新资源富集等综合优势，基本上控制了山东省生物制药领域的专利市场。建议申请量领先的青岛、济南、烟台、潍坊等市区，济南基地通过辐射带动鲁中、鲁南地区，青岛、烟台基地通过辐射带动胶东半岛区域，潍坊基地通过联动环渤海以及蓝、黄两个国家战略经济区，充分发挥地域优势，较好地拉动全省医药产业。

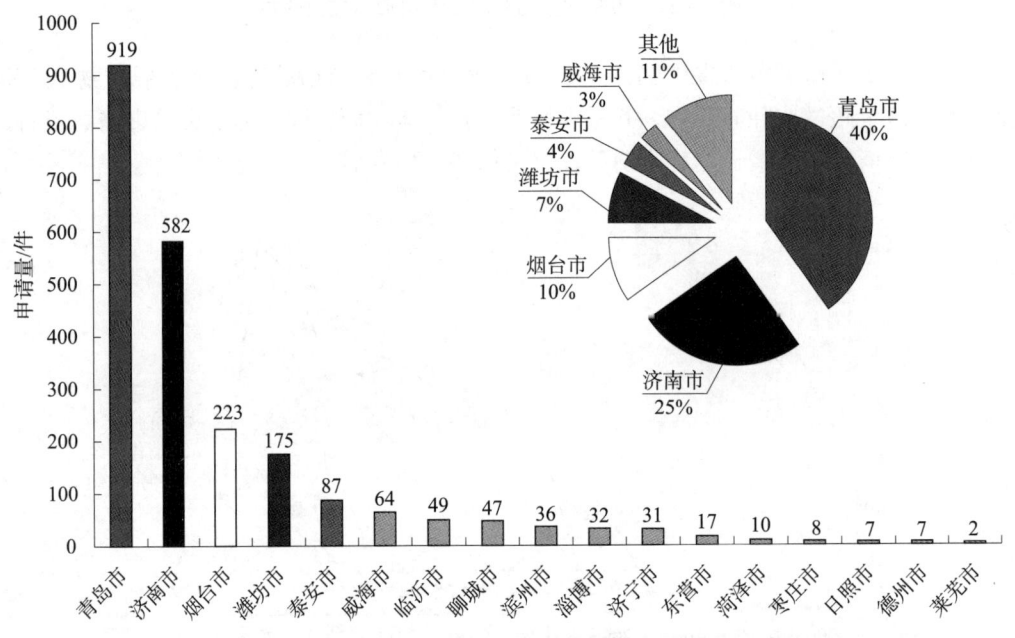

图 4－23　山东省各区域生物制药专利申请量及占比

（2）山东省各地区生物制药专利申请量趋势

图 4－24 显示了 2000～2017 年山东省各区域生物制药专利申请产出趋势。济南和青岛的起步较早，在 2003 年相对于其他市区具有相对较多的申请量，2006 年申请量有一定的增长，之后也保持了相对稳定的申请量，自 2010 年起，青岛的申请量迅猛增长，2011～2016 年占据了明显的优势地位。随着山东省国家创新药物孵化基地和综合性新药开发技术大平台的建设，"十二五"期间，青岛、济南、烟台、潍坊等地区的申请量也有明显增长。

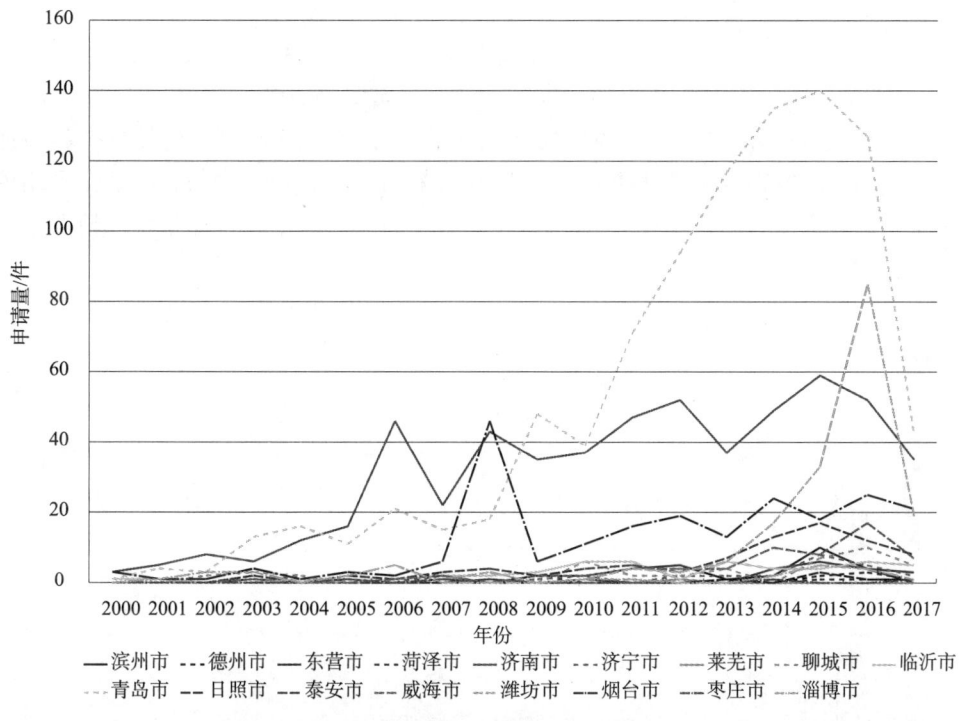

图 4 - 24　山东省各区域生物制药专利申请产出趋势

图 4 - 25 展示了山东省快速增长的四个区域专利申请产出趋势，可以看出，"十二五"期间，济南、烟台、潍坊的申请量保持稳步增长，济南的申请量虽然在 2013 年有所降低，但 2015 年开始即有所回升，具有发展潜力。潍坊自 2014 年的申请量迅猛增长。

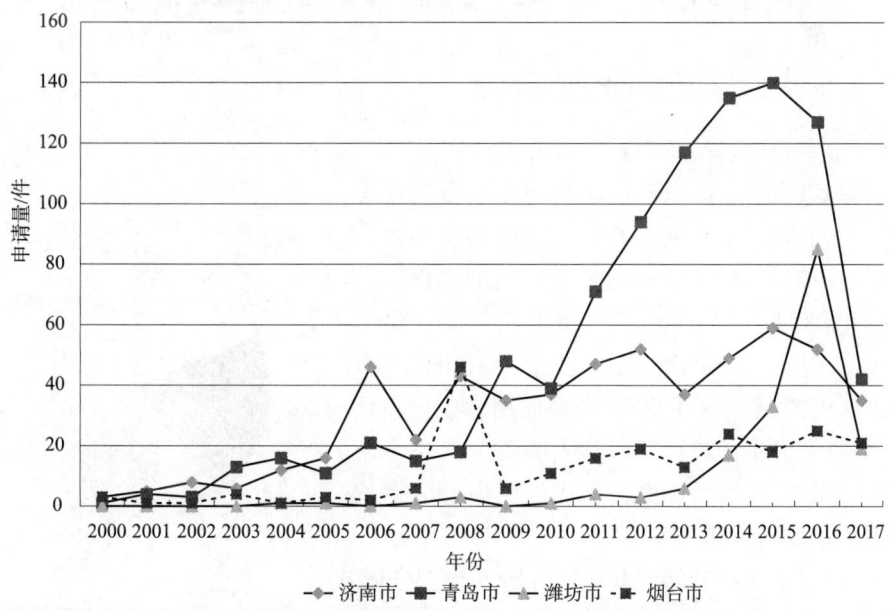

图 4 - 25　山东省快速增长的四个区域专利申请产出趋势

（3）山东省各区域专利有效性分析

图 4 - 26 为山东省各区域专利申请量（截至 2015 年 12 月 31 日）、授权量以及授权/申请比的对比图，六个主要城市中，青岛、济南、泰安、威海的授权/申请比均高于山东省平均值，临沂、菏泽、枣庄的授权/申请比较高，然而其申请总量较少。其他地区中，济宁、日照的授权/申请比也高于全省平均值。山东省各市的授权/申请比平均值为 37.36%，区域内表现出差异较大的授权/申请比，青岛和济南在申请量大的情况下，维持了比例较高的授权量。

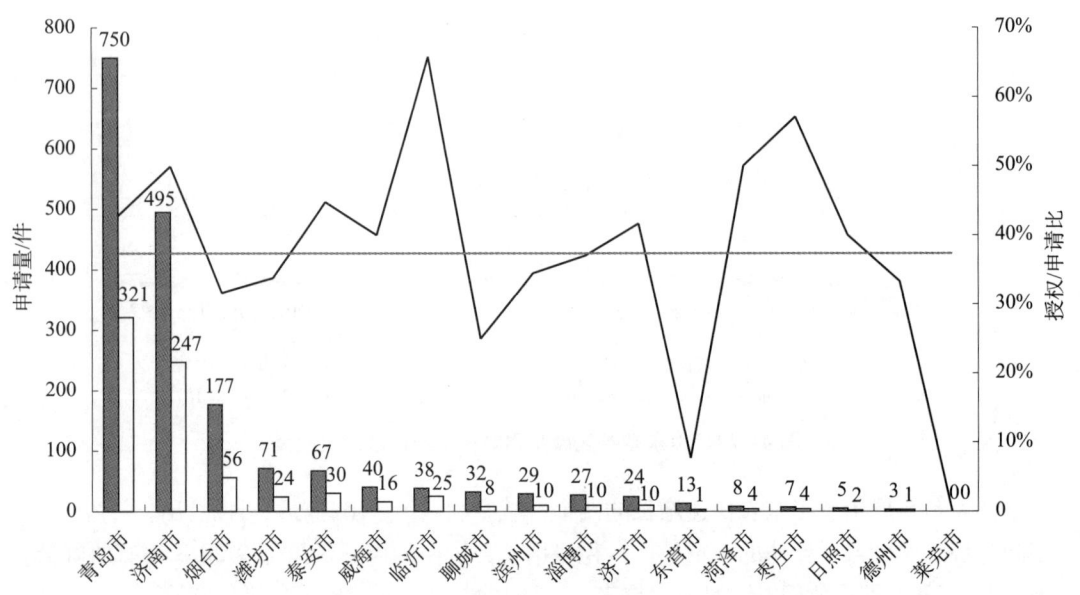

图 4 - 26 山东省各区域专利授权量及授权/申请比分析

4.3.4 山东省生物制药专利申请人分析

（1）山东省生物制药专利申请人类型分析

图 4 - 27 展示了山东省生物制药专利申请人类型分布。企业仍旧是申请量最大的申请人类型，占比 37%。高校和科研院所也占据了相当的比例，占比分别为 20% 和 16%。其次为个人和医院。整体上，企业、高校/科研院所占比最大，符合申请人类型分布的一般规律。其中高校/科研院所自主创新程度高，专利申请质量较高。申请人类型分布中，个人申请也占据了相当的比例，该比例内申请的平均质量低于其他申请人类型。

（2）山东省生物制药专利申请人研发合作分析

图 4 - 28 为山东省生物制药专利主要区域申请人研发合作数量及占比分析图。以有两个或两个以

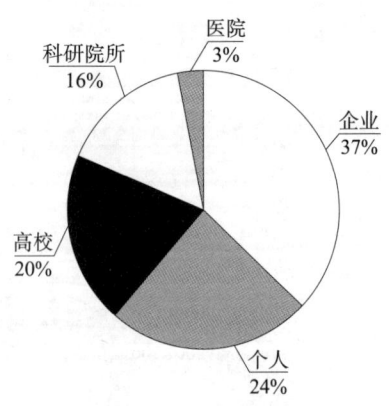

图 4 - 27 山东省生物制药专利申请人类型分布

上申请人的发明专利申请作为分析申请人合作研究基础，两个或两个以上申请人称为共同申请人，图上数据所述的占比分析，基数为申请人合作研究申请数量，非山东省整体申请量。可以看出，山东省生物制药领域合作研发地域集中度相对较高，主要集中在烟台、济南、威海、青岛，然而，共同申请的数量不高。

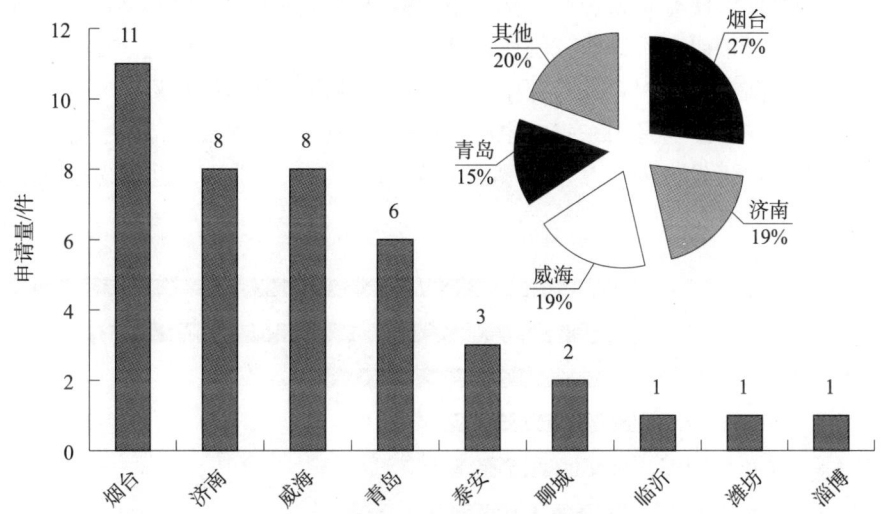

图 4 – 28　山东省生物制药专利主要区域申请人研发合作数量及占比分析

图 4 – 29 所示的山东省生物制药专利合作研发主体类型分析中，占比的基数为申请人合作研究申请数量。通过分析合作研发数据的研发主体，山东省主要集中在企业、科研院所、高校、医院之间，其中企业与企业之间的合作占据合作研发主导地位，共计申请 14 项，占总量的 36%，企业与科研院所的合作排在第二位（12 项，31%），企业和科研院所以及高校的合作数量相当。整体上，企业与高校/科研院所/医院的合作申请数量为 23 项，虽然部分大型药企建立有实验室，仅以申请人合作申请数量来判断产学研结合程度存

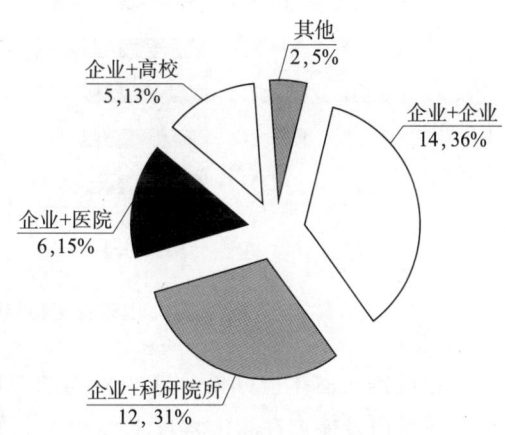

图 4 – 29　山东省生物制药专利
合作研发主体类型分析

在结合程度被低估的情形，仍旧有待加强高校/科研院所的科研成果向企业/医院转化的需要，尤其是高校掌握的具有前瞻性和创新性的技术成果，绝不能束之高阁，沉淀在实验室和保险柜中。建议加快建立健全以企业为主导、市场为导向、产学研紧密结合的技术创新体系，鼓励符合条件的企业建设实验室、工程技术研究中心、博士后工作站和企业技术中心，支持企业与高校、科研院所、医院建立多种模式的产学研合作创新组织，推动企业与科研机构建立产业技术创新战略联盟。

（3）山东省生物制药专利申请人分析

① 山东省生物制药专利申请人排名

图4－30为山东省生物制药领域专利申请人分析，图中展示出申请量排名前12位的申请人信息，其中排名第一、第二位的分别为中国科学院和山东大学，且前12名中有8位是科研院校，仅有4家企业上榜。中国科学院包括了中国科学院海洋研究所、中国科学院烟台海岸带研究所等研究院所，其申请量领先于其他申请人。山东大学的申请量也领先于其他高等院校。青岛易邦生物工程的申请也主要集中在疫苗领域，其中主要为动物用疫苗。齐鲁制药是山东省在中国医药工业百强名单中最靠前的企业，主要以重组单抗药物为重点研发方向，生产与研发均处于国内领先地位，也包含了部分动物用疫苗。

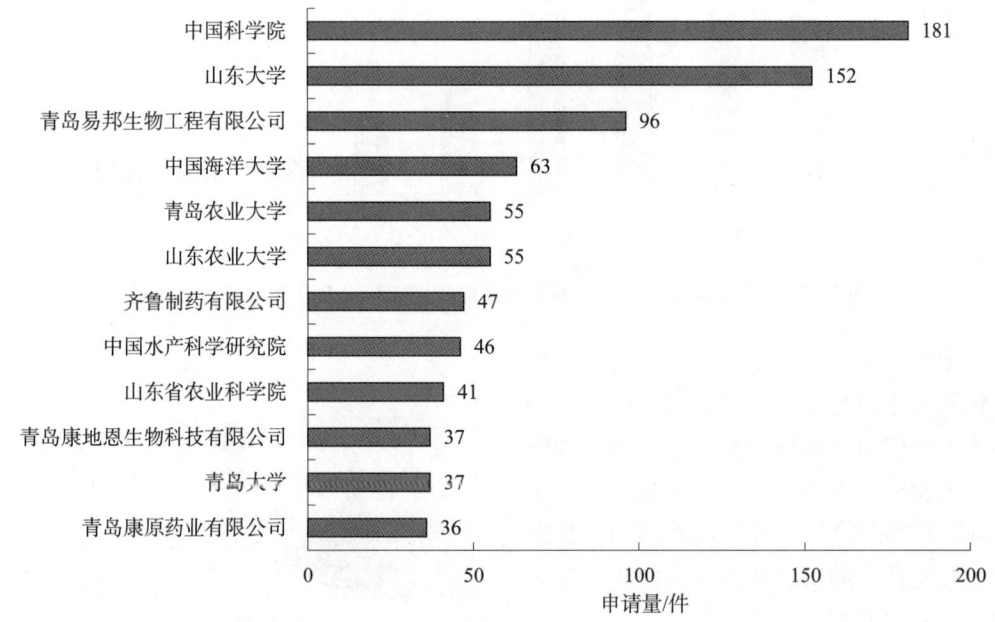

图4－30　山东省生物制药领域专利申请人分析

从各机构所占比重可见，这些机构的专利数量占山东省生物制药专利申请总量的37％，技术研发能力在很大程度上推动了山东省生物医药产业的进步，但技术能力分布不均衡，技术研发的中坚力量是由高校担当的，本应作为技术创新重要主体的企业研发参与程度较低。高校作为科研成果的主要产出单位，有时不能准确把握科研行为和市场需求之间的平衡点，造成成果与市场的脱节。建议鼓励高校重视产学研合作绩效，避免单纯追求学术价值而进行与实际脱节的研究。建立以企业为主体的自主创新体系是目前山东乃至全国亟须解决的问题，可以建立具有灵活性和资源共享的合作创新形式，降低企业创新成本和风险，政府政策加以引导和支持，鼓励企业创新。

② 山东省生物制药专利申请人技术主题分布

图4－31展示了山东省生物制药领域专利申请人技术主题分布，申请量排名前12位的申请人中基本均以抗感染药物研究为主，也进一步推动了山东省抗感染生物制药的

发展，只有第二位山东大学更侧重抗肿瘤药物研究，以及第 12 位青岛康原药业有限公司目前尚未有抗感染生物制药专利申请。

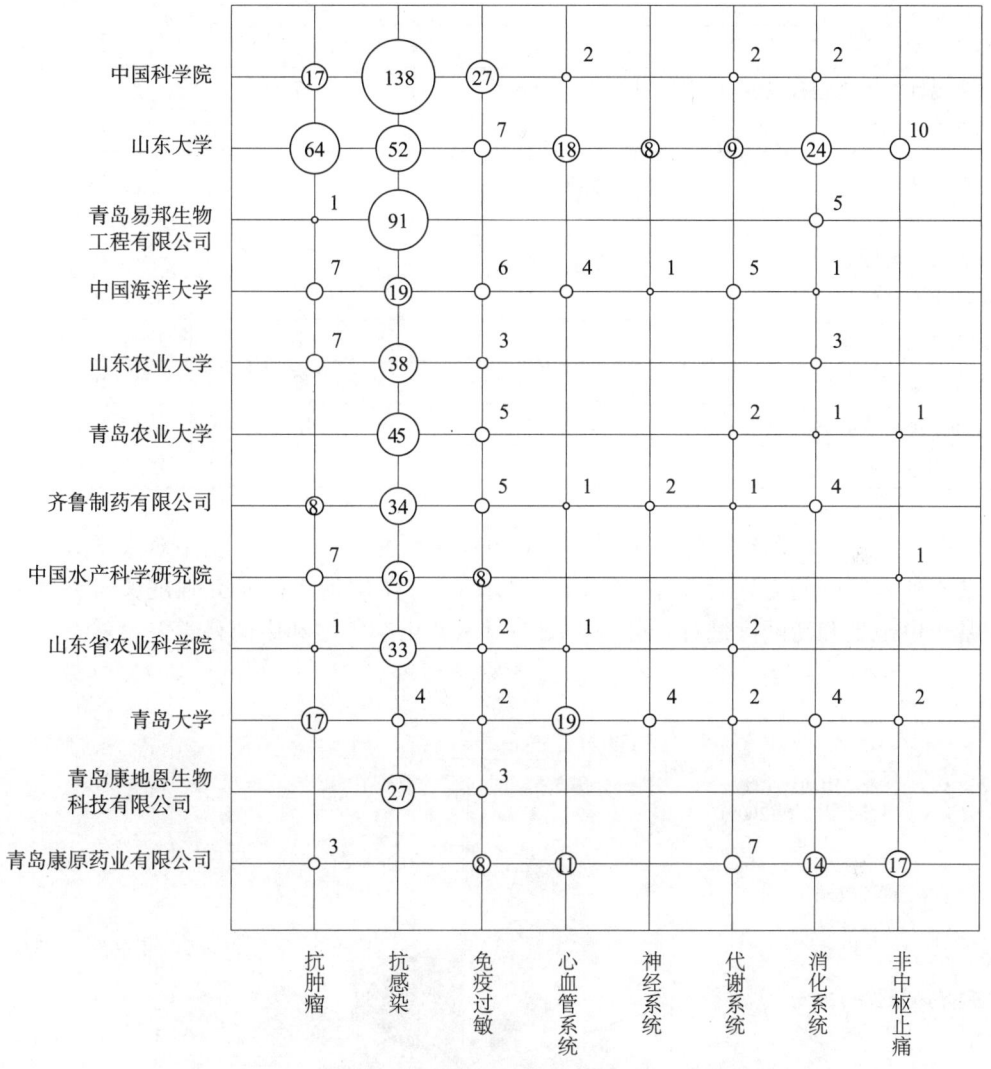

图 4-31　山东省生物制药领域专利申请人技术主题分布

（4）山东省生物制药主要申请人专利申请活跃度分析

表 4-3 为前 12 位申请人的近五年申请量的活跃数据分析，青岛康原药业有限公司的活跃度最高，可见近几年的生物制药研发热情较高，青岛大学、青岛农业大学、青岛易邦生物工程有限公司也保持了相当高的活跃度。总体上申请人的申请活跃度分布在 0.3~1 之间。

表 4-3 主要申请人专利申请活跃度数据

申请人	总申请量/件	近五年申请量/件	申请活跃度
中国科学院	181	80	0.44
山东大学	152	62	0.41
青岛易邦生物工程有限公司	96	67	0.70
中国海洋大学	63	22	0.35
山东农业大学	55	37	0.67
青岛农业大学	55	44	0.80
齐鲁制药有限公司	47	24	0.51
中国水产科学研究院	46	23	0.50
山东省农业科学院	41	16	0.39
青岛大学	37	32	0.86
青岛康地恩生物科技有限公司	37	13	0.35
青岛康原药业有限公司	36	36	1.00

图 4-32 以山东省生物医药专利主要申请人研究强度分类，从山东大学开始，以申请人的入行时间为先后顺序，顺时针展示了 12 位申请人的研究强度，研究强度主要基于申请量和活跃度进行了分析。图中显示，山东大学和中国科学院虽然有较高的

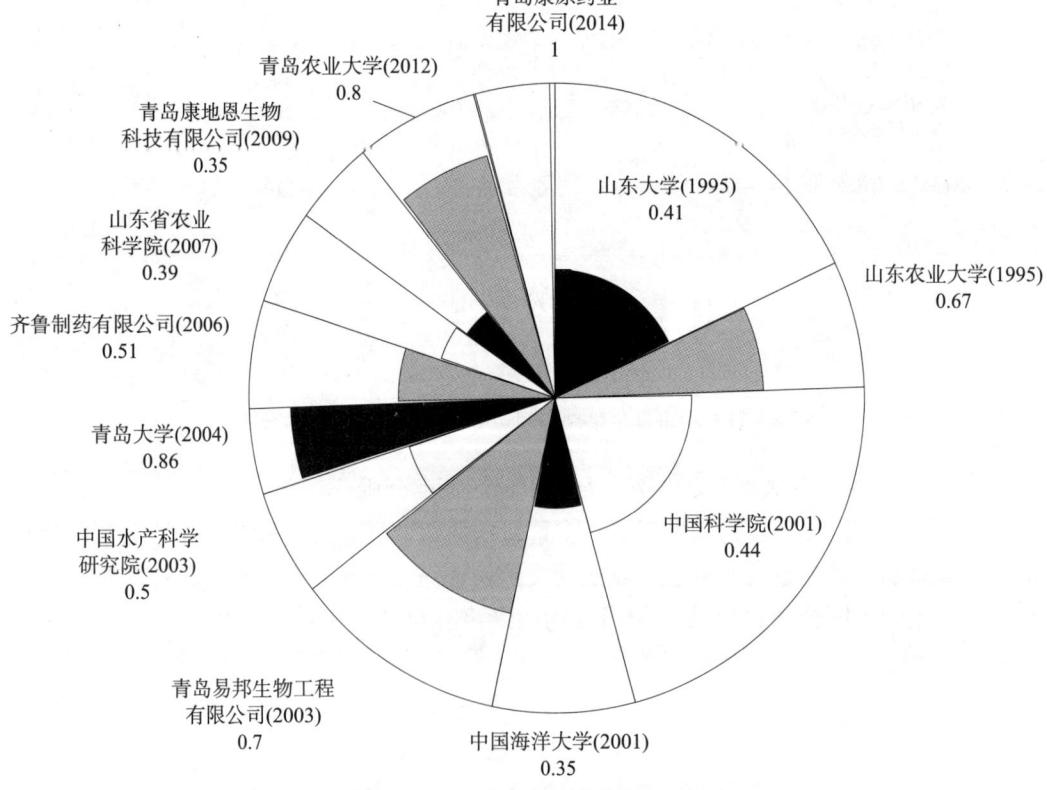

图 4-32 山东省生物医药专利主要申请人研究强度

申请量，但其活跃度并不高。山东大学和山东农业大学较早涉及该领域（1995 年），为奠基型申请人，随后中国科学院、中国海洋大学、青岛大学、青岛易邦生物工程、中国水产科学院等相继对生物制药领域进行研究，青岛康原药业、青岛农业大学等作为新秀型申请人，近年来活跃度数值高，相对更专注于该领域的研究，体现出对生物制药的研究热情。

4.3.5　山东省生物制药"十二五"以前、"十二五"期间研究热点变化

图 4－33 展示了山东省生物制药"十二五"以前、"十二五"期间研究热点变化，对比可见，"十二五"前后均是以抗感染药物为主，与全国适应症研发热点有所不同，抗感染药物增长尤为突出，相较"十一五"期间申请量增长达到 163%，适应症占比增长 8%，第二位抗肿瘤药物申请量虽有增加，但适应症占比下降 5% 左右，其他六位适应症占比均在"十二五"期间有所提高。

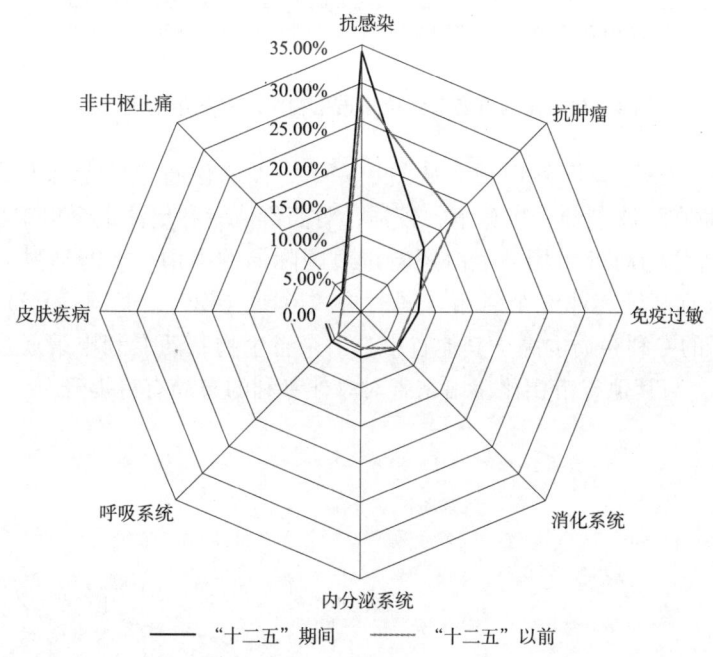

图 4－33　山东省生物制药"十二五"以前、"十二五"期间研究热点变化

4.3.6　山东省与竞争省市的对比

（1）山东省与竞争省市生物制药申请量趋势对比

图 4－34 为国内排名前六位省市生物制药专利申请量趋势，可以看出上述省市生物制药在近 15 年的专利申请量情况，在 2002 年以后整体均处于增长趋势，上海市和北京市增长趋势平稳，江苏省和广东省增长趋势明显，分别在 2013 年和 2016 年超越排名第二位的北京市。

（2）山东省与竞争省市生物制药国际申请对比

由于海外申请成本较高，因此，只有技术含量较高或者有利于市场竞争的专利技

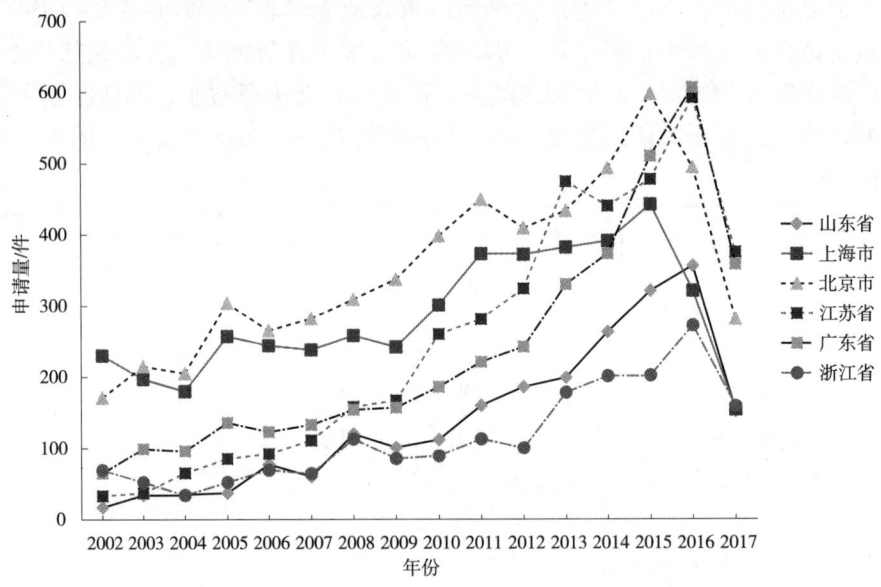

图 4 - 34　国内排名前六位省市生物制药专利申请量趋势

术，申请人才会考虑进行海外申请。从图 4 - 35 中前六位省市的全球专利布局可以看出，上海、北京在生物制药领域竞争力较强，对高价值专利更注重全球市场布局。美国是上述省市最关注的海外市场，上海还着重对国际局的申请。上海通过 PCT 申请比例达到 18.53%，远高于其他五个省市，同时进入欧洲（EP）、美国（US）、日本（JP）和韩国（KR）的专利布局也高于其他省市。山东省生物制药专利申请通过 PCT 申请占比仅为 2.85%，与其他省市相比，山东省对海外专利的布局有待提升。

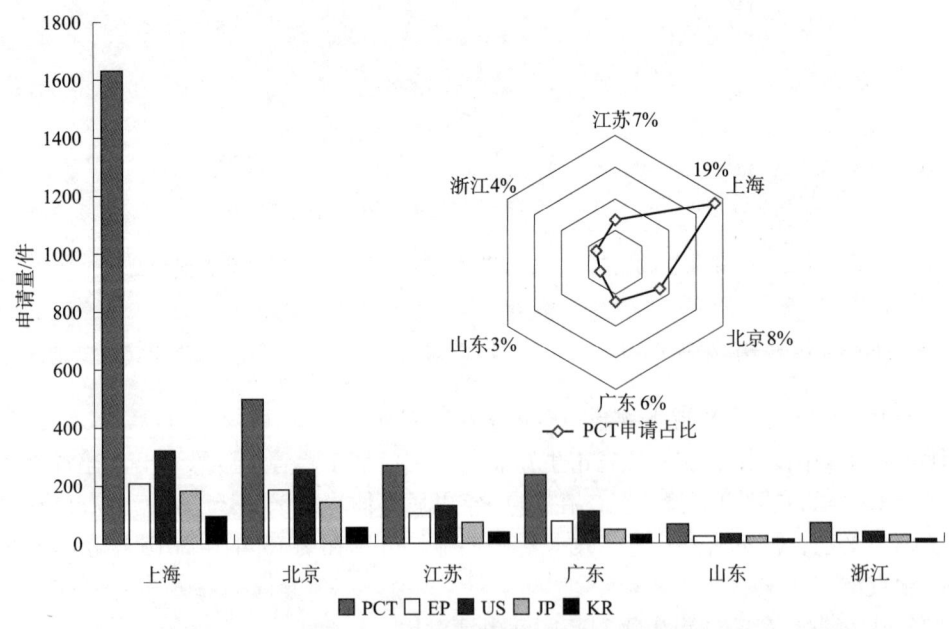

图 4 - 35　国内排名前六位省市生物制药专利国际申请对比

（3）山东省与竞争省市生物制药专利申请有效性对比

我们对六个主要省市（上海、北京、江苏、广东、山东、浙江）的专利申请量、授权量以及授权/申请比进行了统计，如图 4–36 所示，其中，统计时间截至 2015 年 12 月 31 日。从图中可以看出，上海和北京均具有相对更高的申请量（此处排除了上海博德基因开发有限公司的 3065 件申请），明显高于其他省市；相应地，这两个市也具有较高的授权绝对量。上述六个主要省市的授权/申请比平均值为 46%，其中，北京最高，而上海相对较低。

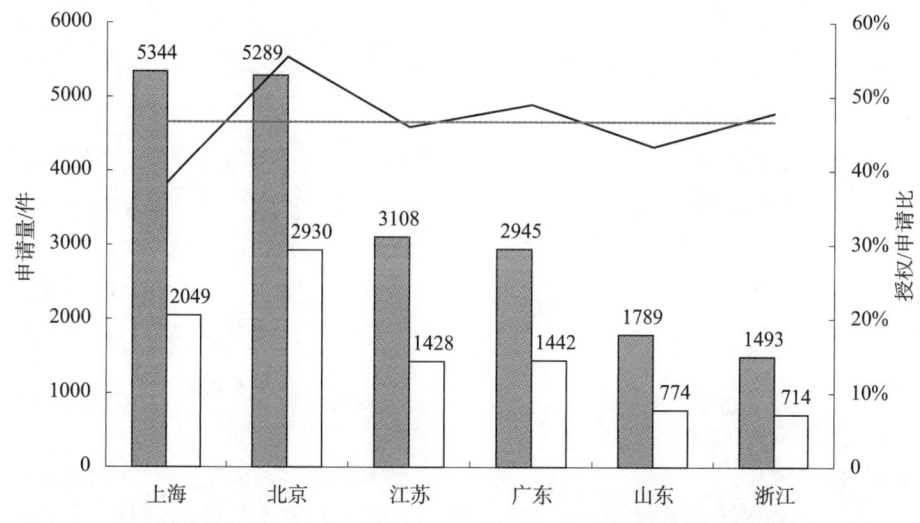

图 4–36 主要省市专利申请量、授权量以及授权/申请比

上海政府投资建立了上海生物医药产业基地，主要负责生物技术类药品的研发和制造、新型生物技术的转化和生产等，依托其长三角的地理位置、港口城市的区位优势，凭借国家关于鼓励生物医药产业发展，鼓励对外贸易等相关扶持性政策，实现了生物医药产业的飞速发展。因此，上海拥有最高的申请量，但授权/申请比相对较低，可见，上海需要进一步提高申请质量。

北京高校云集，人才培养与传输机制非常完善，生物医药产业的人力资源极为丰富，又由于政策优势，因此临床经验较其他区域有优势，建立了质量检测、安全测试、药品筛选等一系列技术研发平台，申请的专利也具备相对更高的含金量，体现为相对最高的授权/申请比。

江苏和广东省除了有相应的高校外，还有具备竞争力的企业，例如江苏的苏州艾杰生物科技有限公司，广东的深圳华大基因科技有限公司、广州微生物研究所、深圳翰宇药业股份有限公司等。浙江省作为长江三角洲的重要省份，是最早认识到生物医药产业巨大的经济利润前景和经济带动作用的省份，相关政策规定、法律法规非常成熟和完善，政策优势十分明显。

山东省的申请量、授权量以及授权/申请比在六个省市中均处于第五位，相比之下，山东省高校/科研院校资源也较为丰富，以此为依托，应加大生物制药产业研发和制造，同时结合地区政策扶持，发挥龙头企业优势，在量和质两方面寻求更大的提高。

（4）山东省与竞争省市生物"十一五"和"十二五"期间研究热点变化对比

"十二五"前后，六个省市研究热点排名基本未发生变化，如图4－37所示。其中，山东省与北京市均以抗感染为主，抗肿瘤为第二位，相较于"十一五"期间，山东省抗感染药物占比有显著提升，但抗肿瘤药物占比下降明显，而北京市抗感染药物与抗肿瘤药物占比同步增长；其余四省市以抗肿瘤为研究首位，抗感染居第二位，相较于"十一五"期间，排名第一和第二位的适应症占比均提高或持平。

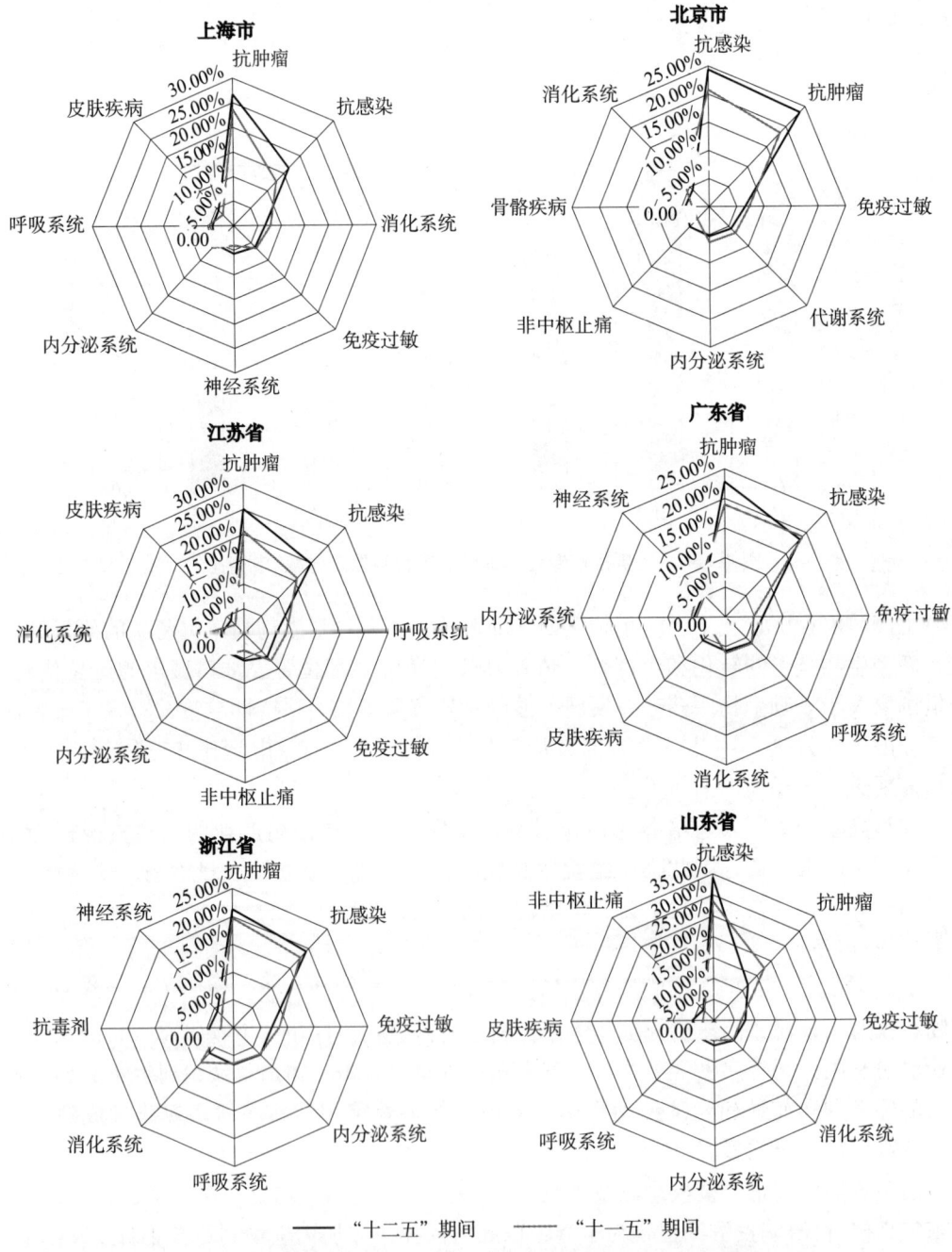

图4－37 主要省市"十一五"和"十二五"期间研究热点变化对比

（5）山东省与竞争省市生物制药抗感染领域专利申请态势对比

图4-38为主要省市生物制药抗感染领域专利申请态势。在生物制药抗感染领域，北京市申请量最多，其占比为全国生物制药抗感染专利申请的6.49%，其次为上海市和广东省，山东省居第四位，其专利申请量占全国生物制药抗感染专利申请的3.49%。需要注意的是，上述六省市生物制药抗感染专利申请量占比仅为23.84%，足见全国生物制药抗感染的专利申请仍以国外申请人为主。

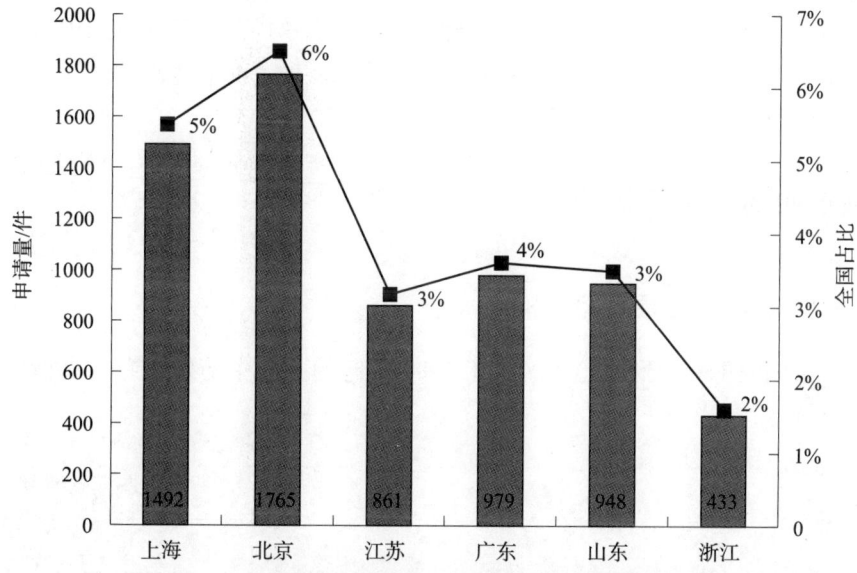

图4-38　主要省市生物制药抗感染领域专利申请态势

第5章 中药专利态势分析

本章的研究对象是中药。通过统计全球、全国范围及山东的中药专利申请量，从中药申请态势、中药技术主题、重要申请人、中药研究区域分布、重点产品等方面进行了统计分析，以期了解山东省中药发展现状。

5.1 国内中药专利态势分析

5.1.1 国内中药专利发展趋势分析

为了了解国内中药的发展趋势，对于1980年起的国内中药发明专利申请数据按时间序列进行统计，如图5-1所示。

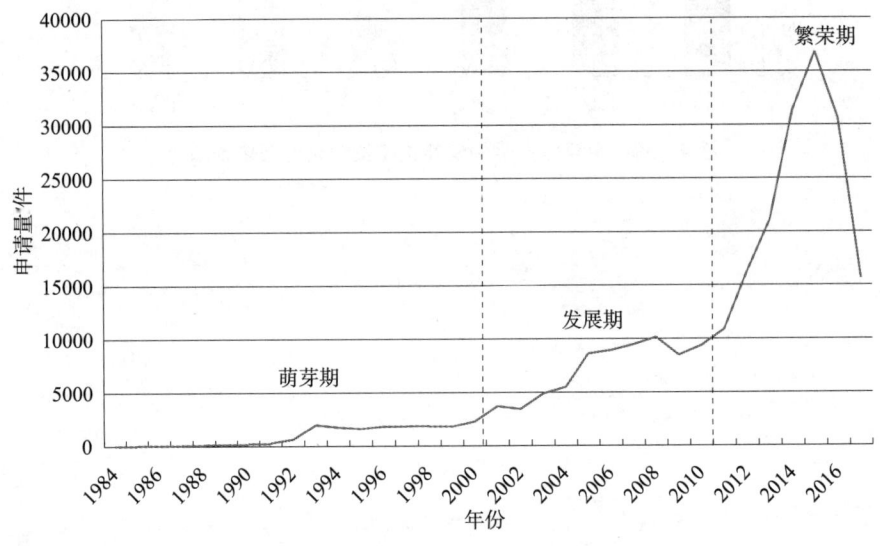

图5-1 国内中药专利申请量趋势

可以看出，1992年以前国内中药专利的申请量较少，在1992～2000年经过一个比较平缓的发展期，在2000～2008年持续增长，2008年后出现短暂的下滑趋势，2010～2015年急剧增长，在2015年达到申请量的高峰36793件。由于2016年、2017年提交的部分申请还未能公开，因此2016年、2017年的数据还不能统计完全，存在被低估的情况。国内中药专利申请量逐年增长，申请量大，一方面是因为我国中药理论和中药利用方面相比其他国家成熟，中药资源丰富；另一方面得益于国家先后出台的相关政策，大力发展中药产业，如《生物产业发展"十一五"规划》（其中有现代中药专项内容）、

《中药现代化发展纲要（2002～2010）》《中西药创新发展规划纲要（2006～2020）》等政策。该申请量的趋势也说明了我国中药研究热度以及专利保护意识已普遍提高。

5.1.2 国内中药专利技术主题分析

国内中药专利申请的技术主题主要有剂型、活性成分、检测分析方法等，为了了解中药领域的研究热点，我们对这些技术主题进行了统计分析，如图5-2所示。

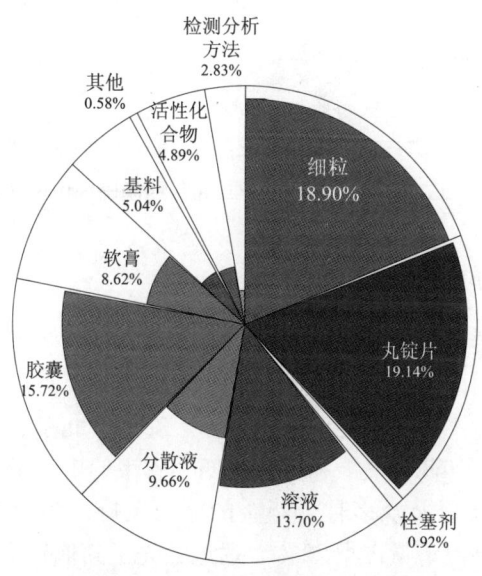

图5-2 国内中药专利技术主题分布

从图中可以看出，国内中药专利申请的技术主题以剂型为主，主要有丸锭片（包括丸剂、锭剂和片剂）、细粒（颗粒剂）和胶囊，分别占总份额的19.14%、18.90%和15.72%，另外，溶液占13.70%，分散液占9.66%，软膏占8.62%。上述剂型占总剂型的85.74%。涉及中药活性成分研究和质量检测方法的申请分别占比4.89%和2.83%。剂型的研究远超活性化合物研究，一方面，由于中药成分复杂，确定以及提取分离具体的活性化合物比较困难；另一方面，也体现了剂型研究在中药领域的重要性。剂型对于药物疗效有着重要影响，新剂型、新制剂的开发与利用不亚于一个新药的创制。

5.1.3 "十二五"以前、"十二五"期间国内中药热点变化

传统中药的现代开发已成为我国研制新药及现代中药的主要出路，将多种剂型引入中药制剂，是中药现代化的主导内容。从图5-3中可以看出，相比"十二五"以前，"十二五"期间中药申请进一步加强了丸锭片、软膏和基料的申请比重，但是对于检测方法和活性化合物的相关申请比重有所降低，这体现了中药质量控制理论和技术方法的研究以及活性化合物研究在我国还处于初步发展阶段，而这也是中药现代化的重要发展方向。

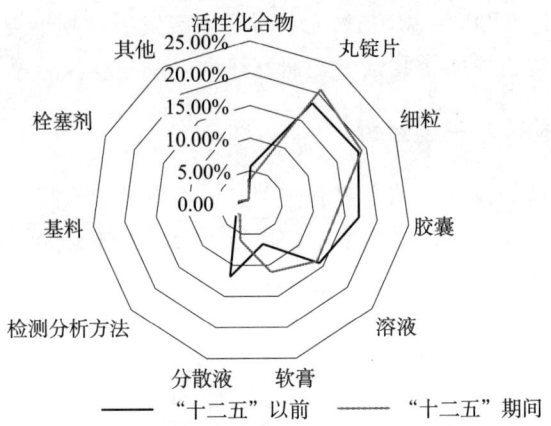

图5-3 "十二五"以前和"十二五"期间国内中药热点变化

5.1.4 国内竞争区域分析

（1）国内主要省市专利申请分布

为了了解山东省在国内的区域竞争力，我们对国内主要省市的中药专利申请进行了分析，发现国内的申请量主要集中在山东、江苏、安徽、北京、河南、广西、广东和浙江等省市，其中，山东、江苏、安徽和北京这四个省市的申请量占比超过了全国申请量的43%。丰富的中药资源以及众多骨干药企的鼎力支持，为山东省现代中药产业提供了必要条件，其中药专利申请量占据22%，远远领先于其他省市。

（2）国内主要省市专利申请趋势分析

我们对国内主要省市中药专利申请趋势进行了分析，如图5-4所示。可以看出，

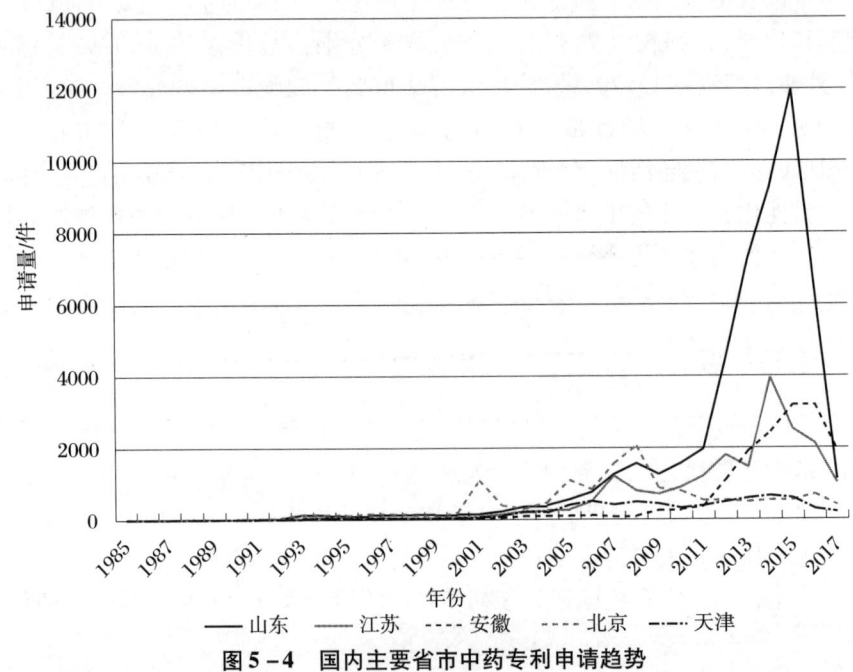

图5-4 国内主要省市中药专利申请趋势

1990～2000 年，山东、江苏、安徽和北京四个省市中药发展趋势一致，都处于初步的发展期，但北京在 2001 年率先取得一个急速发展期。2002～2008 年，山东、江苏和北京持续上升式发展，而安徽整体发展比较慢。在 2010 年，山东进入急速发展期，率先于其他省市。而江苏、安徽在 2010 年也进入较快的发展期。由此可见，山东省虽然起步落后于北京，但是，在后续发展中表现出强劲的势头，遥遥领先于其他省市，体现了中药现代化发展战略的实施在山东取得了很大的成功。天津的申请总量不大，但是维持较平稳的年申请量。

（3）国内主要省市专利技术主题分析

我们对国内主要省市中药专利技术主题分布进行了分析，如图 5 - 5 所示。从中看出，全国主要省市的中药申请技术主题以丸锭片、细粒、胶囊、溶液、分散液为主，而在这五种技术主题中又侧重丸锭片、细粒和胶囊，尤其是山东省在这三个技术主题的申请量尤为突出，充分贯彻了《中药现代化发展纲要》所提出的"重点任务"的要求之一，即开展中药饮片（包括配方颗粒）的研究。

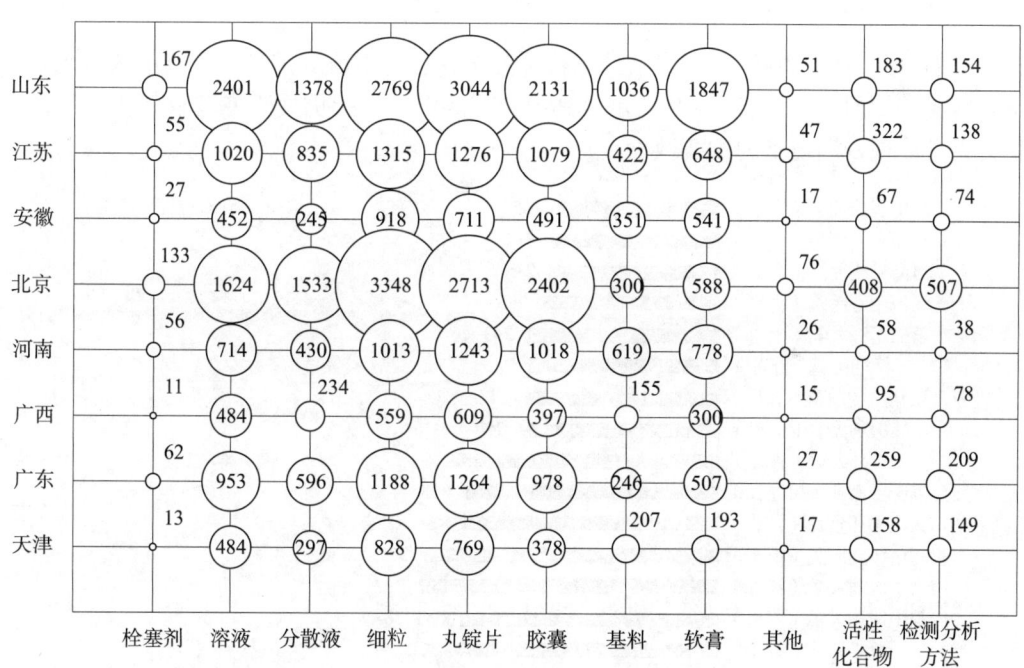

图 5 - 5　国内主要省市中药专利技术主题分布

（4）国内主要省市专利授权情况分析

我们对国内主要省市中药专利授权申请情况进行了分析，如图 5 - 6 所示。可以看出，北京、广东、天津、山东和河南的授权/申请比均维持较高水准，其中山东省在申请量全国第一的情况下，仍获得如此高的授权/申请比（24.10%），可见，山东省的中药专利整体质量较高，这也体现了山东省近年来大力开展中药生产工艺创新，促进中药现代化的成果。

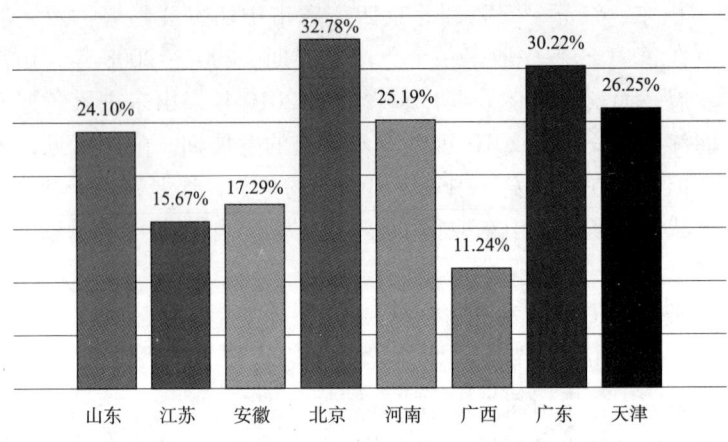

图 5 – 6　国内主要省市中药专利授权/申请比

5.1.5　国内主要申请人分析

我们对国内中药领域主要申请人进行了分析，包括申请量排名、有效申请排名、产学研情况，如图 5 – 7 ~ 图 5 – 9 所示。其中，有效申请是指仍处于专利权保护状态的专利，它是体现专利质量的重要数据。

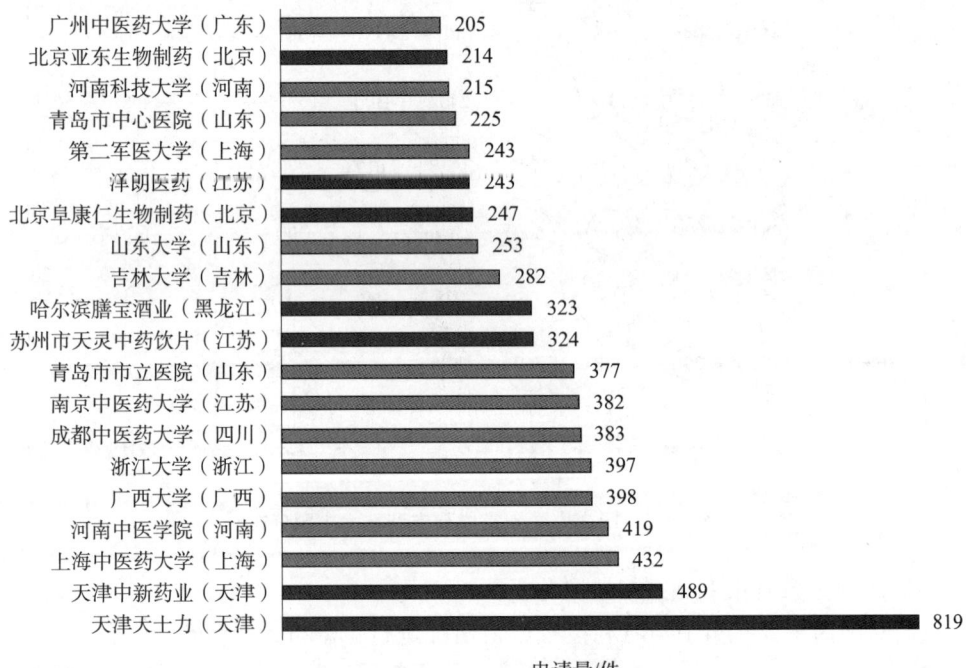

申请量/件

图 5 – 7　国内中药领域主要申请人排名

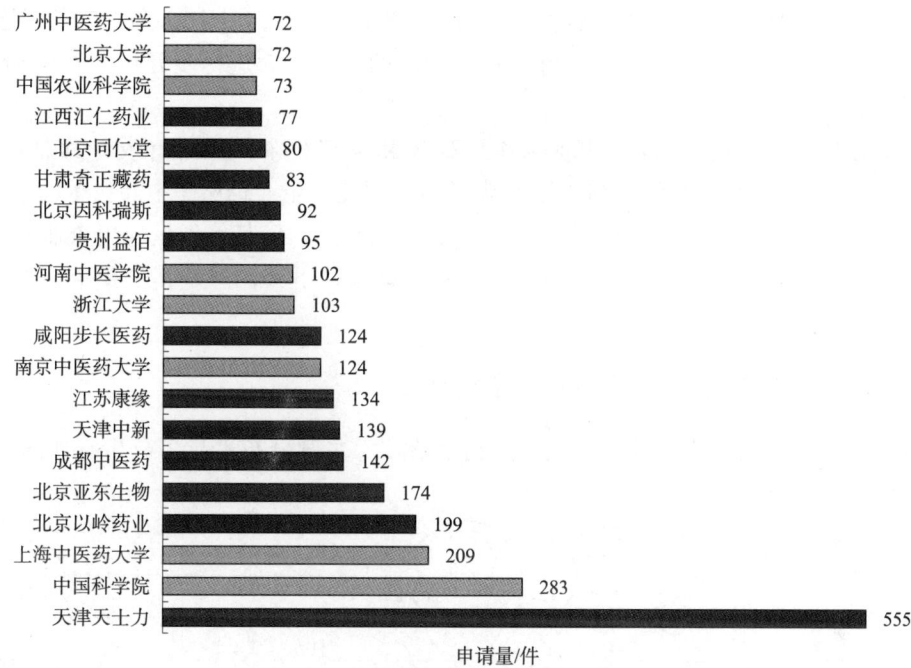

图 5 - 8　国内中药领域主要申请人的有效申请排名

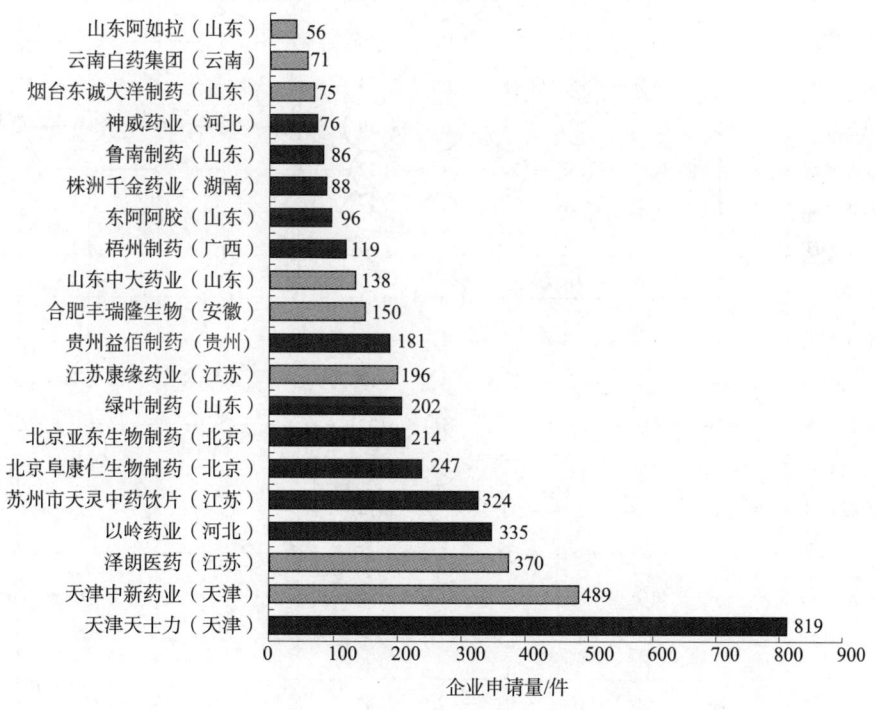

图 5 - 9　国内中药领域主要企业分析

全国排名前 20 位的申请人中，高校和医院有 13 个，其对申请量的贡献占 61%；企业仅有 7 个，其对申请量贡献占 39%。这充分说明全国各地对于中药的研究热情高涨，为推进中药现代化提供了坚固的理论基础；医院更接近病患，对于市场的需求有更深入的了解，大量的医院申请则发挥了研究院所相同的作用，为进一步开展"产学研"提供了非常有利的基础。

在有效申请排名的前20位申请人中，高校和医院8个，其对有效专利总量贡献35%；企业12个，其对有效专利总量贡献65%。因此，企业仍然是中药技术的主导。

全国申请量排名前20位的企业中，山东省占据6个，较其他省呈现出企业分布广、多点开花的态势。虽然河北、天津的中药专利申请总量不大，但是其主要企业天士力、中新、以岭等申请量占据全国前列。

5.1.6 国内主要省市主要申请人技术主题分布

我们对国内主要省市主要申请人的专利申请技术主题分布进行了分析，如图5-10

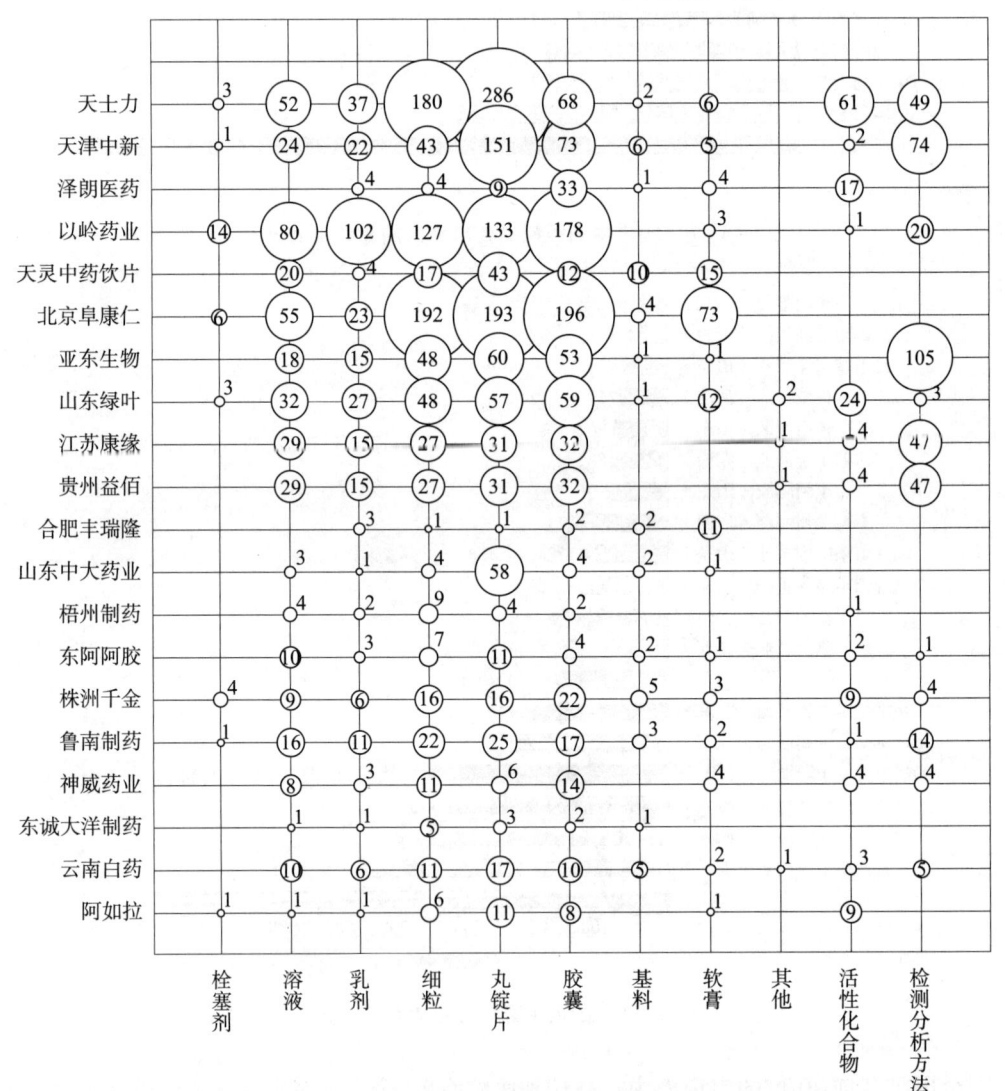

图 5-10 国内主要省市主要申请人专利申请技术主题分布

所示。主要申请人的专利申请技术主题与全国的总体分布相似，但相对更侧重丸锭片和细粒。同时应当注意到，中药的现代化发展不仅包含中药饮片（包括颗粒剂）的研究，同时还有中药质量控制以及新型中药的研究；在专利申请中，质量控制主要体现在检测方法上，新型中药研究体现在对于有效成分的研究。从图中可以看出，国内排名前列的企业也在活性化合物、检测分析方法两个主题布局了较大量的专利。

5.2　山东省中药专利态势分析

5.2.1　山东省各区域中药专利申请分布分析

图 5−11 显示了山东省各区域的中药专利申请量分布情况。从图中可以看出，山东省的专利申请地域分布较为集中，排名前六位的济南、青岛、烟台、威海、潍坊和临沂占据了总量的 78%，其中济南、烟台、威海和潍坊属于山东省重点打造的医药发展聚集区。得益于两地的高校和制药企业以及医院比较多，中药研究比较活跃，青岛和济南分别以 27% 和 18% 的占比占据第一、第二位。其他申请量较大的地区有烟台、威海、潍坊、临沂，分别占比 10%、8%、8%、7%。相信在产品链和技术链进一步完善后，山东省的医药聚集区的优势将日益凸显。

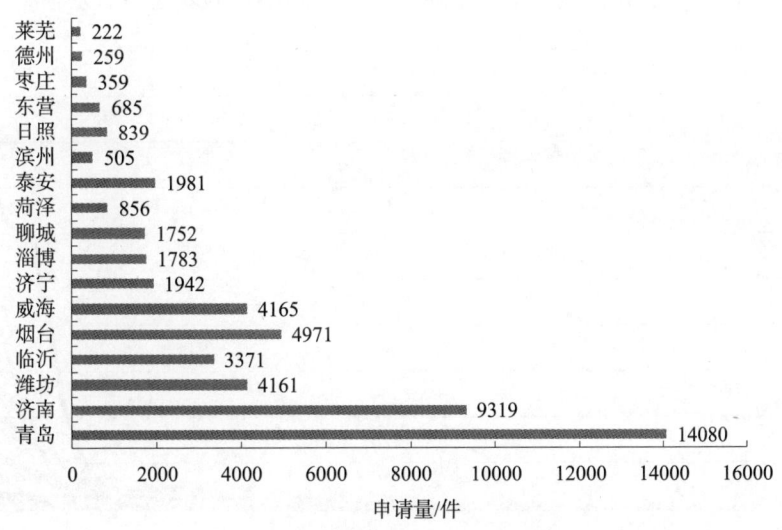

图 5−11　山东省各区域中药专利申请量分布

5.2.2　山东省中药专利申请技术主题分析

图 5−12 显示了山东省中药专利技术主题的分布情况，山东省与全国情况基本一致，主要为剂型，而活性化合物、检测分析方法仅分别占 1.2% 和 1.02%。

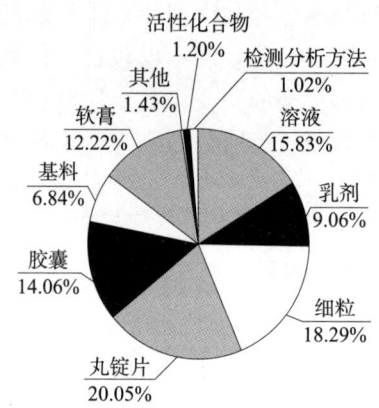

图 5 – 12　山东中药专利技术主题分布

5.2.3　山东省各区域中药专利申请产出趋势

从图 5 – 13 可以看出，1989 ~ 2004 年，山东各区域中药专利申请量都比较小，属于萌芽期；"十二五"时期，中药迎来了前所未有的发展战略机遇期。山东省在贯彻"十二五"规划中，出台一系列措施来促进中药的发展，如建立中药质量综合评价技术平台，开展关键技术的研究，培养中药专业人才，鼓励中药创新药物研发等。

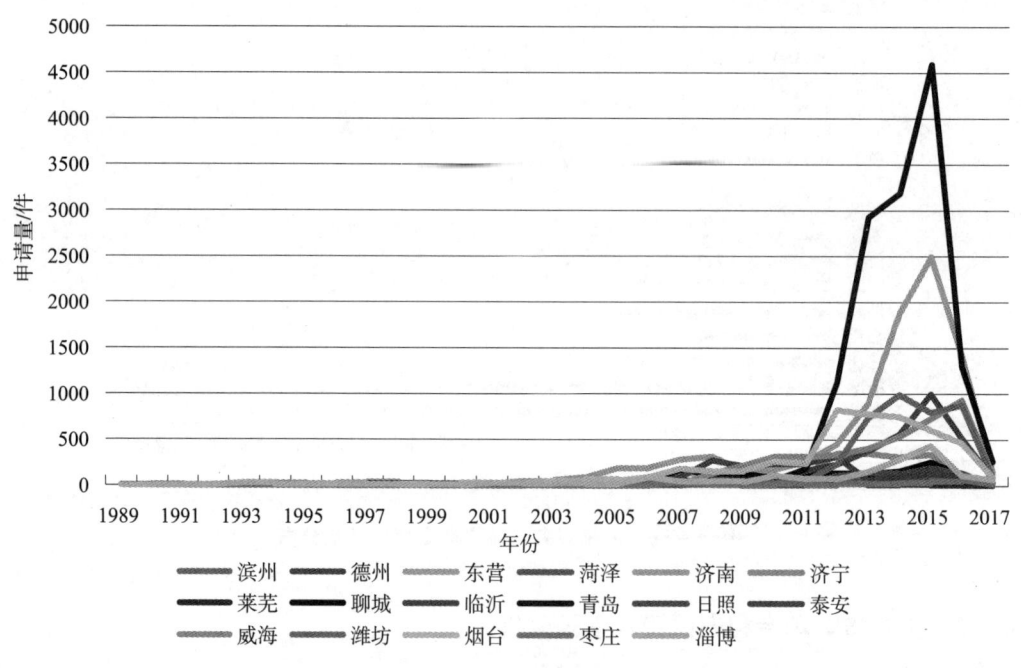

图 5 – 13　山东省各区域中药专利申请产出趋势

从图 5 – 14 中可以看出，青岛在 2011 年急剧增长，2015 年达到 4591 件，遥遥领先其他区域的申请量；济南经过缓慢的发展，在 2011 年开始迅速增长，在 2015 年达到顶峰 2495 件；在 2011 年后增长比较明显的区域为烟台、潍坊和临沂。

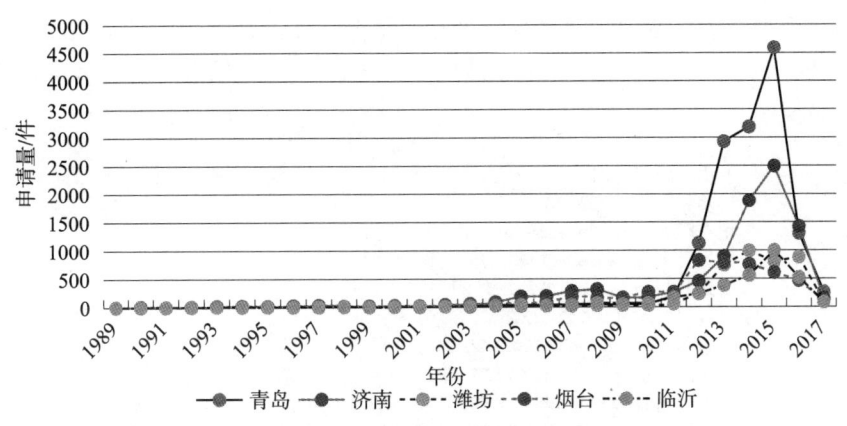

图 5 – 14　山东省快速增长的五个区域中药专利申请产出趋势

5.2.4　山东省各区域中药专利有效性分析

从图 5 – 15 中可以看出，整体山东各区域专利有效率在 5% ~ 19% 波动。潍坊、临沂、济宁、淄博、聊城、菏泽、滨州、枣庄和德州的专利有效率均高于山东省平均有效率 12.65%。青岛和济南的有效率低于平均有效率，这与其相对较大的申请量有关。相对于高申请量而言，山东省整体有效率偏低。个人申请本身授权量和技术含量很低，有效量就更低。山东省中药企业研发投入相对于世界五百强医药公司而言是很低的，虽然申请意识增强，但是很难获得高质量的专利申请。科研院所研发能力强，但是仅限于学术研究，专利申请以及布局意识薄弱。所以，加快推行产学研合作可以互相弥补企业与科研院所的短板，提高中药行业的创新能力。

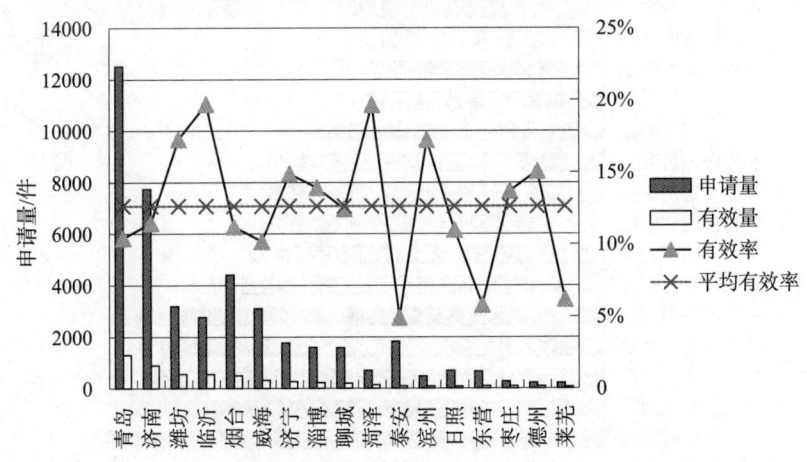

图 5 – 15　山东省各区域中药专利有效量及有效性分析

5.2.5　山东省中药领域专利主要申请人分析

由图 5 – 16 可知，山东省内申请量排名前 16 位的申请人中，高校和医院 7 个，对于申请量贡献 57%；企业 9 个，对于申请量贡献 43%。由此可见，科研院所是中药研究的主力，为中药创新发展提供了良好的技术平台。如山东大学药学院相继承担了国家"十一五"重大科技专项、"十一五"科技支撑计划，国家自然科学基金重点项目等国家和省部级课题。

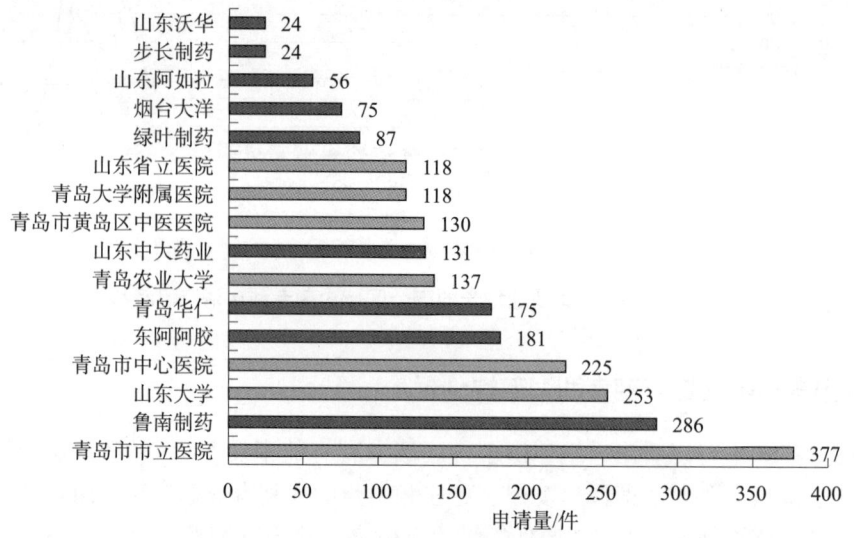

图 5 – 16　山东省中药领域专利主要申请人分析（申请量）

　　图 5 – 17 显示了山东省中药有效专利主要申请人分析的情况。山东省有效专利排名前 15 位的申请人中，高校和医院 8 个，对有效专利贡献 48%；企业 7 个，对有效专利贡献 52%。山东省中药专利技术实力分布较全国的数据更均化。

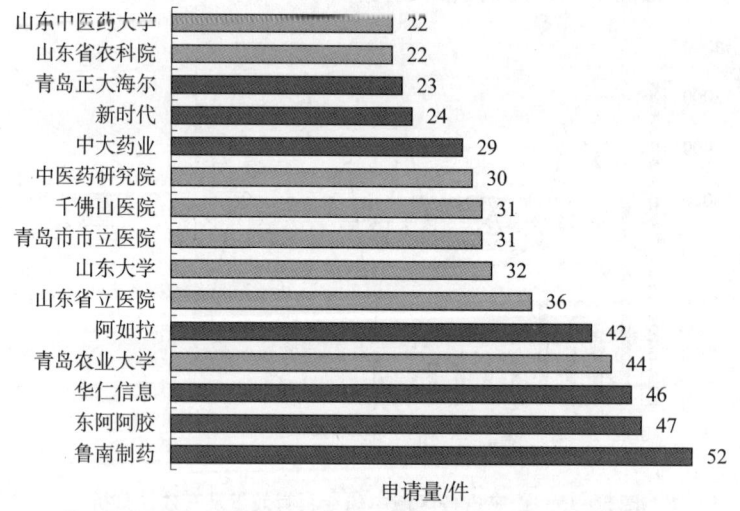

图 5 – 17　山东省中药领域专利主要申请人分析（有效量）

5.2.6　山东省中药领域重要申请人重点领域专利布局分析

　　为了了解山东省与国内其他重要申请人在中药重点领域的专利布局情况，对于中药重点领域的国内重要申请人天津天士力、天津中新药业、以岭药业（河北）、北京亚东生物制药有限公司、江苏康缘药业股份有限公司、贵州益佰制药、云南白药集团，以及山东省企业绿叶制药、山东中大药业、东阿阿胶、鲁南制药的专利申请量进行统计分析。

由图 5-18～图 5-21 可以看出，整体而言，山东省重要申请人的技术发展空间较大。在活性化合物领域，天津天士力和山东绿叶制药处于领先地位，分居第一、第二位，而其他申请人在该领域的申请量都很低。在检测分析方法中，山东鲁南制药有一定的申请量，但是其远低于其他重点企业如北京亚东生物制药有限公司和天津中新药业。对于细粒和丸锭片，山东企业的申请量都低于其他国内重要企业，天津天士力在上述两个领域都处于领先地位。这也体现了我省中药企业中等规模居多，在中药研发中投入不足，发展相对滞后。即使骨干企业如山东绿叶和山东鲁南制药也并没有在特定的领域取得绝对性的优势。相比而言，天津天士力整体发展比较均衡，各个领域都有出色的成绩，这得益于其从成立之初就有别于传统中药企业，在创新研发投入比例高达 7%（国内医药企业研发投入普遍低于 5%），并为中药发展打造一个综合性平台——天士力现代中药城。

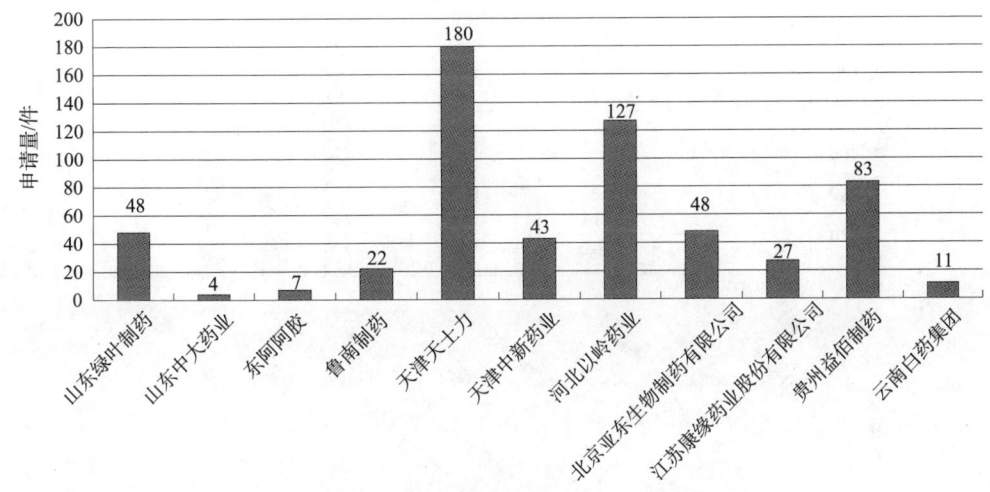

图 5-18　细粒领域重要申请人专利申请量对比

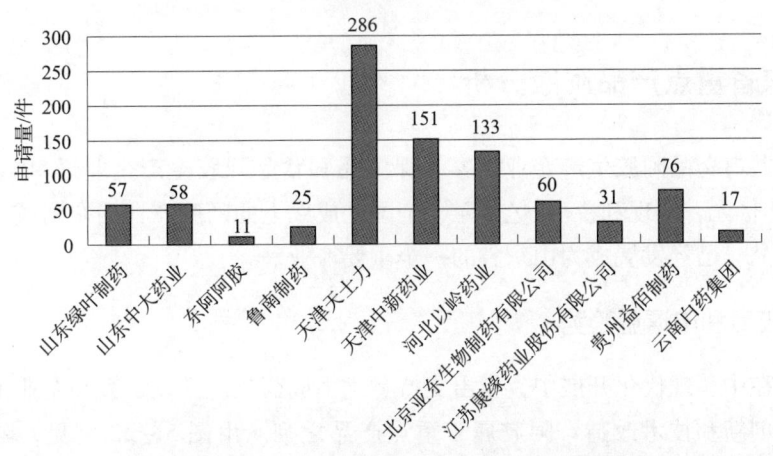

图 5-19　丸锭片领域重要申请人专利申请量对比

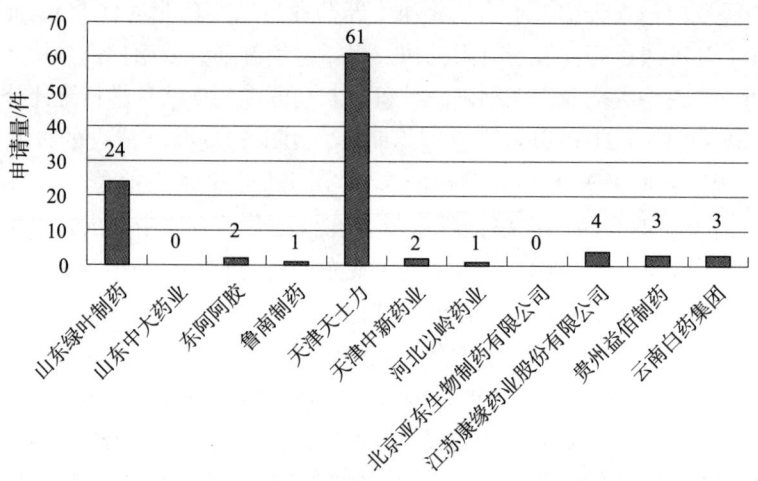

图 5 – 20　活性化合物领域重要申请人专利申请量对比

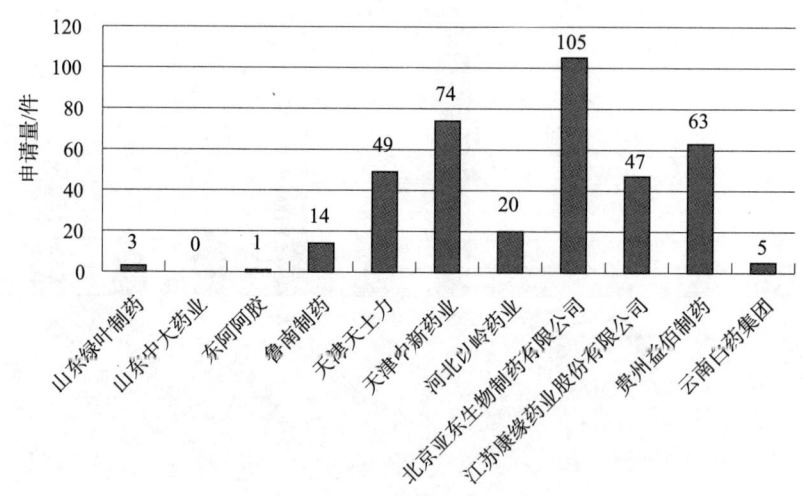

图 5 – 21　检测分析方法领域重要申请人专利申请量对比

5.3　山东省重点产品阿胶分析

　　山东省共有药品阿胶生产企业 7 家，保健品和食品阿胶生产企业近 50 家，年销售收入超过 50 亿元，实现利税 10 亿多元，全国九成以上的阿胶产自山东阿胶，阿胶为传统的滋补上品，已经发展成为山东省的一个重要产业。

5.3.1　阿胶专利申请量趋势

　　山东省在中药现代化开展中，指出支持名优中成药二次开发，鼓励企业围绕名优产品开展技术创新和技术改造。阿胶属于重点产品之列。由图 5 – 22 可见，阿胶专利在 2010 年以前缓慢增长，但是在此之后呈现飞跃式的增长，由每年 200 件左右的申请量增长至每年近 1400 件。

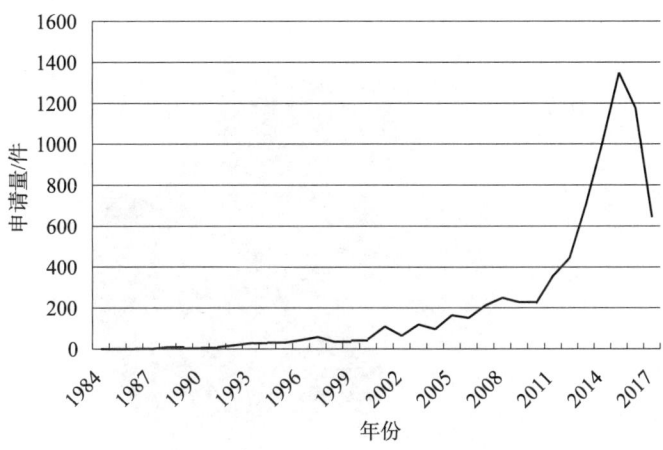

图 5 - 22　阿胶专利申请量趋势

5.3.2　阿胶专利申请量分布

DWPI 检索数据显示，阿胶相关专利全球申请 5371 项，其中中国申请 5366 项，占比 99.9%。可见，中国是该产品的主要研发和生产国。阿胶主产于山东，得益于地理位置优势以及拥有阿胶生产龙头企业，山东省在阿胶专利申请量中以 35% 的比例领先国内其他省市。但是，阿胶产品的国际化还处于初级阶段，其主要市场在日本、韩国以及东南亚地区，如何将其国际化是阿胶企业面临的重要问题。而中药国际化过程中，中药的标准问题一直是主要制约因素。欧盟方面，我国目前只有地奥心血康胶囊成功以药品身份进入荷兰，其药品主要成分为甾体总皂苷，是薯蓣科穿龙薯蓣根茎提取物。美国方面，只有通过药品登记号和以非处方药身份进入美国市场作为药品销售，而并没有通过 FDA 标准申请新药上市。因此，阿胶国际化需要企业对传统工艺、生产技术进行优化和改进，使阿胶的生产不断向标准化发展，进行第三方 GMP 认证，以及加强与国外机构开展合作，为其国际化奠定基础。例如，东阿阿胶公司 2011 年建设阿胶生物科技产业园，将阿胶生产线按照 FDA 和欧盟 GMP 的标准要求建设，以及其与日本的健康资讯株式会社进行研发合作，开发桃花姬阿胶糕，并成功进入日本市场。

5.3.3　阿胶专利申请技术主题分布

从图 5 - 23 可知，阿胶专利申请的技术主题主要为丸锭片、细粒、胶囊和溶液，分别占据 24.56%、19.27%、17.17% 和 13.53%。检测分析方法的主题比例占据 5.34%，这体现了阿胶现代化研究开始有了初步的探索。但是并没有阿胶具体活性物质专利申请。东阿阿胶在此方面进行了大量质量标准方面的研究，初步建立了阿胶的特征性指纹图谱鉴别方法。初步分离得到 7 种成分，并分别完成了动物药效的跟踪验证，为建立阿胶指纹图谱及功效成分含量测定奠定了基础，为阿胶现代化做出了重要探索。

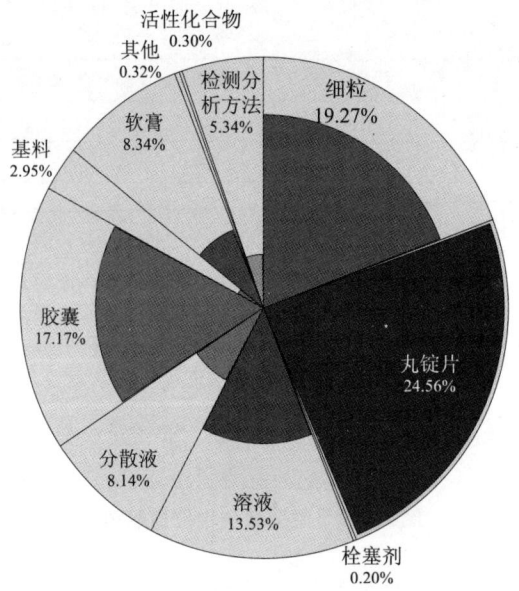

图 5-23   阿胶专利技术主题分布

5.3.4   阿胶专利技术申请人分布

从图 5-24 可以看出，山东省东阿阿胶和山东福胶在阿胶相关专利申请量中占绝对主导地位，山东省对于阿胶在中药方面的技术具有绝对话语权，同时也肩负着阿胶产品现代化、市场全球化、打造中国第一滋补品牌的重要责任。目前，东阿阿胶注册商标 484 件，拥有中国驰名商标"东阿""吉祥云"和"桃花姬"。山东福胶又有注册商标 135 件，拥有中国驰名商标"福牌阿胶"和"东阿镇"，山东省著名商标"福牌"。东阿阿胶在阿胶的国际化中通过第三方 GMP 认证，以及开展对外合作来促进产品的国际化。

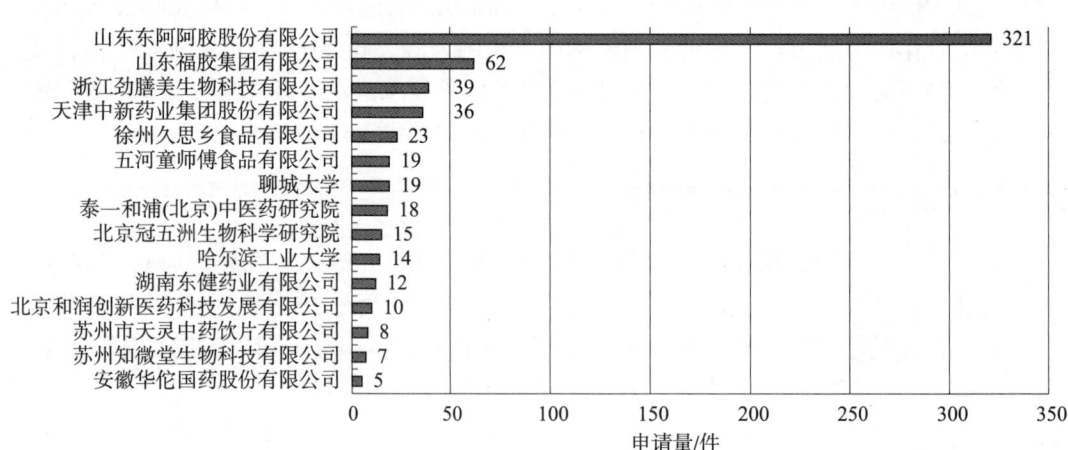

图 5-24   阿胶专利技术申请人分布

5.4　全球中药专利申请态势

5.4.1　全球中药专利申请量分布

图 5 – 25 显示的全球范围内中药相关专利申请量分布，截至 2017 年 12 月 31 日（DWPI 数据库，以公开日统计），全球中药相关专利申请量为 286176 项，其中中国申请 223259 项 （78%），其他国家 62917 件（22%）。其中日本 29%、美国 17%、韩国 14%，三个国家占据全球其他国家申请量的 60%。日本是世界最大中药出口国家，以 29% 的份额领先其他国家。

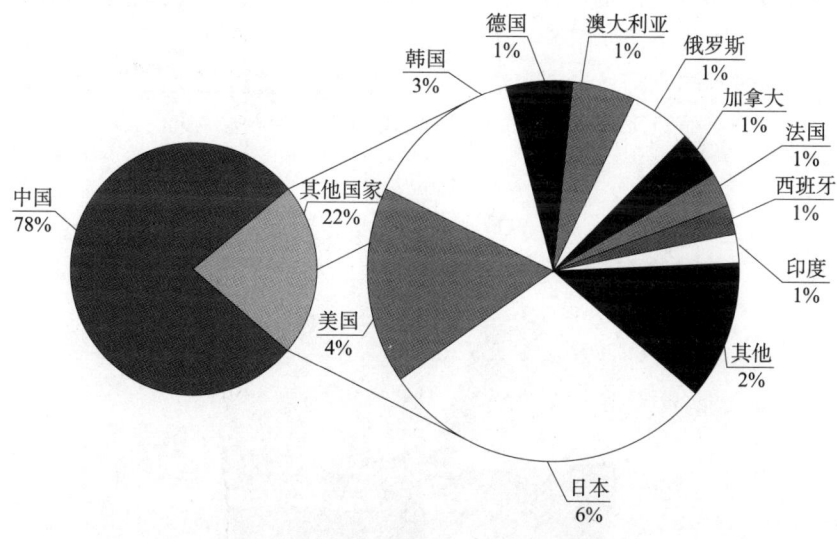

图 5 – 25　全球中药相关专利申请量分布

5.4.2　全球中药专利申请量趋势

图 5 – 26 显示了中药相关专利全球的申请趋势和全球（除中国外）申请量趋势，从

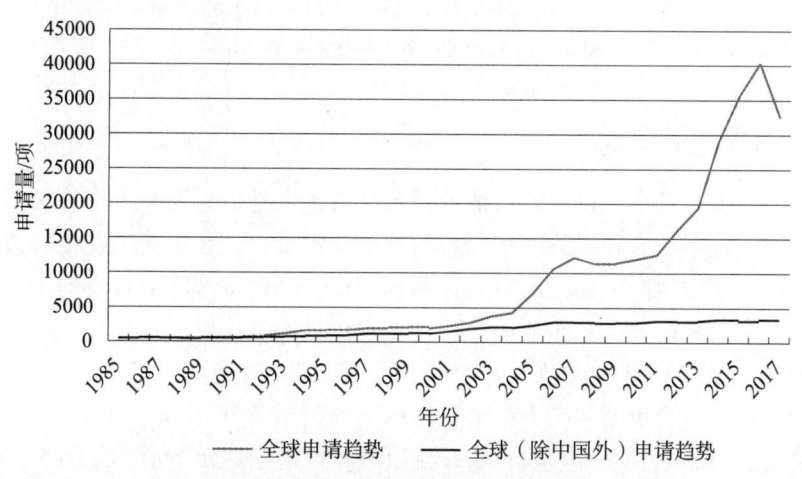

图 5 – 26　全球中药专利申请量趋势

图中可以看出，除中国外的其他国家在申请总量上维持缓慢增长，但是全球总量在2005年以后急剧增长说明了中国申请量的增长起到了主要的作用。中国迅速发展，主要是因为"十一五"规划、"十二五"规划、"中药现代化战略"等政策的出台，助力中药的发展。因此，在全国逐渐重视中药技术开放的当下，中药发展仍存在巨大的潜力和动力。

5.4.3　全球中药专利技术主题分布

由于中国中药专利申请占全球申请量的78%，中国申请的技术主题分布直接影响全球的中药申请技术主题分布，因此，本节只分析除中国以外的其他国家和地区的中药相关专利申请的主题分布，如图5-27所示。可以看出，国外对于中药申请的技术主题分布与我国的明显不同，国外专利申请更注重活性物质的技术主题，即更注重着眼于研究中药的活性成分；而对于各类剂型的申请则较均衡，为6%~9%。

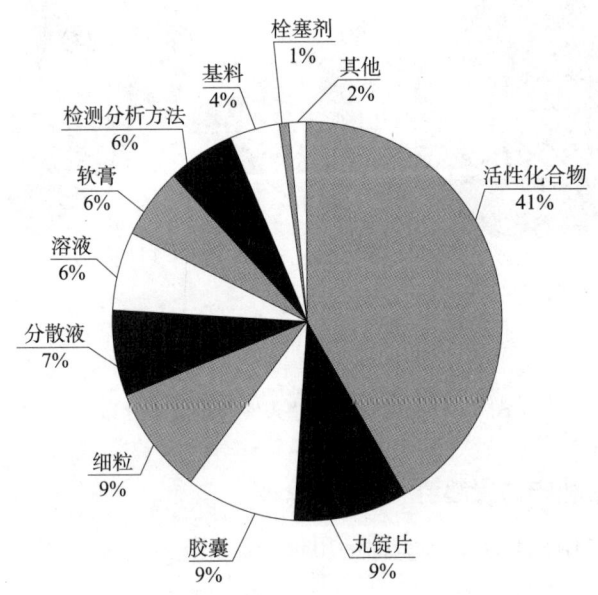

图5-27　全球中药专利技术主题分布

5.4.4　日本中药专利分析

在中药领域中，日本不仅专利申请量排名靠前，也是世界第一大中药出口国；其是中药制剂大国，日本政府和民间对中药材的种植非常重视；在中药工业生产方面，其采用现代工业技术实现生产、检测的自动化和程序化。因此本节将对日本的中药申请情况进行分析，以期给国内和山东企业的中药产业现代化发展提供参考。

（1）日本中药专利申请趋势

申请趋势方面，自1985年以来日本专利年申请量逐年增长，在2006年达到最顶峰，年申请量达1600余项，但是自2006年以后年申请量逐年下滑，如图5-28所示。

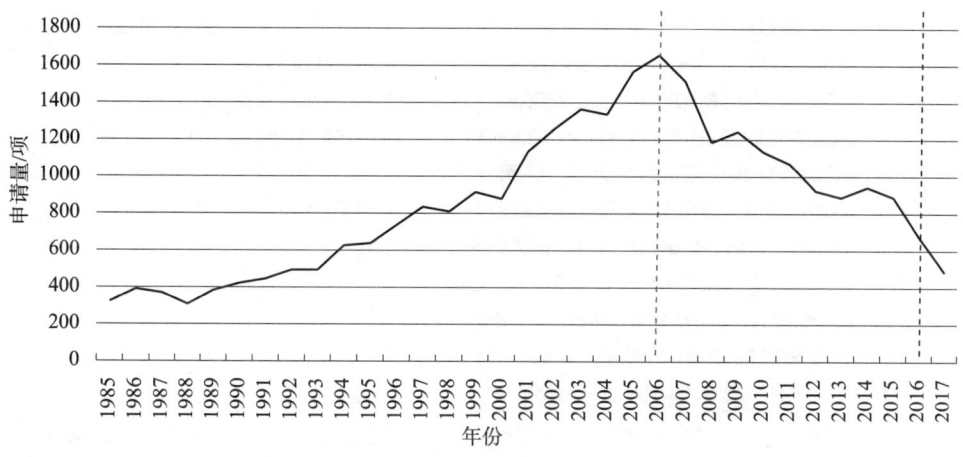

图 5 – 28　日本中药专利申请量趋势

（2）日本中药专利申请技术主题分析

如图 5 – 29 所示，专利申请技术主题方面，以活性化合物为主，占比 42%，各类剂型占比均为 4% ~ 9%。可见，日本主要着力于中药中的活性物质分离提取研究，这与中药现代化的要求是相一致的，有利于日本中药的国际化进程。

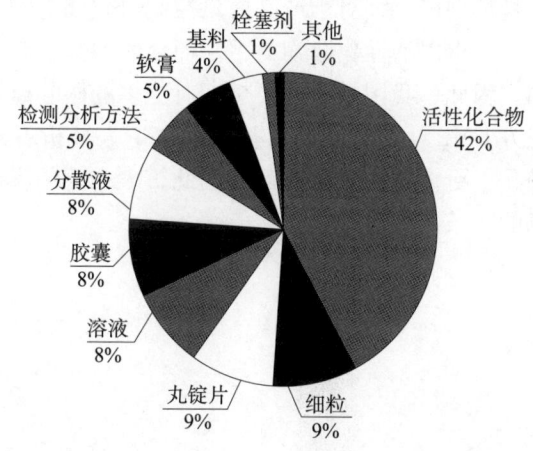

图 5 – 29　日本中药专利申请技术主题分布

（3）日本中药专利主要申请人分析

图 5 – 30 显示日本中药专利申请量前 11 位申请人，津村是世界第一大中药出口企业，但是在日本排名仅在第九位。排名前 11 位申请人中，资生堂、宝丽、诺薇雅、狮王、嘉娜宝、一丸等都是日本乃至世界知名的化妆品品牌，其布局有大量中药专利申请，广泛应用于旗下产品。而且中国出口日韩的中药主要用在化妆品、日用品以及医药方面。

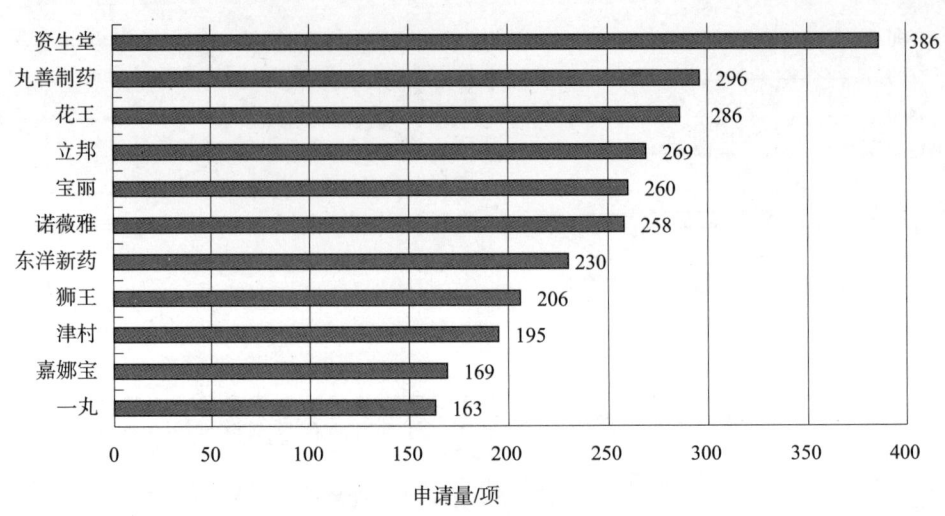

图 5 – 30　日本中药专利主要申请人

5. 4. 5　中国和日本中药专利世界布局对比分析

我国虽然申请量远超日本，但是技术的输出远低于日本。从中药专利申请的技术主题分布可知，我国主要是剂型研究，对于产品质量控制研究如药物活性化合物和检测分析方法等的研究很少，而日本以活性化合物为主。而众所周知，制约产品国际化的最主要原因是质量标准控制。因此，我国的中药要想拥有更多的国际市场，必须建立中药质量控制标准，进行第三方 GMP 认证。此外，从日本申请人分析可知，其对于中药产品的研究不仅限于医药产品，更多地涉及化妆品，因此扩大中药的应用，加强衍生产品的研发也是打开国际市场的一条有效路径。

第6章 医疗器械专利态势分析

本章的研究对象是医疗器械。通过统计分析全球范围、中国及山东的医疗器械专利申请量、技术主题、原创国家/地区分布、目标市场、主要申请人等信息，以期了解医疗器械的技术发展趋势、技术研发热点和优势企业等。

6.1 全球医疗器械专利发展总体状况分析

6.1.1 全球医疗器械专利发展趋势分析

1985 年以来，全球医疗器械领域专利申请量变化趋势如图 6－1 所示，可见，医疗器械领域的专利申请一直保持稳步上升的态势。尤其是 1994～2000 年以及 2002～2015 年这两个时间段，全球专利申请量出现了较大的增长幅度，在 2015 年申请量大幅上升，达到了 104943 项，说明了全球医疗器械企业对医疗器械产业研发创新非常重视，未来医疗器械市场需求巨大，同时也意味着医疗器械市场竞争将更加激烈。

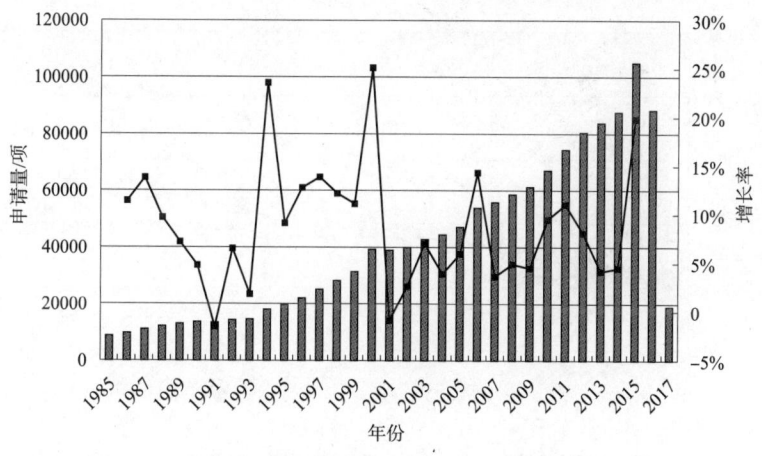

图 6－1 全球医疗器械专利申请量趋势

6.1.2 全球医疗器械专利技术主题分析

图 6－2 示出了医疗器械各技术主题专利申请量占比。医疗器械领域重要的五大类技术主题分支中，外科手术设备和植/介入医疗器械的总量最大，分别占 20.90％、20.87％。另外，医用检测/监护设备、体外诊断设备、医学成像设备则分别占 14.72％、12.81％、13.00％。

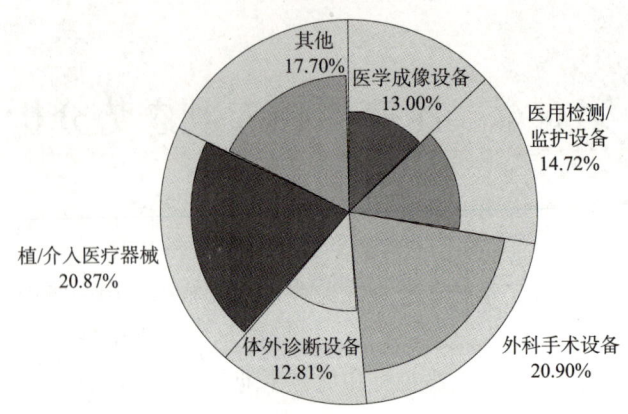

图 6-2　医疗器械各技术主题分布

　　图 6-3 示出了医疗器械各技术分支的全球发展趋势。可以看出，除了体外诊断设备外，医学成像设备、医用检测/监护设备、外科手术设备、植/介入医疗器械及其他的医疗器械均呈现一致的发展趋势。

　　体外诊断设备较为特殊，其发展趋势与其他技术分支有明显差异，主要为体外诊断设备的快速发展期仅为 1997～2006 年，之后一直为平稳发展的态势。这主要是由于体外诊断技术较早地进入成熟期，在寻求专利保护方面可能出现的技术性突破较为艰难，故在申请量上表现出基本停滞增长趋势。

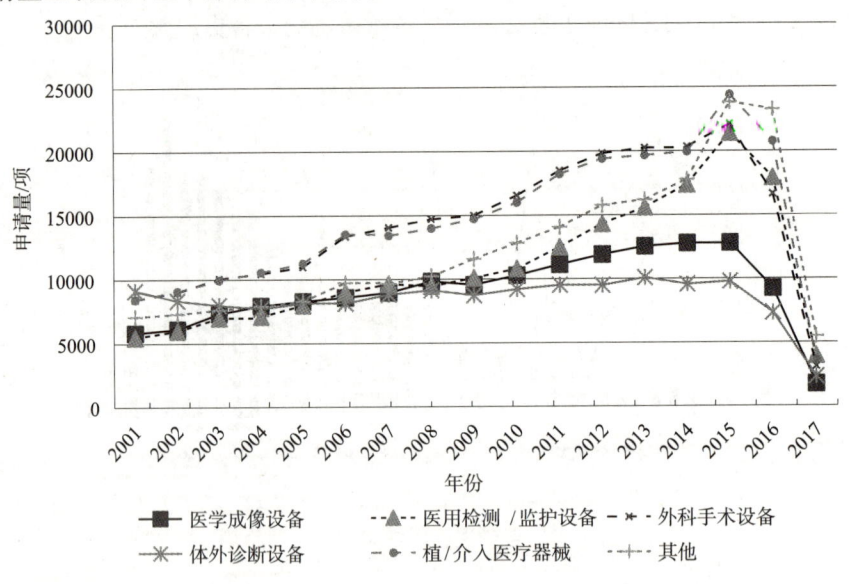

图 6-3　各技术主题专利申请趋势

　　总体而言，除了体外诊断设备外，其他如医学成像设备、医用检测/监护设备、外科手术设备、植/介入医疗器械，均基本处于稳步上升或保持稳定的态势。体外诊断设备则于 1996～2000 年出现明显的上升态势，然而 2001 年后却出现明显的回落，直至 2006 年才开始有所回升，但增长非常缓慢。

6.1.3 原创国家/地区分布分析

从图6-4来看，全球范围医疗器械专利申请近90%集中在美国、欧洲、中国、日本、韩国，其中美国共有445862项，占32%，其次是中国374753项，占26%，日本15%，欧洲约12%，韩国4%。

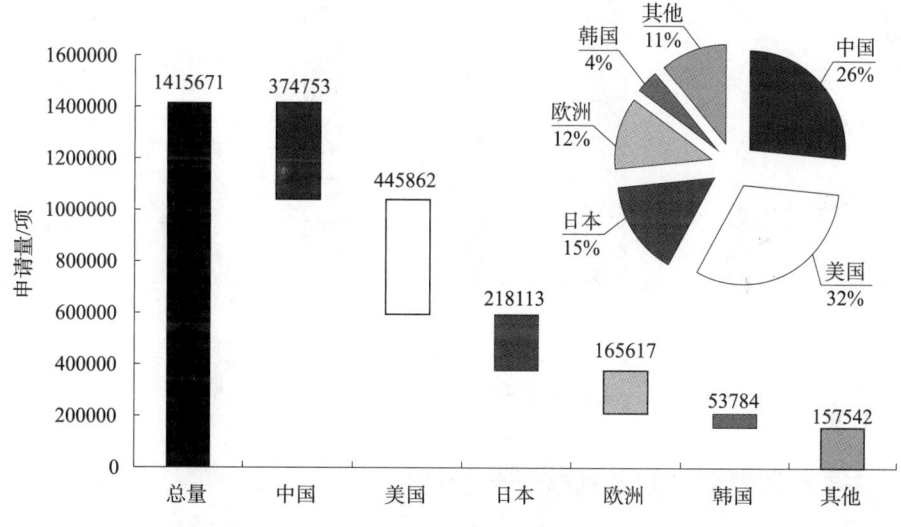

图6-4 主要原创国和地区专利产出量及占比

旺盛的需求与成熟的技术使得美国成为当之无愧的全球最大医疗器械市场，目前全球约50%的医疗器械均产自美国，美国有超过6500家医疗器械企业，特别是拥有多家国际医疗器械巨头，如美敦力、波士顿科学、雅培、通用电气等，这也使其成为医疗器械领域专利的主要产出国。日本也是医疗器械相关专利的重要产出国，占15%，特别是日本的奥林巴斯、东芝、富士、日立在医学影像市场占据了较大份额，另外，日本的泰尔茂也是国际上心脏用器械的重要研发生产巨头，这些企业也促进了日本在医疗器械领域专利的产出。欧洲主要国家对本国的医疗器械行业都非常重视，专利占12%以上，欧洲也是医疗器械早期市场之一，市场相对成熟，也培育了大量的生产研发企业，如西门子、飞利浦在医学影像领域有着重要地位。中国近年来由于政策扶持和全球各大企业对中国市场的重视，专利申请量增长迅速，目前，中国的专利申请量紧随美国的专利申请量，占26%。韩国的专利申请总量明显少于其他四个国家和地区。

6.1.4 主要原创国家/地区专利申请产出比重分析

从图6-5可以看出，中国和美国的原创占本国申请量比重较高，中国为77.09%，美国为79.31%；而欧洲的原创专利占本国申请量比重较低，这可能是因为该地区市场较大，全球公司注重对其进行专利布局，相对降低了原创比重。虽然中国的原创专利申请量比重较高，但从产业上来看，中国在医疗器械的市场份额很有限，特别是在高端医疗器械中，市场占有率更低，这说明了我国医疗器械领域专利的创新性总体偏低，同时产业转化率也不高。

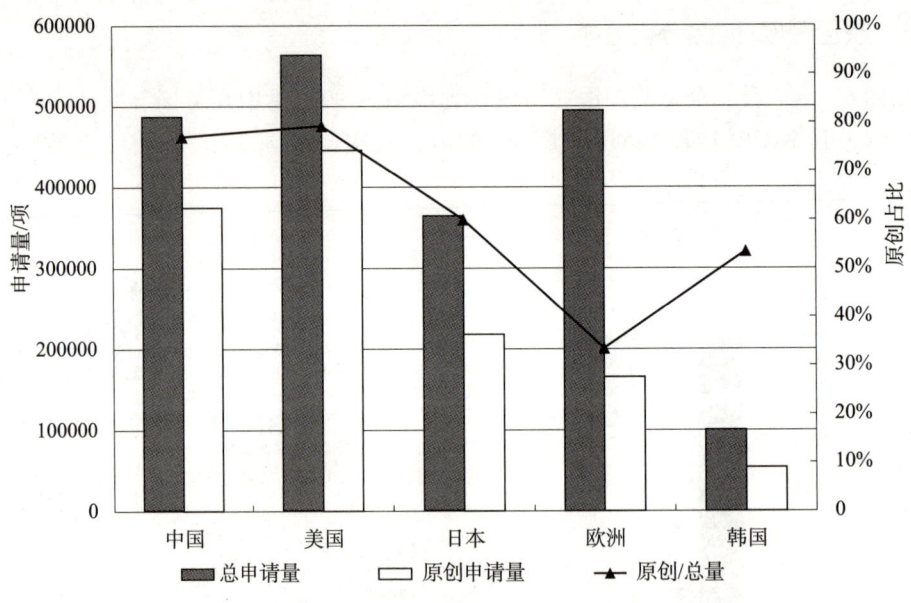

图6-5　主要原创国家/地区全球专利申请产出占比

6.1.5　主要原创国家/地区专利申请产出趋势

从图6-6可以看出，美国、日本、欧洲在医疗器械领域的专利申请量相对平稳，没有明显的增长或降低，可能的原因是这些国家或地区的医疗器械市场相对成熟稳定。而在我国，一方面，受我国政策影响；另一方面，经过多年的发展，市场也逐渐培育了一批研发实力较强的医疗器械企业，如乐普、微创、深圳先健、山东微高、新华医疗等；因此，使得我国医疗器械领域专利产出量从2004年呈现快速增长趋势，特别是在2014~2016年，出现了陡增的形势。

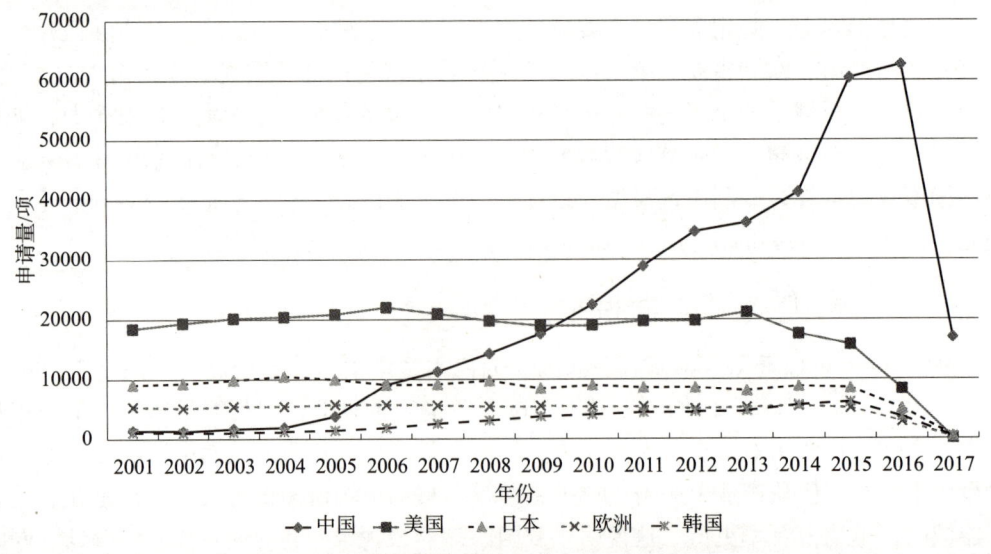

图6-6　主要原创国家/地区专利申请产出趋势

6.1.6　主要原创国家/地区专利技术主题分析

图 6 – 7 反映了主要原创国家/地区专利技术主题分布情况,从主要原创国家/地区专利技术主题分析来看,美国与欧洲的医疗器械行业的专利申请具有类似的态势。在欧洲和美国,从专利的申请量上看,外科手术设备与植/介入医疗器械相较于医学成像设备与医用检测/监护设备均具有较高的申请量。

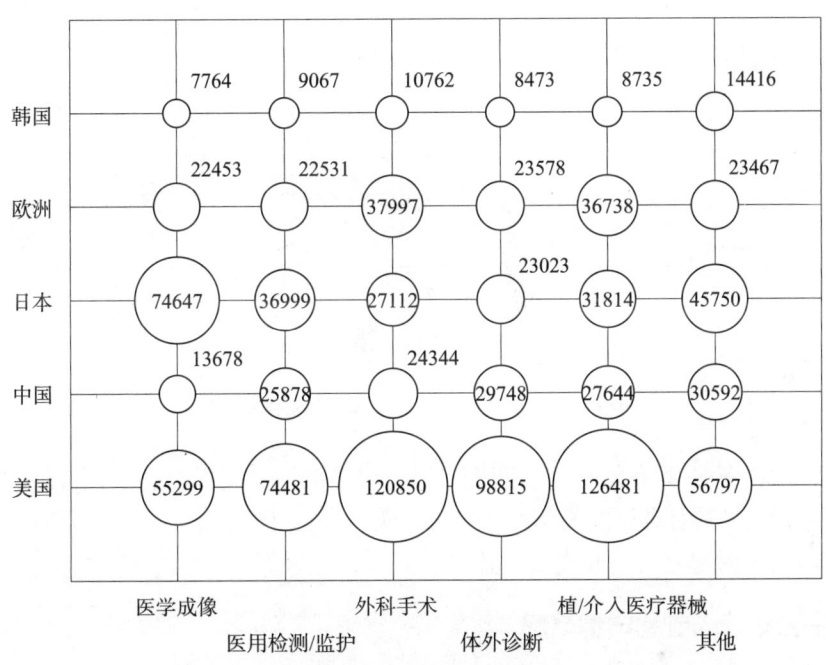

图 6 – 7　主要原创国家/地区专利技术主题分布情况

与其他国家均不同的是,日本的医疗器械行业中,申请量最大的是医学成像设备。日本有关医学成像设备的专利申请远远大于其他技术主题的专利申请,这主要是由于日本拥有在医学成像设备领域实力较强的奥林巴斯、日立、富士等几家大公司,其为日本在医学成像设备的专利申请贡献了巨大的数量优势与技术优势。

在我国,从专利申请量来看,外科手术设备与植/介入医疗器械相较于医学成像设备与医用检测/监护设备均具有较高的申请量。医学成像门槛较高,相应的技术含量也更高,欧美日掌握了主要的核心技术,其他国家不容易突破。

6.1.7　目标市场国家/地区分布分析

从图 6 – 8 可以看出,美国、日本、欧洲是稳定的目标市场国,这些国家医疗器械市场成熟稳定,占了全球绝大部分市场份额,因此,也成为主要的专利申请目标国家。另外,随着我国近年来对医疗器械市场的重视,也逐渐成为重要的医疗器械市场,国内外医疗器械企业在中国纷纷进行专利布局,这意味着未来中国有望成为全球医疗器械重要市场之一。

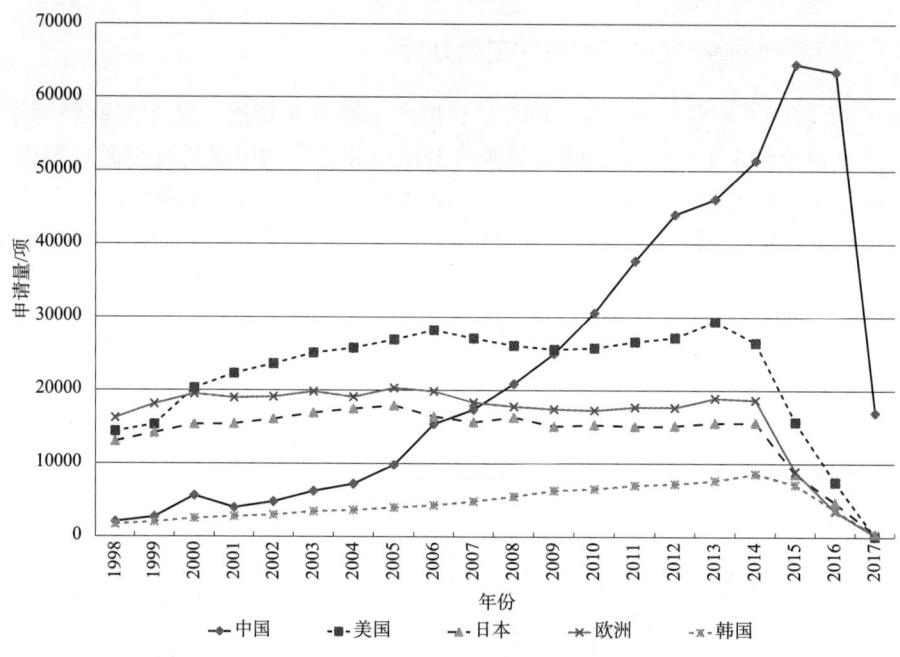

图 6 - 8　主要目标市场国家/地区分布情况

另外，结合图 6 - 6 和图 6 - 8，我们可以看出主要原创国家/地区与目标市场国家/地区的专利申请趋势具有高度的相似性，可见，美日欧属于传统的主要原创和目标国家/地区，而中国属于后起之秀，且发展迅速。

6.1.8　主要申请人专利申请情况

结合医疗器械领域部分全球重点申请人的专利申请量情况（图 6 - 9）和重点申请人专利申请的技术主题分布（图 6 - 10）可以看出，奥林巴斯的专利申请量居于首位，重点涉及的领域为医学成像设备。由于日本企业的集中性优势，在医学成像设备中，排名前列的奥林巴斯、富士、日立均为日本企业，可见，在医学成像设备技术领域中，日本占有巨大的优势。

与医学成像设备领域的集中化程度类似地还有植/介入医疗器械。心脏支架、人工假体是植/介入医疗器械领域占有绝对比例的组成部分，其中，开展较早、技术发展成熟、市场占有率最高的是美国企业波士顿科学以及美敦力旗下的众多植/介入医疗器械产品，这使得该领域中美国企业美敦力和波士顿科学占有绝对的优势。另外，日本的泰尔茂在该领域也有较大优势。

对于体外诊断设备，罗氏制药位列榜首，因体外诊断设备中主要为试剂盒产品，而罗氏制药则是世界制药巨头，其涉及几乎所有的试剂盒产业，并在医疗诊断方面颇有建树。

对于医用检测/监护设备以及外科手术设备，集中度相对较低，可能由于技术门槛不高，企业知名度较高，容易得到市场认可，并且上述设备具有巨大的市场空间，图 6 - 9 中所列出的大公司均有实力开展上述两个领域的研发、生产及销售，故各重点申请人均有不同程度的涉及。

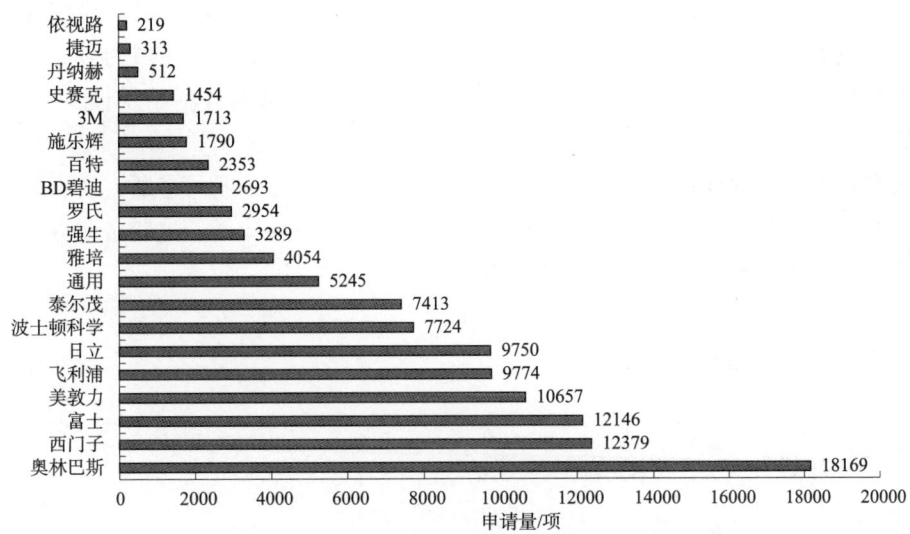

图6-9　部分全球重点申请人的专利申请量

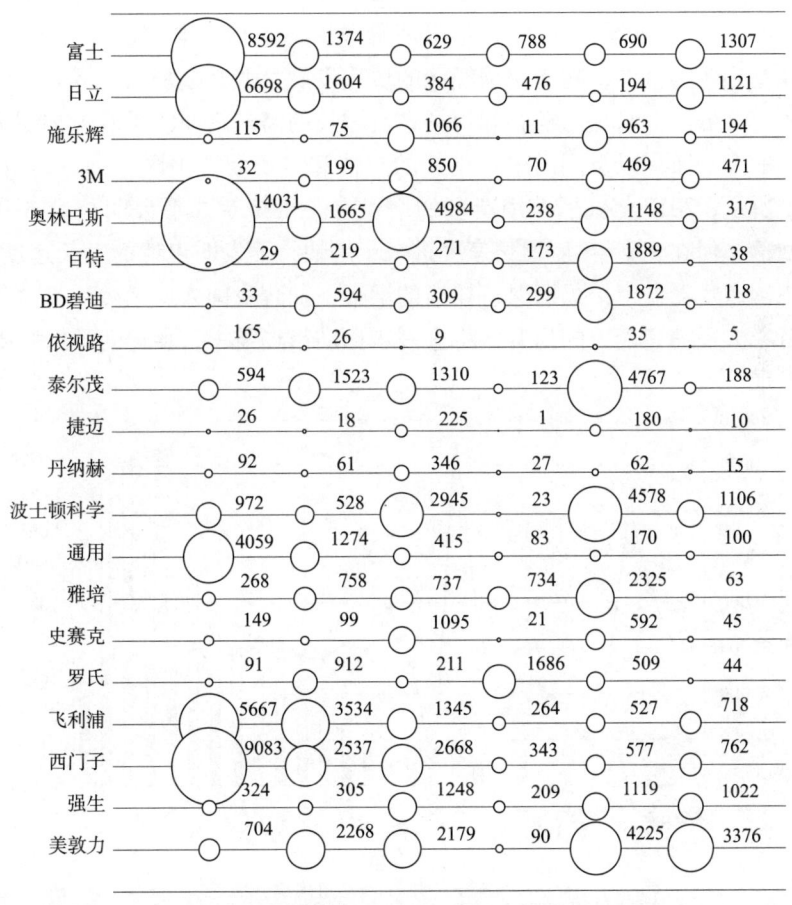

图6-10　重点申请人专利申请的技术主题分布

与其他前文已经提及的企业相比，作为定位为医疗保健类的公司，强生在医学成像、医用检测/监护设备以及体外诊断设备等需要巨大技术支持的领域的专利申请量相对较小，与其他传统的医疗器械行业的企业相比，其主要涉及外科手术设备、植/介入医疗器械。

从主要申请人的技术分布来看，医学成像设备多为国外企业所垄断，特别是国外医疗器械巨头如奥林巴斯、日立、富士、西门子、通用、飞利浦等。这些企业通过专利筑起技术壁垒，使得该领域发展有着较高的门槛。

6.2 国内医疗器械态势分析

6.2.1 国内医疗器械专利发展总体状况

（1）国内医疗器械专利发展趋势分析

从图6-11可以看出，2000年以前，中国医疗器械专利申请量在持续增长，但增长较为缓慢，2000年以后增长速度逐步加快（由于2016年、2017年提交的部分申请处于未公开状态，图示的2016年和2017年申请量数据不是真实申请量的反映）。我国的医疗器械工业基础较为薄弱，随着中国经济的快速发展，尤其是加入世界贸易组织后，中国落后的医疗器械产业水平与社会和市场日益增长的需求之间的矛盾愈加明显，国外申请人在中国的专利布局以及国内改革创新的热情和需要使得中国专利申请量加速增长。如图6-11所示，2012年前后实用新型的增长有一个短暂的平台期，2013年申请量增长率明显回落，但在2013年后增长速度进一步加快，而发明申请的增长速度相对平稳。近几年来中国医疗器械市场仍旧保持较高的增幅，随着我国人口老龄化日益显现，政府政策的支持，人民消费能力的提升，将进一步拉动市场需求，促进我国医疗器械产业的持续快速发展。

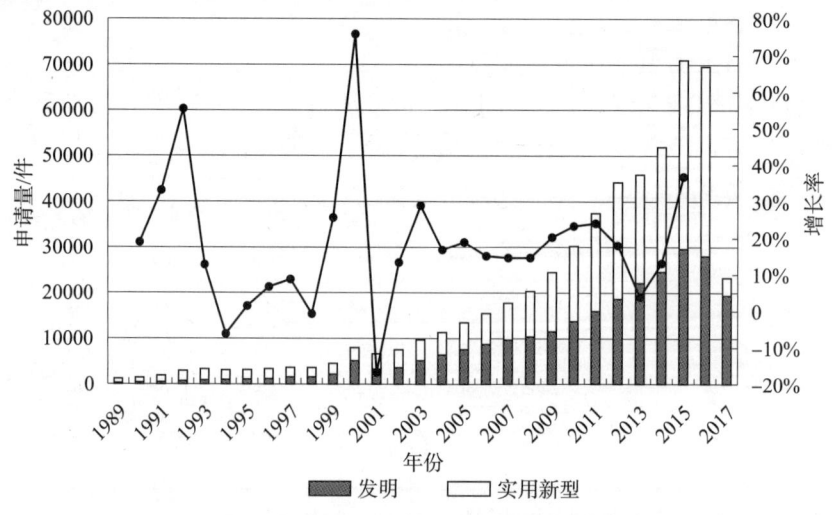

图6-11 国内医疗器械专利申请量趋势

（2）国内医疗器械专利技术主题分析

图 6-12 示出了中国医疗器械各类技术主题的专利申请分布。图示的"其他"类主题包括上述列举的五类医疗器械以外的医疗器械、材料或设备，如康复理疗设备等。仅从发明专利的申请量来比较，各类技术主题发明专利申请量差别不大。植/介入医疗器械、外科手术设备和其他类医疗器械这几类以实用新型专利申请为主，总申请量分别居于前三位。以申请量占比最高的植/介入医疗器械来说，其在我国医疗器械市场上受到高度重视，国内各区域和医疗器械主要企业之间的竞争也很激烈。体外诊断设备虽然总申请量最小，但其发明专利占总申请的绝大部分（96%），一方面原因在于其子分支体外诊断试剂只能申请发明专利，另一方面，狭义的体外诊断设备如基因检测仪、生化分析仪、流式细胞仪、微流控技术等本身深度和技术水平一般较高，因此实用新型申请量较少。

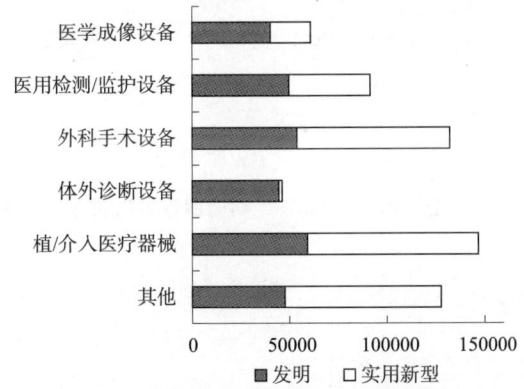

图 6-12 国内医疗器械专利技术主题分布

从图 6-13 可以看出，医疗器械各类技术主题的专利申请量都处于稳步上升或保持稳定的态势。其中，体外诊断设备与医学成像设备的增长速度是最慢的，这一点与前文中分析的全球医疗器械专利技术主题申请量趋势大致相同，可能与所述领域较早地进入成熟期，在寻求专利保护方面可能出现的技术性突破较为艰难等因素有关。

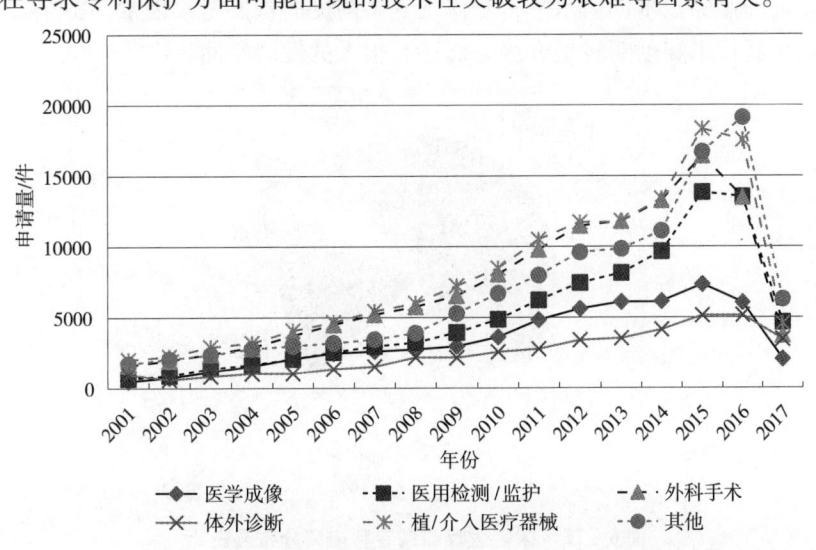

图 6-13 国内医疗器械专利各技术主题申请量趋势

（3）"十一五""十二五"期间国内医疗器械专利热点变化分析

图 6 − 14 示出了"十一五""十二五"期间医疗器械申请热点变化情况。"十二五"期间中国医疗器械专利申请量 275702 件，相比"十一五"期间增长率达 121%。从该图显示的结果来看，"十一五""十二五"期间各技术主题专利申请占比变化不大。

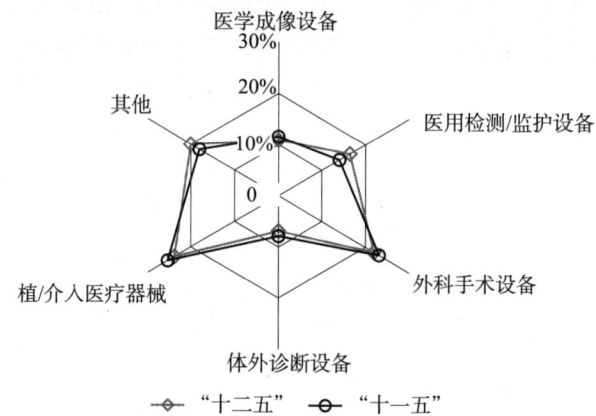

图 6 − 14 "十一五"和"十二五"期间医疗器械技术主题变化对比

6.2.2 国内竞争区域分析

（1）国内主要省市专利申请分布分析

从图 6 − 15 和图 6 − 16 可以看出，江苏、上海、北京、广东、山东、浙江的专利申请量在国内处在前几位，总申请量约为全国的 64%，其中山东省位于首位，占比将近全国申请总量的 1/5。然而，根据图 6 − 16，山东省申请以实用新型专利为主，发明专利申请量在国内主要省市中仅位于第五位，从发明已授权的数量来看，其在主要省市排第六位。山东省医疗器械领域发明的授权率在国内主要省市中处于中等水平。发明专利通常更能体现产业的技术创新水平，是体现创新高度的重要考察因素。山东省在提高创新能力，向高新技术和创新转型升级方面还有很大的发展空间。

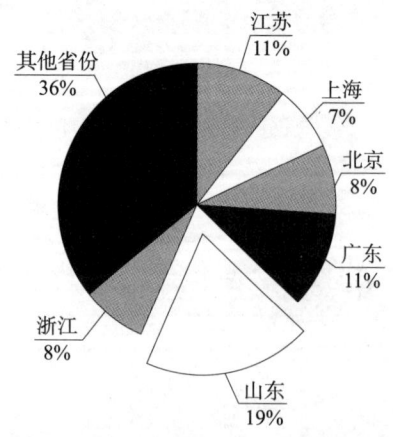

图 6 − 15 国内医疗器械专利申请分布及占比

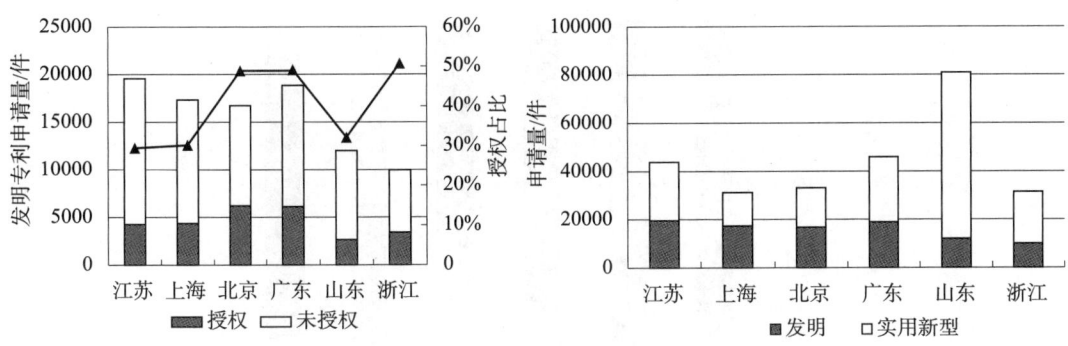

图 6-16 主要省市实用新型和发明申请量、发明授权量及占比

（2）国内主要省市专利申请产出趋势

从图 6-17 可以看出，山东的申请量从 2004 年开始和其他省市明显拉开距离，在 2013 年前后申请量有所波动。然而，结合前文分析可知，山东省实用新型专利的申请量占比较大，2004 年后山东省明显领先于其他主要省市的增长量很大程度上也是实用新型的申请量剧增导致的。从近几年来主要省市的专利申请量比较可知，申请量紧追山东省的是江苏省和广东省，然后是浙江省、北京市和上海市。

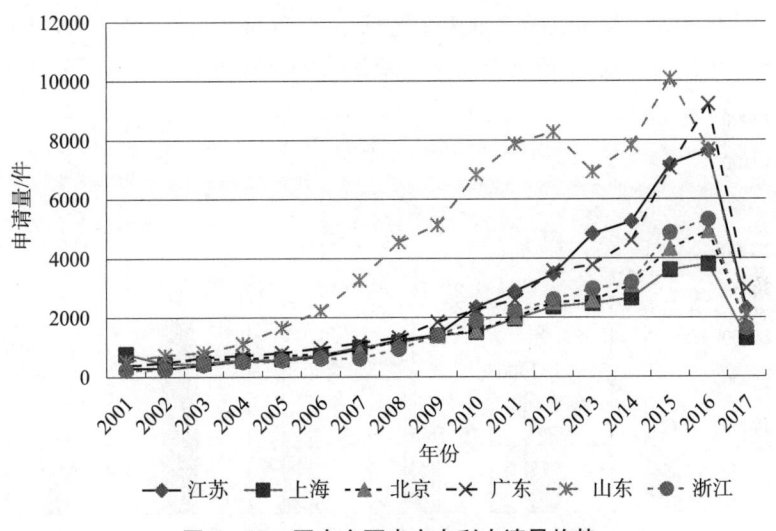

图 6-17 国内主要省市专利申请量趋势

（3）国内主要省市专利技术主题分析

国内主要省市的专利技术主题分布占比如图 6-18 所示。可以看出，山东省、江苏省的外科手术设备和植/介入医疗器械都占其总体医疗器械申请的较大比例。上海、北京各技术主题的申请分布相对均匀。除了上海市以外，其他各省市基本上体外诊断设备的申请量占比较低。在医学成像领域，从申请量来看上海和广东的创新研发主体对此更为关注。在医用检测/监护领域，北京和广东的占比相对较高。至于其他类医疗器械，广东和浙江的专利申请占比相对较高。

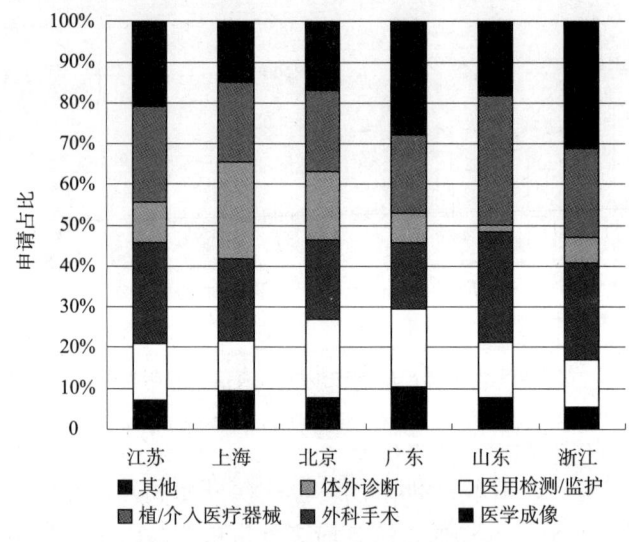

图 6 – 18   国内主要省市专利申请量趋势

（4）"十一五"与"十二五"期间国内主要省市技术实力对比

从图 6 – 19 可以看出，"十二五"相比"十一五"期间，国内主要省市的申请量增幅都比较大；"十一五"期间山东省的申请量就排在首位，"十二五"期间也遥遥领先。"十一五"与"十二五"期间相比申请量增幅最大的是江苏省。

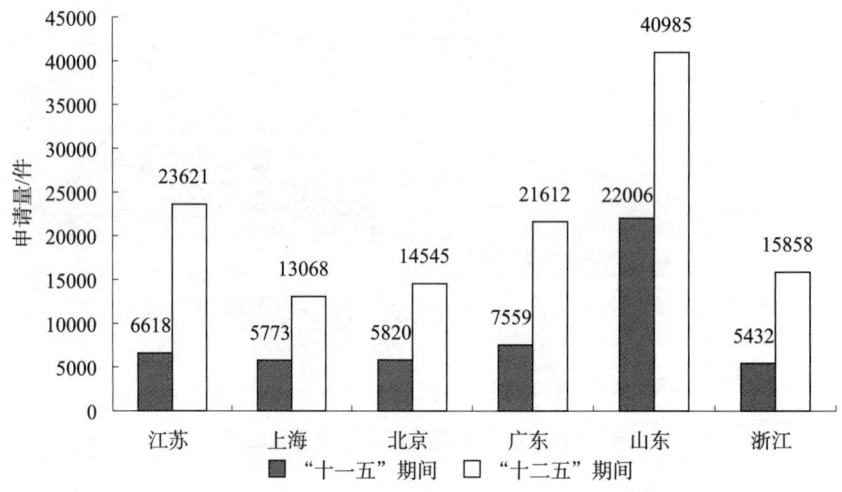

图 6 – 19   "十一五"与"十二五"期间国内主要省市申请总量对比

图 6 – 20 显示了"十一五"与"十二五"期间国内主要省市申请主题分布及变化。"十一五"和"十二五"期间各主要省市的申请热点变化不大，山东省除体外诊断设备以外，其他各类主题类型的申请，尤其是植/介入医疗器械、外科手术设备的申请量都是最高的，而且这两类主题发明的比例也较高。另外，也可以看出江苏省"十二五"比"十一五"期间整体的增长幅度较高。国内主要省市都十分重视医疗器械产业的发展，而且在各个技术主题上均能有所建树，基本上平衡发展，提速较快。

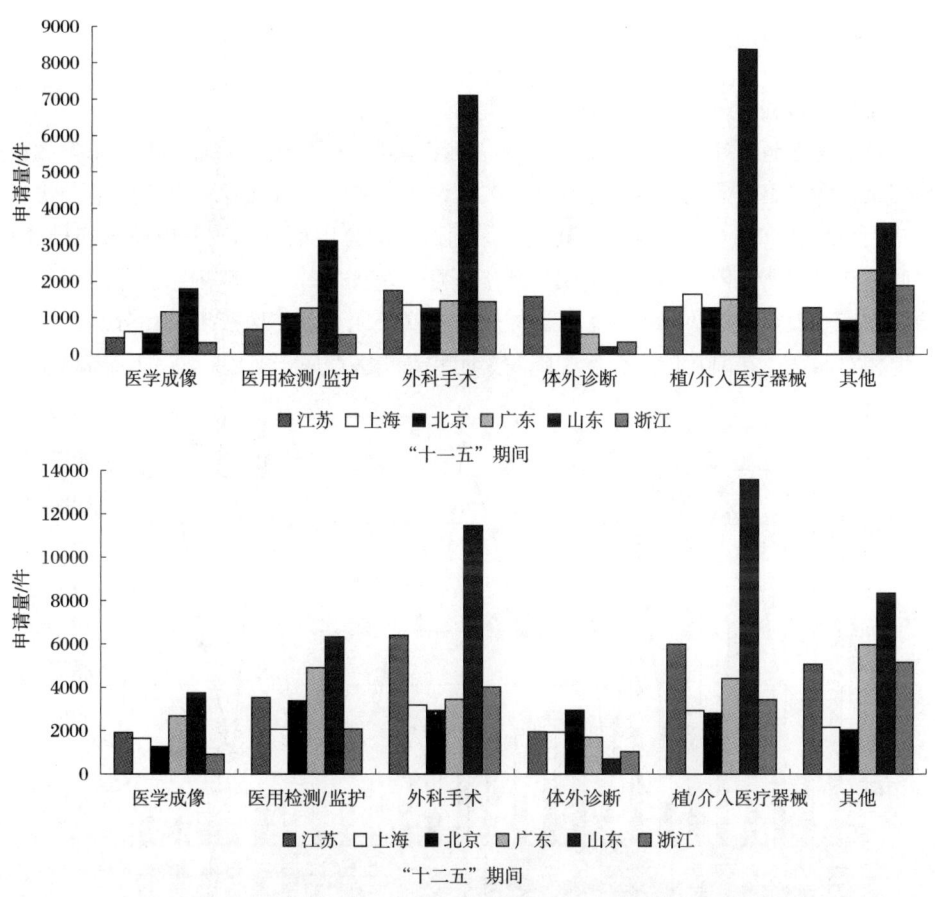

图 6–20　"十一五"与"十二五"期间主要省市申请主题分布

（5）国内主要省市 PCT 申请情况分析

图 6–21 示出了国内六大主要省市医疗器械 PCT 国际申请量及 PCT 申请/发明占比。可以看出，山东医疗器械 PCT 申请仅有 116 件，仅是上海的 6.7%，是广东的 8.1%。PCT 申请量是反映技术创新高度的重要指标，以下结果反映出山东省虽然是医疗器械专利申请第一大省，但离专利申请强省还有差距。

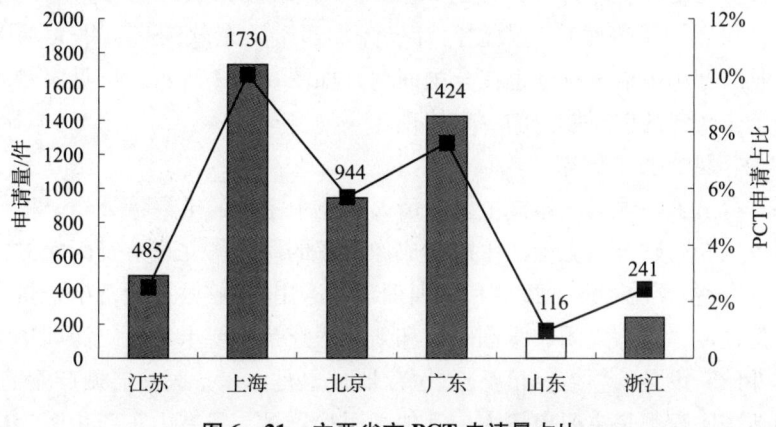

图 6–21　主要省市 PCT 申请量占比

6.2.3　国内主要申请人分析

（1）国内医疗器械产业主要申请人申请量

通过综合考虑近几年来医疗器械企业的专利申请量、在行业内的影响力、品牌和企业营收额等因素，筛选出以下的国内医疗器械主要申请人，对其各自的专利申请量（发明和实用新型）进行分析，如图6-22所示。其中，深圳迈瑞的总申请量和发明申请量均排在首位，紧随其后的几位申请人依次是威高集团、新华医疗、谊安医疗、东软集团、深圳理邦、康德莱和微创医疗。山东省的两家主要医疗器械企业威高集团和新华医疗申请量分别在第二、第三位，但相对而言，在前几位的企业中威高集团和新华医疗属于实用新型占比较高的。

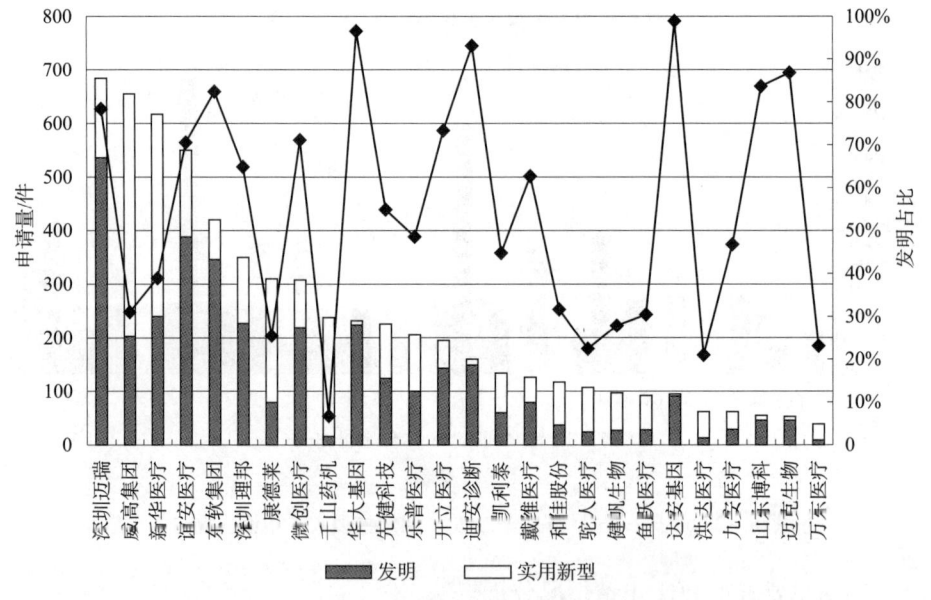

图 6-22　国内医疗器械重要申请人申请量

中国医药工业信息中心根据旗下专业数据库、《中国医药统计年报》《中国药品零售企业统计年报》和官方披露的信息等数据，分别从产品和企业两个层面，组织专家团队对企业进行多维度评价并打分，评出2017年中国创新力医疗器械企业榜单，前七位依次是：威高集团、乐普医疗、微创医疗、深圳迈瑞、东软医疗、华大基因、驼人医疗，这些企业的专利申请量排名也在全国前列，如图6-22所示。可见，专利申请量的活跃是这些企业较强的创新能力的一个体现。

（2）主要申请人技术分布

图6-23示出了国内医疗器械主要申请人各技术主题的申请量分布，根据申请主题分析，深圳迈瑞和东软集团更专注于医学成像设备的研究，北京谊安医疗的主要申请在医用检测/监护设备领域，深圳迈瑞和深圳理邦在医用检测/监护设备申请量也较大。在外科手术设备领域，威高集团、微创医疗和新华医疗是主要申请人。深圳华大基因的申请集中在体外诊断设备的领域。植/介入医疗器械也是山东省医疗器械产业的一大优势，威高集团和新华医疗都是主要申请人。其他类医疗器械，只有山东新华医疗申请量超过

100 件，其他企业大多只有零星的较少的分布。

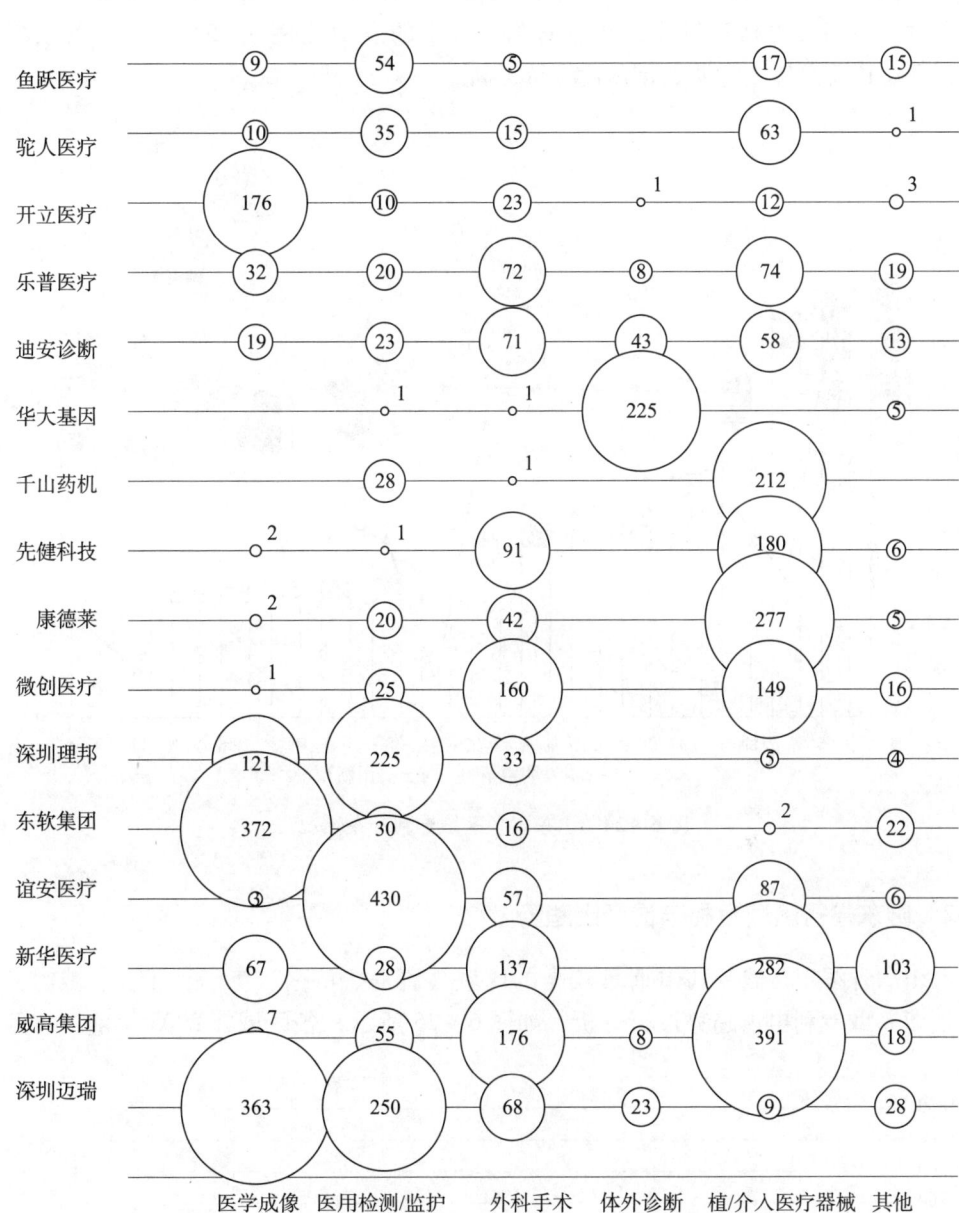

图 6-23　国内医疗器械主要申请人技术分布情况分析

6.3　山东省医疗器械专利申请态势分析

6.3.1　山东省各区域专利申请分布分析

从山东省各区域专利申请情况（图 6-24）来看，青岛、济南、济宁、潍坊、威海、烟台、淄博的专利申请共占 62%，是山东省医疗器械专利产出的主要区域，其中青岛、济南、济宁分列前三。另外，总体上来讲，各区域的实用新型申请占了绝大部分，而发明专利占比相对较少，只有青岛、济南的发明比例在 25% 以上，其余均在 20% 以下，说明总体上发明的创新度有待提高。

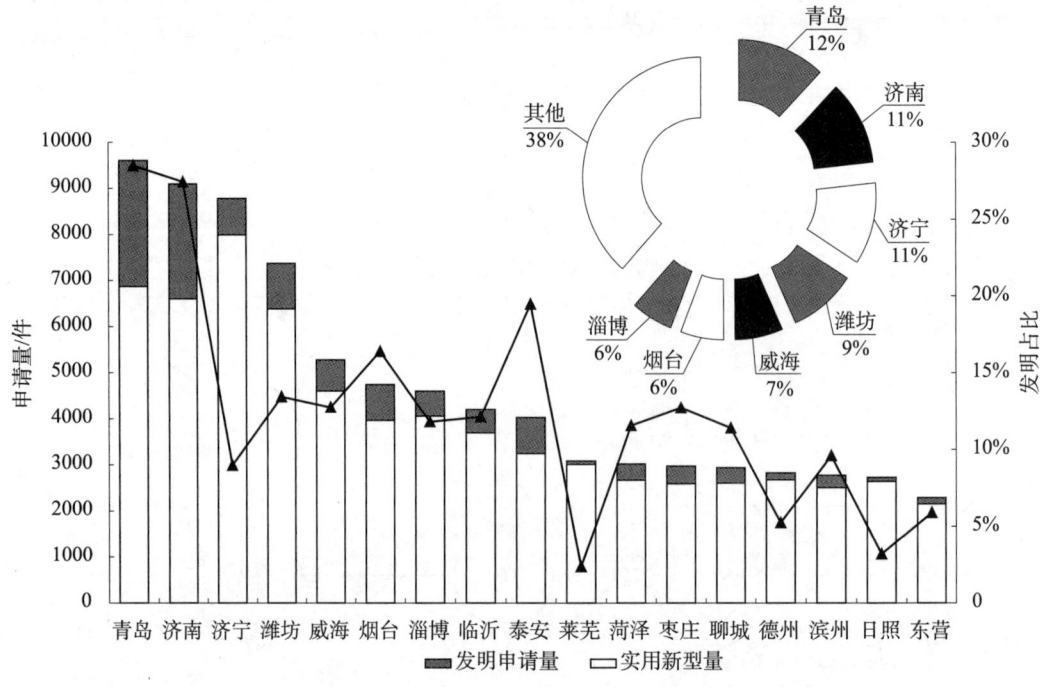

图 6-24　山东省各区域专利分布情况

6.3.2　山东省各区域专利申请产出趋势

对山东省医疗器械专利申请量较高的区域（青岛、济南、济宁、潍坊、威海、烟台、淄博）的专利申请趋势进行分析，如图 6-25 所示，各区域在 2005 年前，每年涉

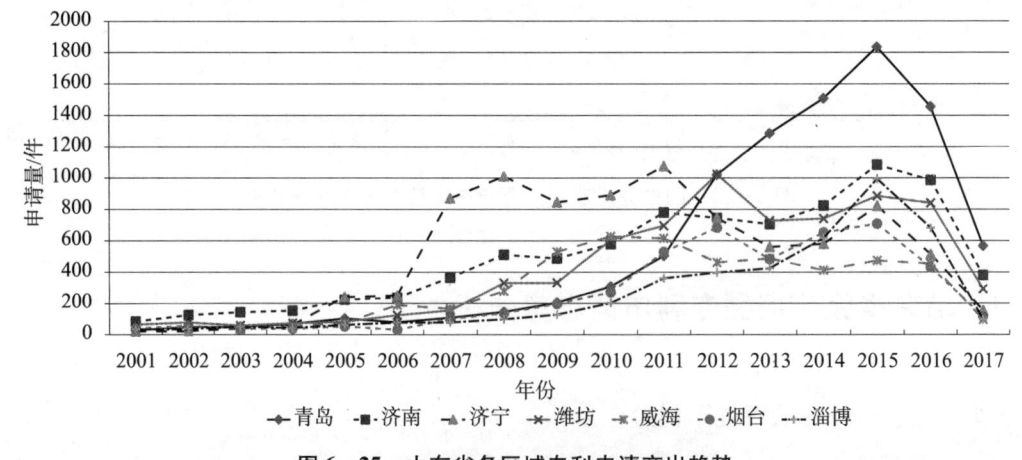

图 6-25　山东省各区域专利申请产出趋势

及医疗器械的专利申请量基本在 200 件以下，从 2005 年开始，相关专利申请量逐渐增加。其中济南、潍坊、威海、烟台、淄博增长趋势较为接近，从 2005 年后开始进入第一快速增长期，在 2010~2013 年开始回落，到 2015 年进入第二增长期。其中青岛从 2010 年开始迅速增长，从 309 件增长至 2015 年的 1835 件，在 5 年内增长近 6 倍；另外，济宁在 2006~2008 年，相关专利申请量迅速增长，从 2005 年的年申请量 241 件增加至 2008 年的年申请量 1000 件左右，随后该区域年申请量进入平台期，相对稳定在 800~1000 件，但从 2012 年开始慢慢回落。

6.3.3　山东省各区域专利技术主题分布

从表 6-1 显示的山东各区域专利申请技术主题分布来看，各区域的专利技术主题分布情形较为一致，在医学成像和体外诊断设备方面的专利申请较少，在植/介入医疗器械和外科手术方面的专利申请较多，这主要是由于医学成像设备与体外诊断设备技术门槛较高，并且核心技术多被国外医疗器械巨头掌握，增加了进入该领域的难度。

表6-1　山东各区域专利申请技术主题申请量　（单位：件）

区域	医学成像	医用检测/监护	外科手术	体外诊断	植/介入医疗器械	其他
青岛	714	1520	2388	301	3096	1585
济南	690	1392	2395	385	2772	1461
济宁	842	1445	2457	11	2896	1131
潍坊	605	1046	2137	58	2570	959
威海	393	599	1550	39	2118	579
烟台	435	702	1402	34	1386	784
淄博	399	624	1094	12	1616	856
临沂	374	578	1314	26	1609	305
泰安	321	557	1235	44	1399	472
莱芜	335	386	991	5	1177	189
菏泽	264	430	808	7	1055	455
枣庄	203	408	829	2	1183	348
聊城	279	404	884	19	1045	308
德州	274	533	860	3	786	369
滨州	232	391	723	26	1031	371
日照	210	350	854	1	1037	276
东营	199	352	666	0	842	231

6.3.4　山东省医疗器械专利申请有效性分析

为考察山东省医疗器械专利的有效性，我们对山东省涉及的 11995 件发明专利的法律状态进行分析，由于实用新型未经实质审查，因此，在此不予统计分析。图 6-26 反映了山东省医疗器械发明专利总的法律状态情况，其中，有效 1828 件，驳回 581 件，撤回 3118 件，无效 734 件，未决 5734 件。其中，在已结案件中，有效的专利数量占比为 29.20%。

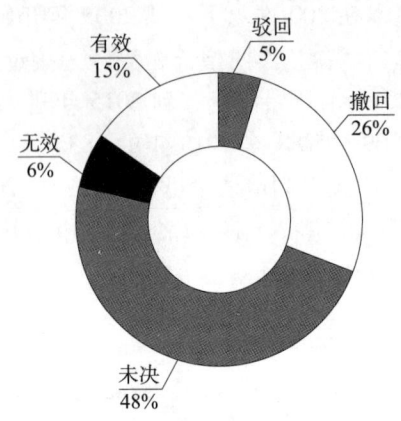

图 6 – 26　山东省医疗器械专利有效性分析

　　图 6 – 27 则反映了山东省各区域医疗器械发明专利申请已结案件的法律状态分布情况，从授权专利的有效率来看，有效率在 30% 以上的，从高到低依次为德州（44%）、临沂（40%）、潍坊（39%）、青岛（38%）、滨州（37%）、济宁（35%）、聊城（33%）、日照（33%）、济南（32%）、淄博（32%），总体上授权专利有效率偏低，一定程度上反映了发明专利创新水平不高。虽然德州、临沂的授权专利有效率相对较高，但其结案总数相对较少，分别为 71 件、188 件，因此不具代表性，青岛和济南分别达到 1184 件、1470 件，更具代表性。

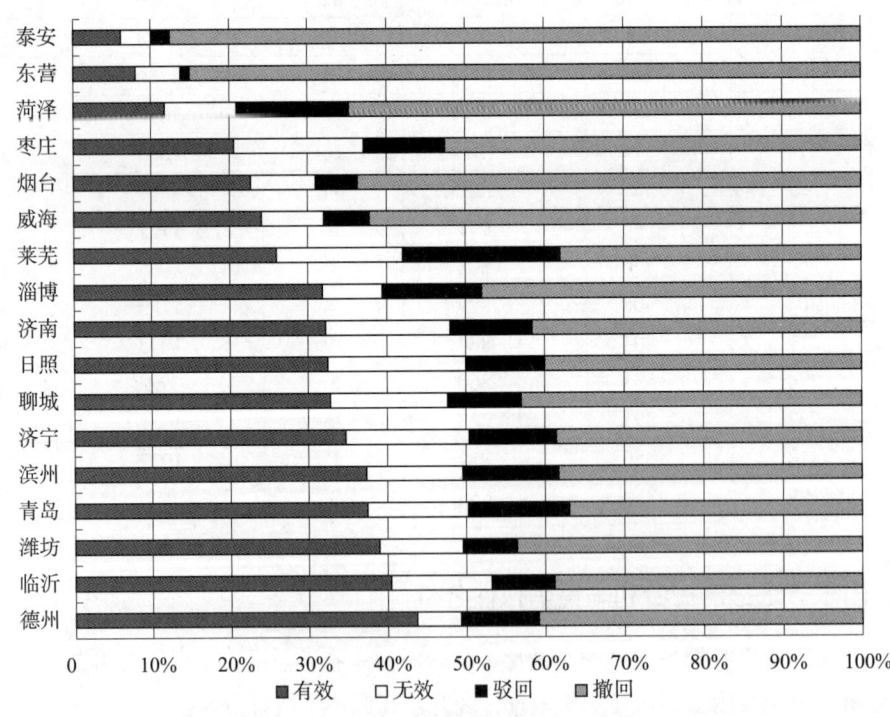

图 6 – 27　山东省各区域医疗器械发明已结案件法律状态

6.3.5　山东省医疗器械专利输出分析

为初步分析山东省医疗器械专利技术国外输出情况，对山东省涉及的 11995 件发明专利的同族国家数进行分析，其中同族国家数在 2 以上的，代表该专利除在本国进行了专利申请外，并在它国进行了相应专利申请或者申请了 PCT，根据统计共有 127 件同族国家数在 2 以上，占总发明申请量的 1.06% 左右，总体来看，其专利技术输出水平有待提高，一定程度上也反映了其专利技术的创新高度较低。图 6-28 则反映了山东省各区域医疗器械专利技术国外输出情况。从该图可以看出，青岛、济南、威海、潍坊、烟台在国外进行专利布局的数量最多，分别为 54 件、30 件、15 件、11 件、10 件，占其总申请量的 2.00%、1.21%、2.25%、1.13%、1.30%。这些区域是山东医疗器械创新的主要阵地。另外，济宁的总申请量为 775 件，在山东省排第四位，但是其国外专利布局数量只有 1 件。

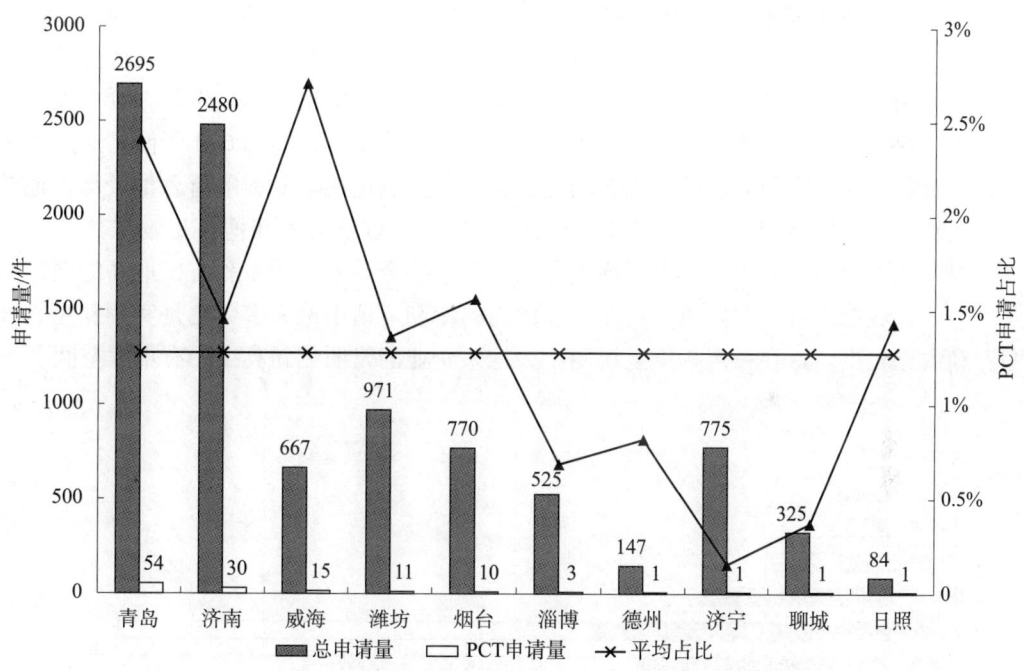

图 6-28　山东省各区域医疗器械 PCT 申请量及占比分析

6.3.6　山东省医疗器械申请人分析

（1）山东省医疗器械申请人类型分析

图 6-29 反映了山东省医疗器械申请人的主要类型，从该图可以看出，其中个人申请占绝大部分，达到了 89%，而企业、高校、科研院所共占 11%，因此，考虑到一般情况下，企业、高校、科研院所是发明创造的主体，那么在个人申请量占绝大部分的情况下，其专利的创新水平有待进一步研究，因此，虽然从数量上看，山东省在医疗器械方面专利申请数量庞大，但并不代表其具有明显的优势。

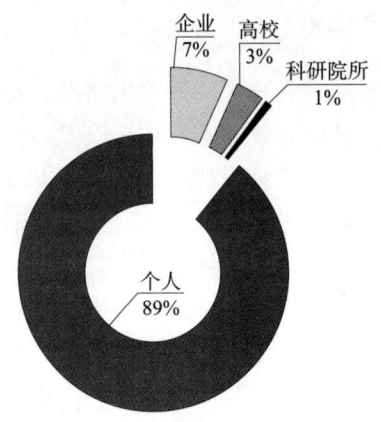

图 6 – 29　山东省医疗器械申请人类型分析

（2）山东省主要申请人分析

近年来，随着山东省医疗器械产业的发展，山东省内逐渐形成一批代表性企业，这些企业包括威高、新华医疗、华新华义齿、威瑞外科、中保康、博科生物、百多安、山川，如图 6 – 30 所示。其中威高和新华医疗在专利申请量上均达到 600 多件，遥遥领先于其他企业，这两家企业也是山东省的龙头企业。虽然这两家专利申请总量较高，但其中绝大部分是实用新型，发明专利申请相对较少。华新华义齿和博科生物虽然总量较少，但在其申请中，发明专利占了绝大多数，是这些企业中发明专利占比最高的两家企业。另外，威瑞外科、中保康、百多安、山川的专利申请中绝大多数也是实用新型，发明专利占比较少。这在一定程度上说明了，这些企业的发明创新高度仍有很大空间。

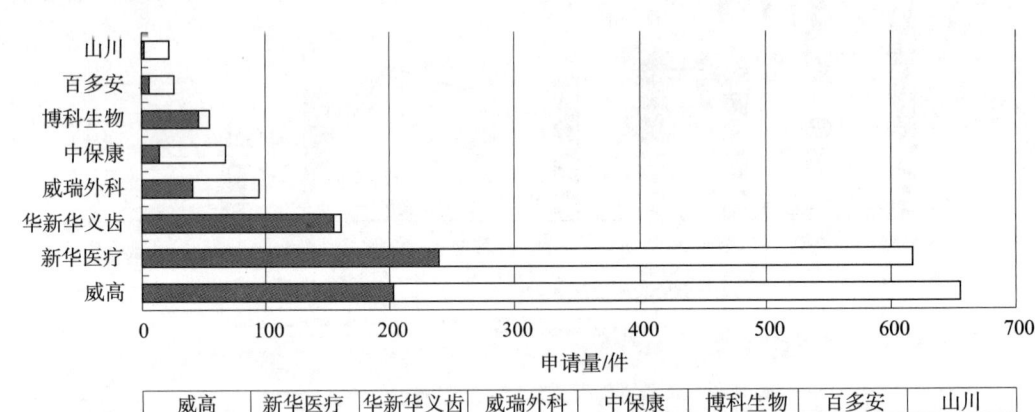

	威高	新华医疗	华新华义齿	威瑞外科	中保康	博科生物	百多安	山川
■ 发明专利/件	203	240	155	41	14	46	6	2
□ 实用新型/件	452	377	6	54	54	9	20	20

图 6 – 30　山东省重要申请人申请量分析

从图 6 – 31 显示的各企业相关专利技术主题分布来看，植/介入医疗器械是主要的专利申请技术主题，其次是外科手术设备，而医学成像、医用检测/监护、体外诊断设备申请较少。其中，威高的专利申请主要集中在植/介入医疗器械、外科手术器械、医用检测/监护设备领域，其在这三个领域的申请量也是这些企业中最多的；新华医疗集中在植/介入医疗器械、外科手术器械、医学成像设备，其中新华医疗在医学成像设备领域的申请量达到 67 件，是这些企业中最多的。华新华义齿集中在植/介入医疗器械、外科手术器械；博科生物绝大部分申请集中在体外诊断，达到了 43 件，而在体外诊断设备领域，只有博科生物和威高有涉及，其中威高有 8 件，可见，博科生物是山东省内少有的集中在体外诊断设备的企业。威瑞外科绝大部分申请集中在外科手术设备，其他领域的申请极少。山川、中保康、百多安三家企业的申请绝大部分集中在植/介入医疗器械。

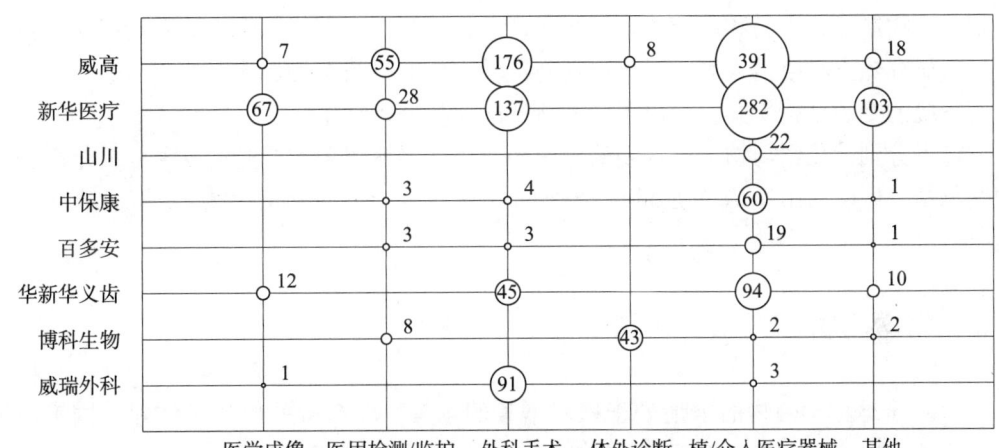

图 6-31 山东省主要申请人技术主题分布

第7章 结 论

本报告的分析对象为医疗健康产业中与制造业密切相关的医药工业，具体包括化学药物、生物制药、中药和医疗器械四大子产业，围绕山东省区域内外的专利申请、专利布局、研究热点和申请人等，对该产业在区域内外的申请态势、热点技术、重点企业进行了系统的专利分析研究，得出了前文所述的比较分析结果。

以下分别就化学药物、生物制药、中药及医疗器械四个子产业的专利分析结果进行归纳总结，以期为山东省医疗健康产业的发展规划、政策制定提供参考基础和方向指引。

7.1 化学药物

（1）全球化学药物的申请处于稳步增长的态势，山东省的申请量位列全国第一梯队，且处于快速增长期，高于全国增速。

化学药物国内专利申请量过万的五个省份（或直辖市）依次为：江苏、山东、北京、上海、浙江，山东省的申请总量仅次于江苏省，排名全国第二，如表7-1所示。就增长率而言，山东省"十二五"期间增长率除2014年增长率为10%以外，其他各年份均为22%~26%，明显高于全国的增长率，如图7-1所示。

表7-1 化学药物国内专利申请量过万的五个省份（或直辖市）

省份（或直辖市）	申请量/件
江苏	23852
山东	13606
北京	13538
上海	13170
浙江	10491

（2）全球和全国的研究热点总体上较为一致，相对地，山东省更侧重于抗肿瘤药和抗感染药的研究。

全球与全国化学药物最热门的四大研究领域集中在抗肿瘤药物、神经系统药物、心血管疾病药物和抗感染药，排名略有不同，山东省的抗肿瘤药和抗感染药占比明显更高，显示了山东省在这两个领域有着很高的研究热度（图7-2）。国内重要申请人（企业）的研究各有侧重，如恒瑞以抗肿瘤领域为主，东阳光各领域分布相对均衡；山东企业中，轩竹医药和罗欣药业相对侧重于抗感染领域，新时代药业以抗肿瘤药的研发为主（图7-3）。

25000
20000
15000
10000
5000
0
申请量/件
120%
100%
80%
60%
40%
20%
0
−20%
−40%
增长率
2000
2002
2004
2006
2008
2010
2012
2014
2016
年份
全国（除山东外）
山东
全国增长率
山东增长率

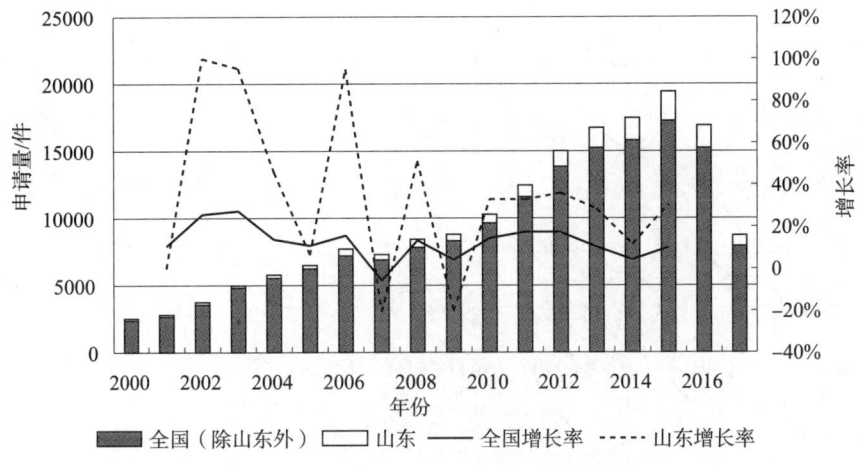

图7-1 全国和山东省化学药物申请量趋势

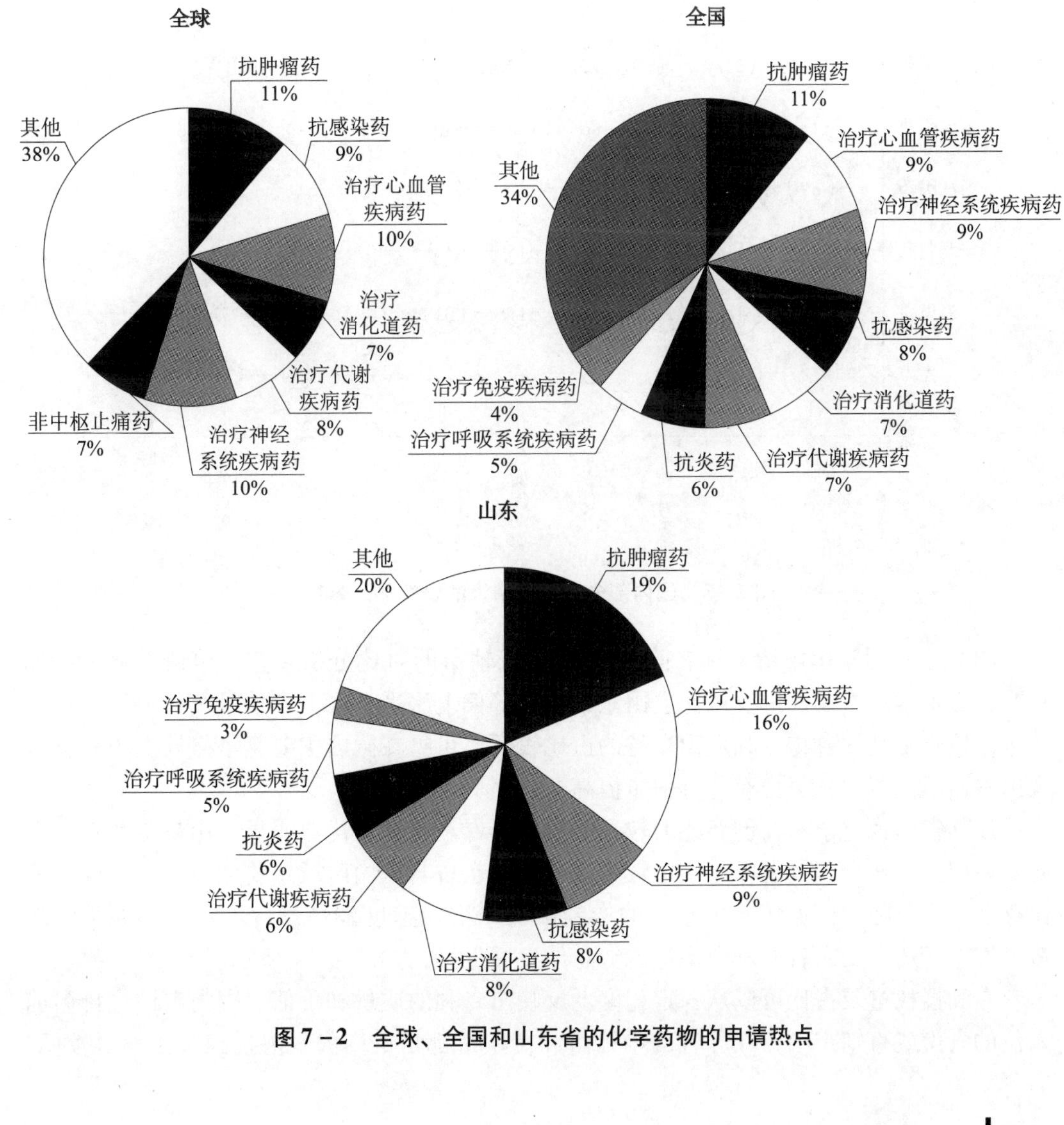

全球
抗肿瘤药 11%
抗感染药 9%
治疗心血管疾病药 10%
治疗消化道药 7%
治疗代谢疾病药 8%
治疗神经系统疾病药 10%
非中枢止痛药 7%
其他 38%
全国
抗肿瘤药 11%
治疗心血管疾病药 9%
治疗神经系统疾病药 9%
抗感染药 8%
治疗消化道药 7%
治疗代谢疾病药 7%
抗炎药 6%
治疗呼吸系统疾病药 5%
治疗免疫疾病药 4%
其他 34%
山东
抗肿瘤药 19%
治疗心血管疾病药 16%
治疗神经系统疾病药 9%
抗感染药 8%
治疗消化道药 8%
治疗代谢疾病药 6%
抗炎药 6%
治疗呼吸系统疾病药 5%
治疗免疫疾病药 3%
其他 20%

图7-2 全球、全国和山东省的化学药物的申请热点

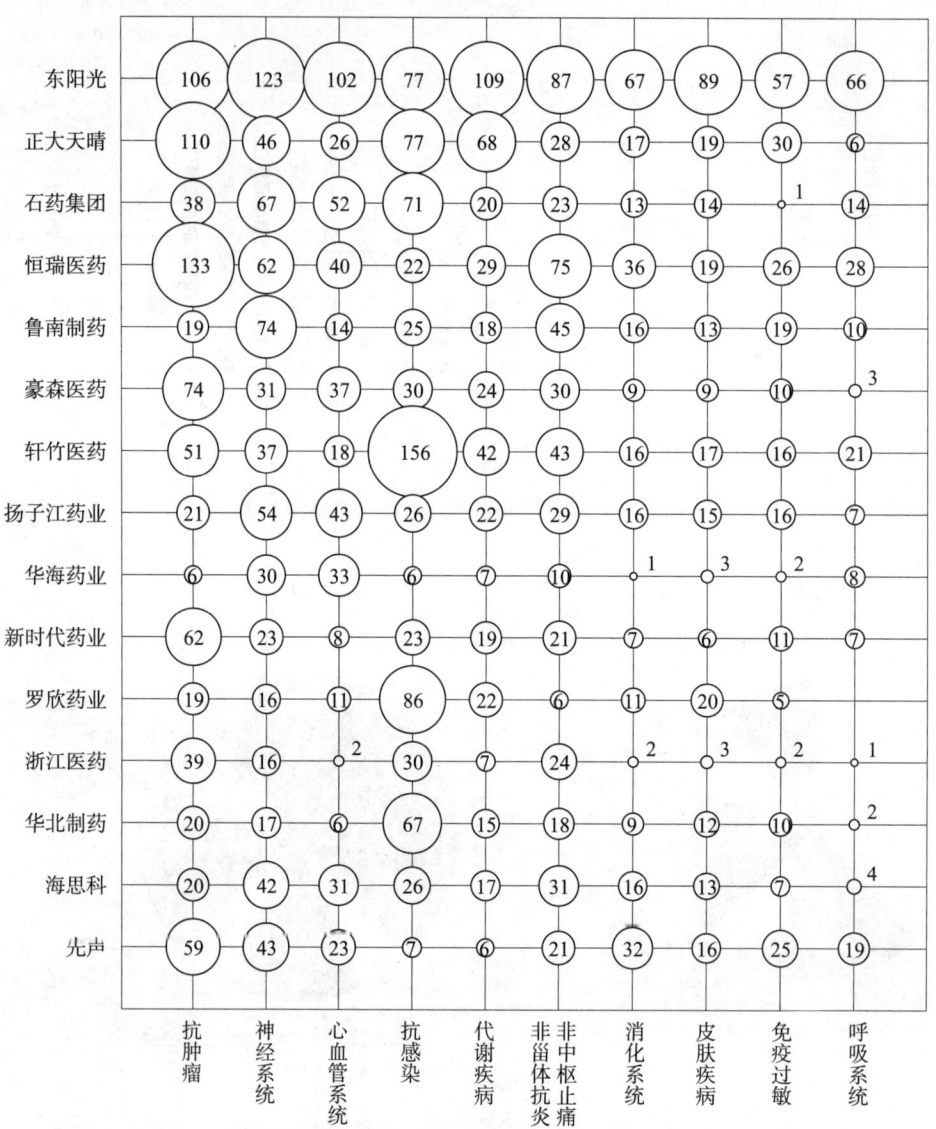

图 7-3　国内部分重要申请人的研究热点分析

（3）通过对全国申请量排名前六的省份/直辖市的对比分析发现，申请态势上江苏领跑，山东紧跟；授权量及占比上山东处于中等偏上水平；PCT 申请量偏低，海外布局较少；核心专利化合物专利上山东省的占比较低，可见在国内主要竞争格局上山东省呈现出多而不优型，竞争力有待进一步提高。

江苏省作为化学药物创新能力较高的省份，专利申请量优势明显；山东与北京、上海基本相当，在全国范围内有一定数量优势。山东省与国内区域主要竞争对手江苏省相比存在一定差距，但近年来山东省的专利申请量增长速度较快，有不断缩小差距的趋势。综上所述，山东省专利申请量态势总体发展良好，如图 7-4 所示。

专利授权量及占比可以从一定程度上反映出专利的质量和价值。国内申请量排名前六位的省份或直辖市中，江苏省的申请量和授权量都是最高的，但授权占比相对较低；

山东省授权量以及授权占比处于中等偏上水平；浙江、广东和北京均是授权量较少但授权专利占比大的省市，也是该领域潜在的有力竞争者，如图 7-5 所示。

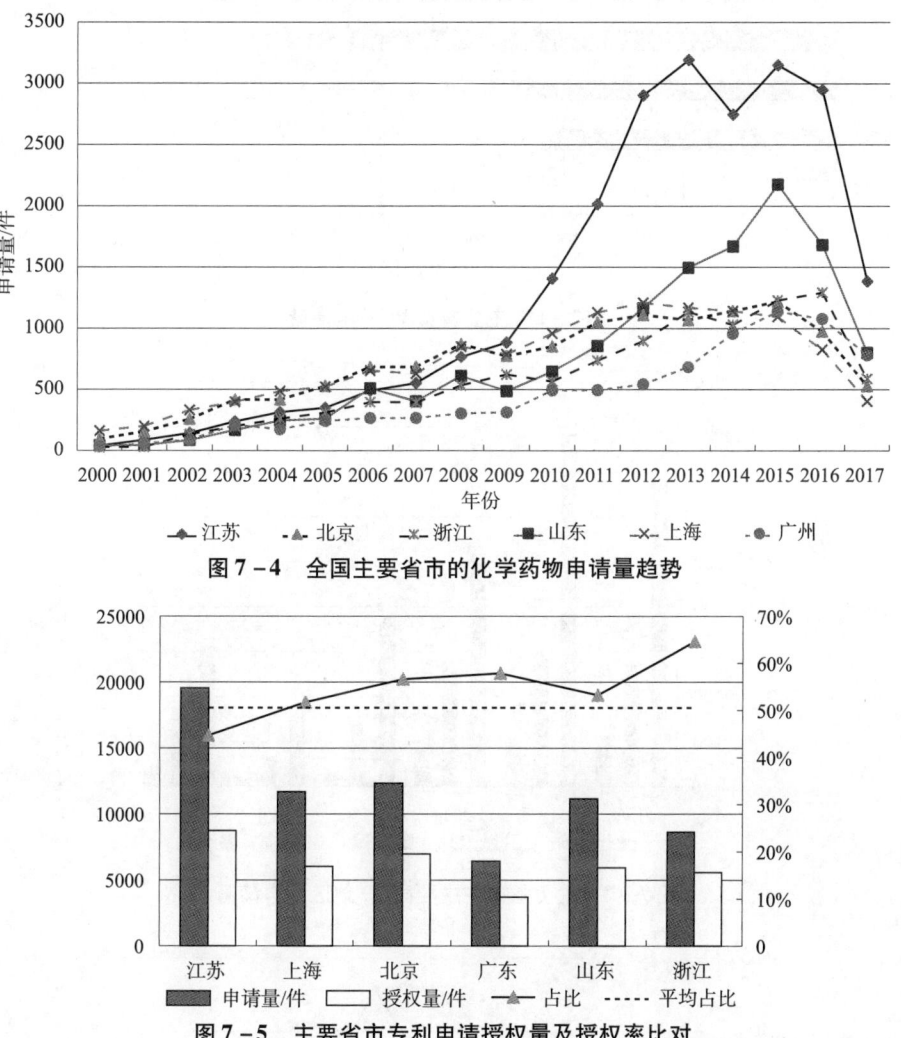

图 7-4　全国主要省市的化学药物申请量趋势

图 7-5　主要省市专利申请授权量及授权率比对

　　PCT（Patent Cooperation Treaty，专利合作条约）申请是向申请人提供一条向国外申请专利的途径，主要涉及在缔约国之间对专利申请的提出、检索和审查等方面进行的合作，其申请号国别代码为 WO。PCT 申请量在一定程度上成为衡量地区或技术主体创新能力以及海外布局的重要指标之一。上海、江苏在化学药物领域竞争力较强，对高价值专利更注重全球市场布局，山东省 PCT 申请量偏低，不及上海的 1/4；另外，美国是我国主要省市海外布局的重点市场（图 7-6 和图 7-7）。

　　在化学药物类专利申请中，药物化合物属于核心专利，对所属领域保护力度最强，能在一定程度上反映出一个地区或企业的科技创新能力和竞争力。山东省药物化合物申请量及占比在六个主要省市中排在末位，表明省内化学药物专利申请较多地集中在原料药或已知药物的改进，在新化合物的开发创新方面有较大的提升空间（图 7-8）。

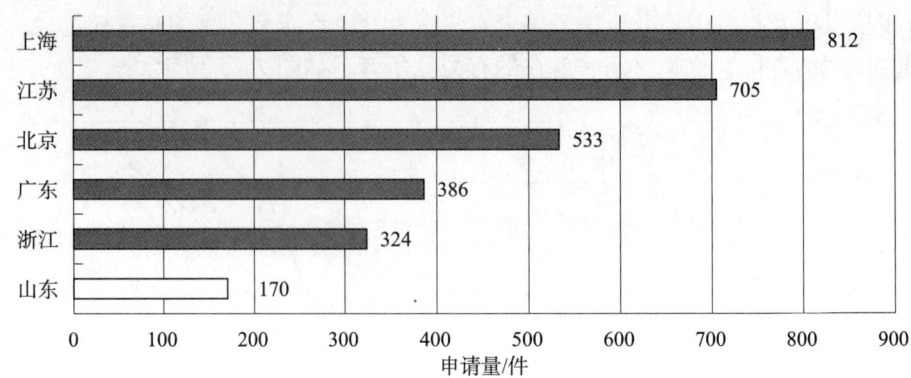

图 7 – 6   主要省市 PCT 申请量

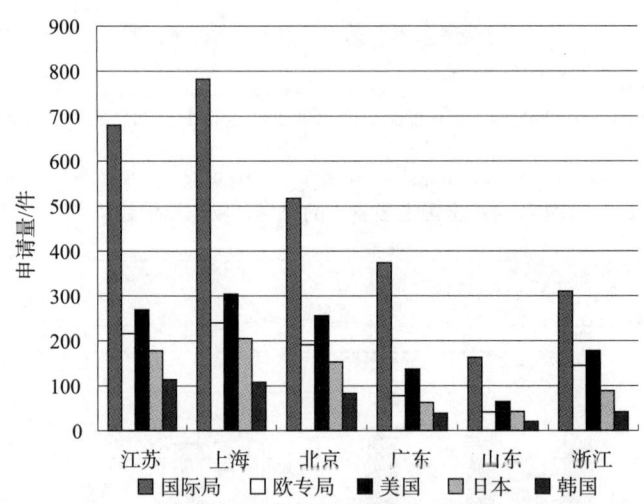

图 7 – 7   主要省市在主要国家/地区的申请量

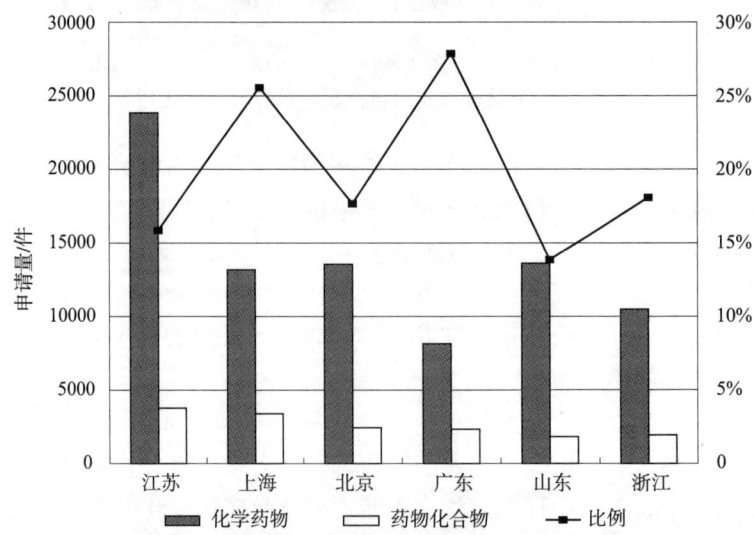

图 7 – 8   主要省市药物化合物与化学药物申请量及占比分析

（4）通过对省内各地区的对比分析发现，省内申请呈现出区域集中分布，部分地区的发展较快，具有较大潜力。

济南和青岛分别以 25% 和 22% 的占比遥遥领先，排名前六位的济南、青岛、淄博、临沂、烟台、潍坊几大地区占据了总量的 3/4 以上，分布比较集中（图 7-9 和图 7-10）。

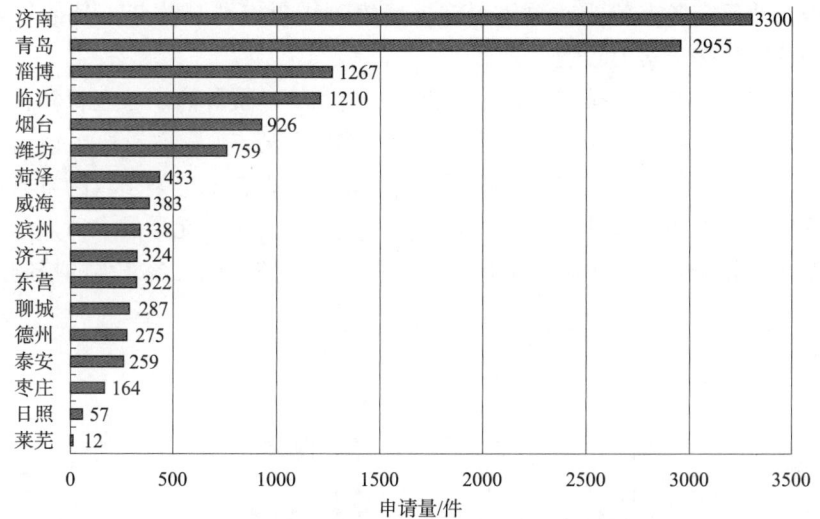

图 7-9　山东省各地区化学药物专利申请量分布

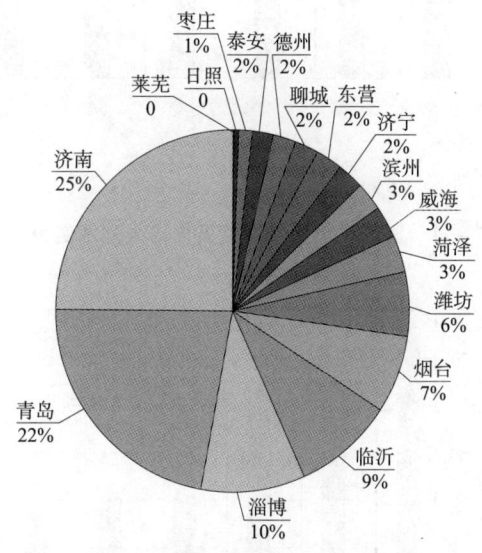

图 7-10　山东省各地区申请量占比分布

济南坐拥山东大学、济南大学等重点高校，同时拥有齐鲁制药、轩竹医药等研发型企业，因此其拥有强大的研发实力，并且随着"国家综合性新药研发技术大平台"落户济南，可以预见其研发实力会登上一个新的台阶。青岛作为山东省 GDP 排名第一的城市，经济实力雄厚，并且拥有中国海洋大学、中科院海洋研究所等高校、科研院所，研发实力同样遥遥领先。

　　除日照、莱芜外，山东省内其他区域自 2010 年开始，申请量均呈稳定增长态势，就申请增长速度而言，排名第七以后的东营、济宁、威海、聊城、菏泽几个地区从 2010 年开始进入快速增长期，具有较大的发展潜力。

　　（5）不同治疗领域的重要申请人有所不同，东阳光综合实力突出，研究领域较为均衡；省内企业研究各有侧重，总体上在抗感染领域具有明显优势，其他领域相对较弱，其中轩竹医药综合实力较强。

　　对国内前三与山东省内排名前几位的企业在抗感染、抗肿瘤、心血管和代谢疾病等治疗领域进行对比分析（图 7 – 11 ～图 7 – 14）可以发现，山东省重要申请人在抗感染领域具有明显优势，其他领域实力相差不是很大。山东省在抗感染领域的重点申请人轩竹医药和罗欣药业在该领域处于明显领先地位，尤其轩竹医药无论是申请量还是核心专利比例都明显领先于其他国内重要申请人，体现了其在该领域具备较强的控制力。

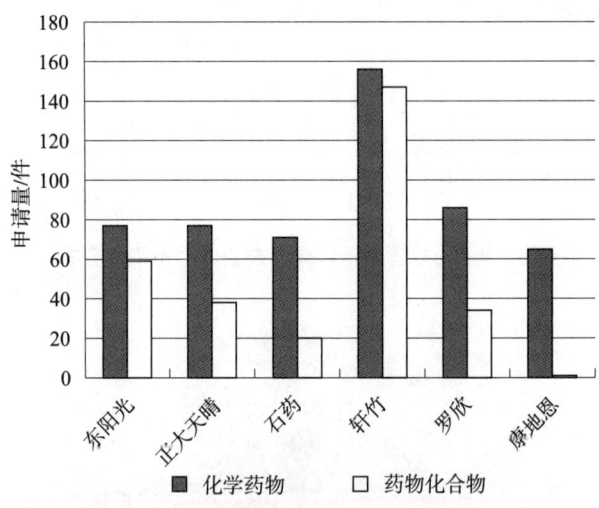

图 7 – 11　国内抗感染领域重要申请人技术实力比对

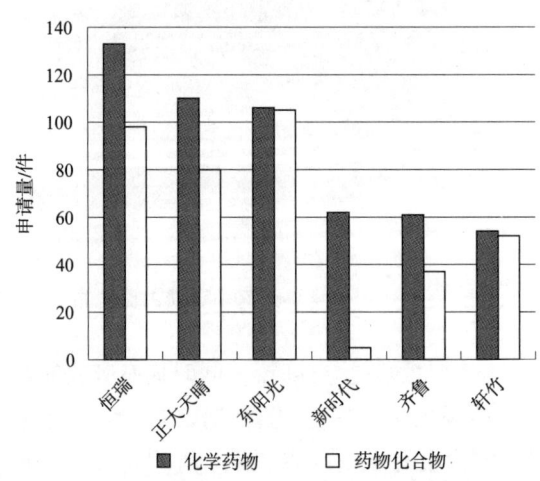

图 7 – 12　国内抗肿瘤领域重要申请人技术实力比对

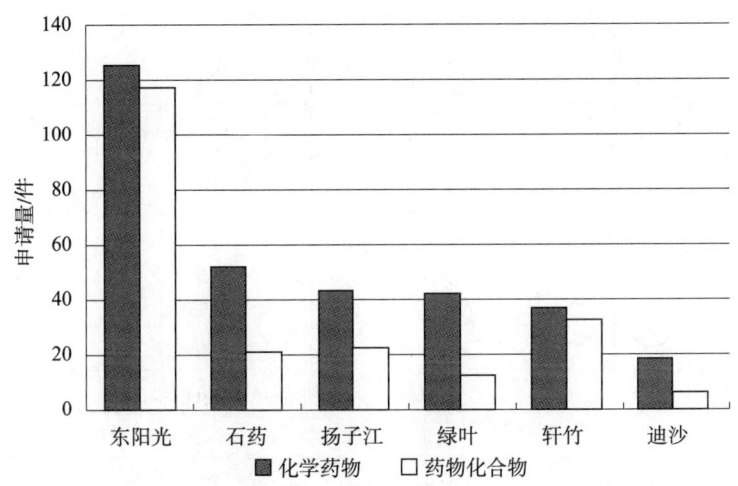

图 7 - 13　国内心血管领域重要申请人技术实力比对

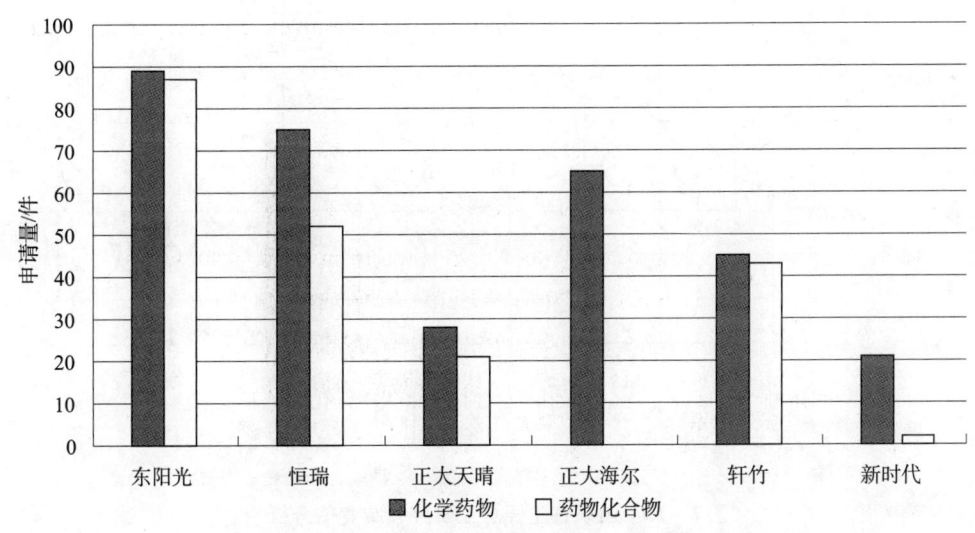

图 7 - 14　国内代谢疾病领域重要申请人技术实力比对

在心血管和代谢疾病等领域，东阳光同样表现着较强的实力，在这些领域山东省主要企业也保持着一定的竞争力，绿叶、新时代等化合物申请占比不高。轩竹医药在抗感染领域在全国遥遥领先，在抗肿瘤、抗感染、心血管、代谢疾病领域的化合物申请占比均处于国内领先水平，显示其较强的创新能力。

省内企业在研究领域方面各有侧重，如图 7 - 15 所示。就申请量来说，新时代药业在抗肿瘤领域有优势，鲁南制药在神经系统领域明显领先，在抗感染领域轩竹医药稳居第一，绿叶侧重研究心血管领域。

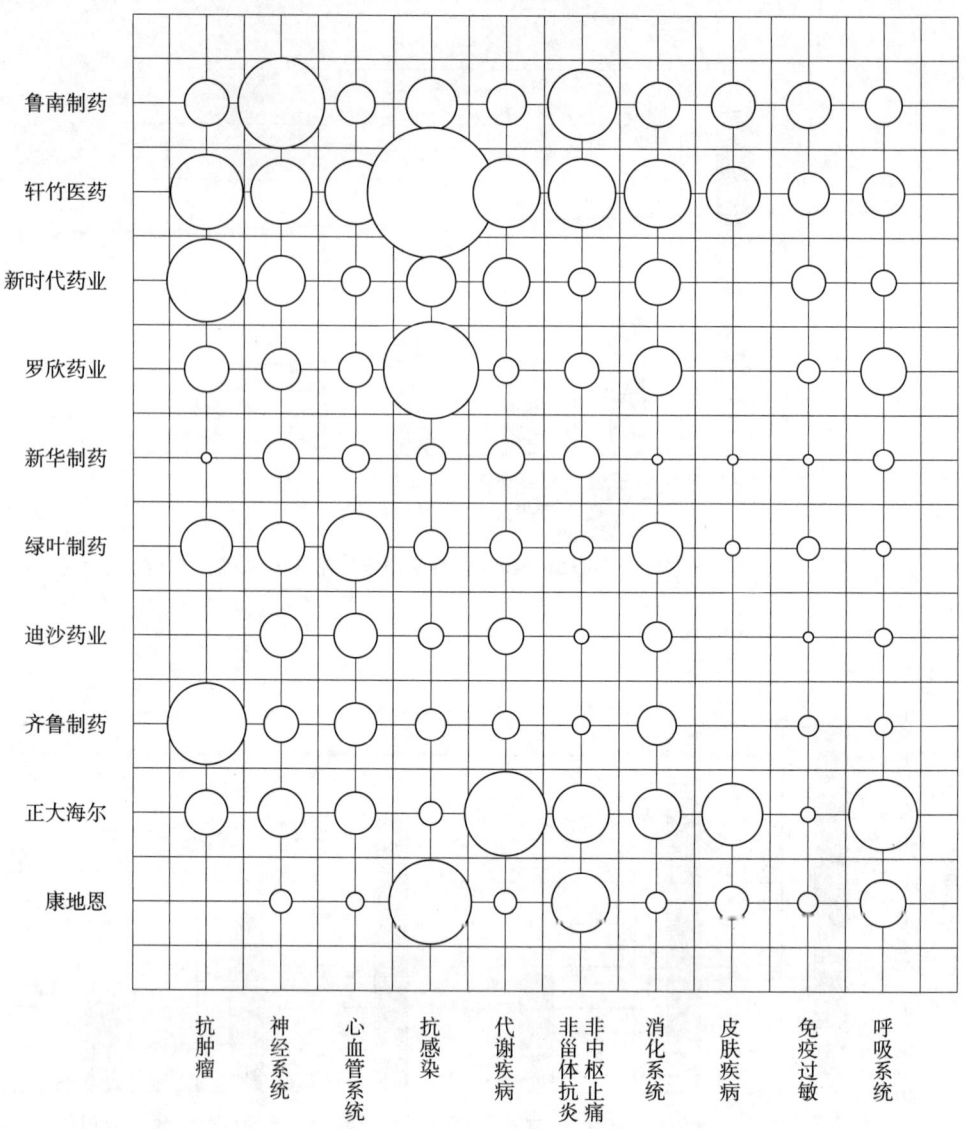

图 7-15 山东省主要企业研究领域竞争分析

7.2 生物制药

（1）生物制药的申请态势为国内申请量较大但全球布局较弱，其中山东起步较晚，但发展较快。

图 7-16 为全球生物制药技术原创国家/地区对比分析，图 7-17 为全球生物制药主要技术原创地专利输出情况分析。分析发现，美国的技术原创占全球的首位（49%），处于遥遥领先的地位，而且在全球的布局非常广泛；中国技术原创占第二位，但全球布局较少，PCT 申请不足 10%，中国原创仅占本国申请量的 50% 左右，可见中国市场为国际主要目标市场。中国生物制药领域在全球的专利布局仍亟待加强。

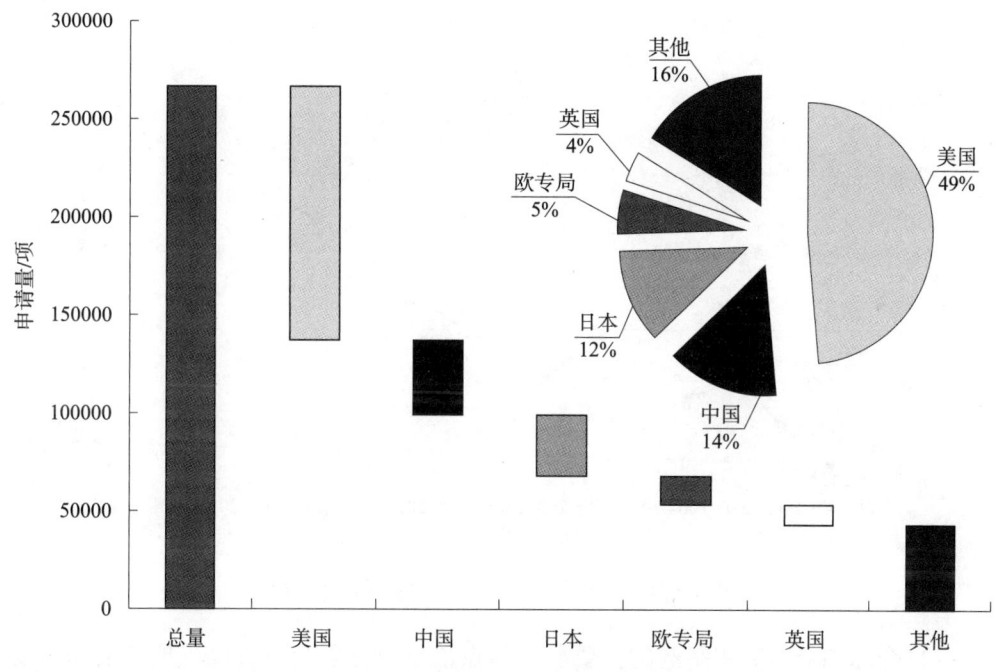

图 7-16　全球生物制药技术原创国家/地区对比分析

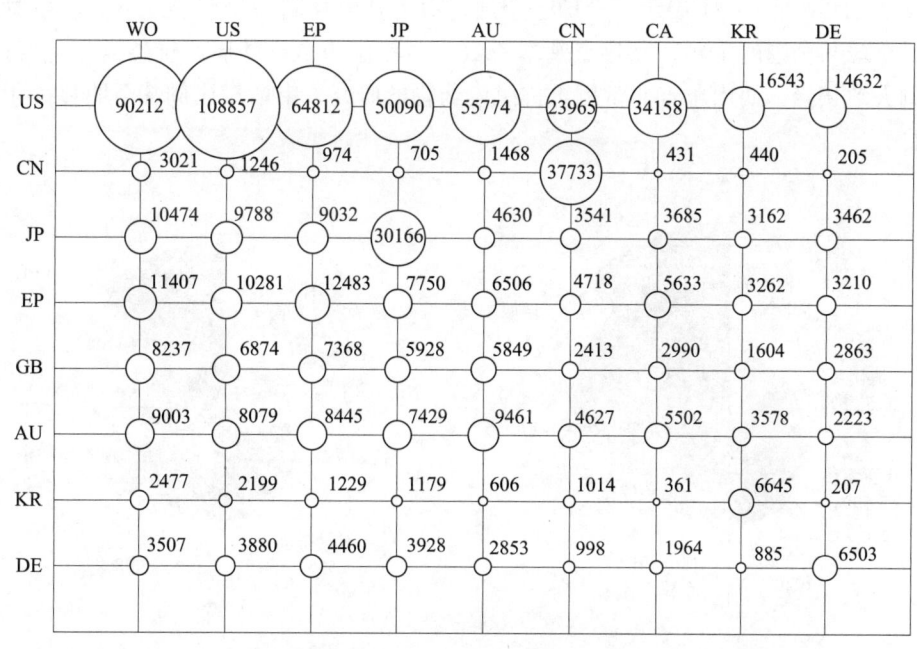

图 7-17　全球生物制药主要技术原创地专利输出情况分析

图 7-18 为山东省生物制药专利全国占比趋势，可以看出，山东省在生物制药领域起步较晚，2001 年开始进入初级发展期，随着山东省专利申请量在全国占比持续增加，尤其是 2010 年以后增长加快，2015 年已达到 5% 以上，其在全国申请总量中的占比处于快速增长态势，可见山东省发展潜力很大，前景良好。

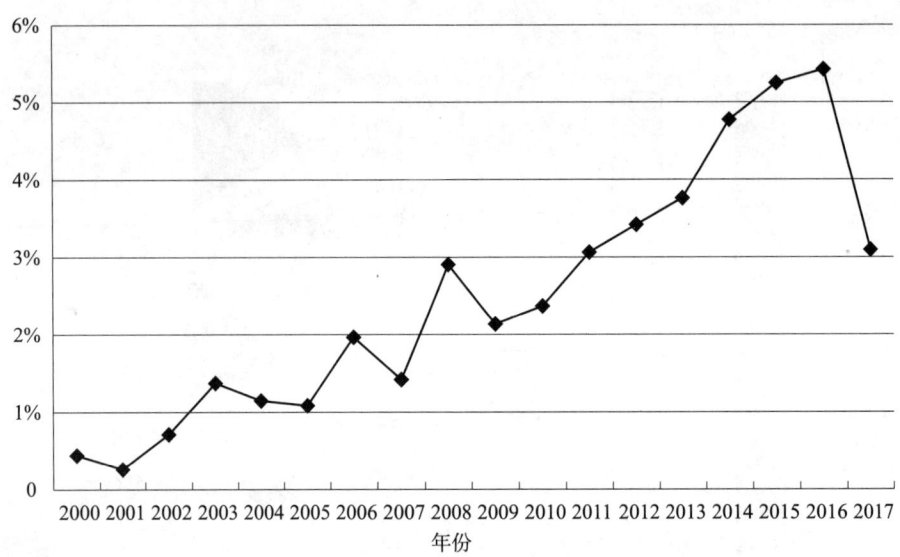

图7-18　山东省生物制药专利全国占比趋势

（2）全球和全国生物制药的主要研究热点前三位分别为抗肿瘤、抗感染和免疫过敏，而山东省更侧重抗感染药；且山东省近年来抗感染的研究比例进一步扩大。

图7-19～图7-21展示了全球、全国、山东省生物制药研究热点分布。生物制药领域，全球与全国的主要研究热点基本一致，前三位均是抗肿瘤、抗感染和免疫过敏，且比例大致相当，而山东省非常侧重抗感染药物的研究，申请量比例甚至明显大于抗肿瘤药物。

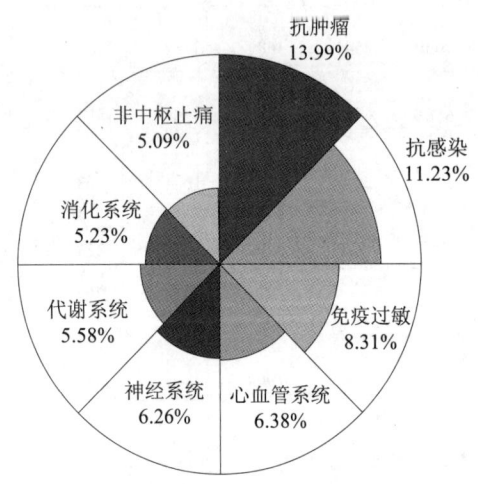

图7-19　全球生物制药研究热点分布

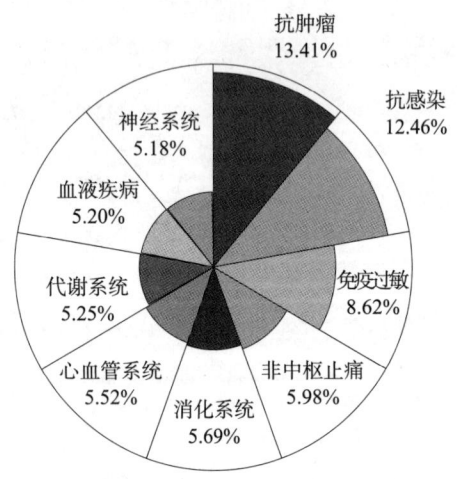

图7-20　全国生物制药研究热点分布

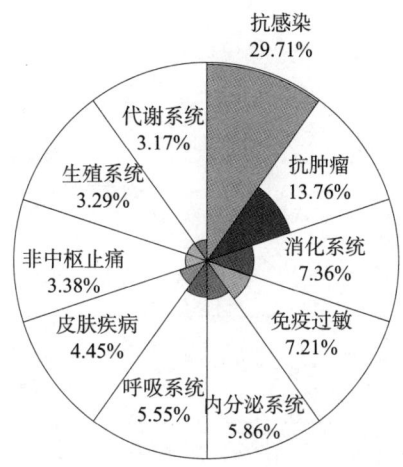

图 7 – 21　山东省生物制药研究热点分布

图 7 – 22、图 7 – 23 分别展示了全国、山东省"十二五"前后的研究热点变化。全国范围内各治疗领域排名在"十二五"前后基本未发生变化，抗肿瘤和抗感染药物均有稳步增长，但其他适应症药物申请量均出现下滑。而山东省抗感染药物发展迅速，其他适应症专利申请量增长相对缓慢，相较"十一五"期间，"十二五"期间该领域专利申请占比明显增长，申请量增长达到163%。图 7 – 24、图 7 – 25 分别展示了全国、山东省抗感染生物制药申请量趋势。山东是抗感染用药（特别是抗生素）生产大省，因此，在抗感染药方面有明显较多的专利申请，在生物制药领域也是如此，抗感染药物是目前山东省主要研究热点，布局侧重方向明显。

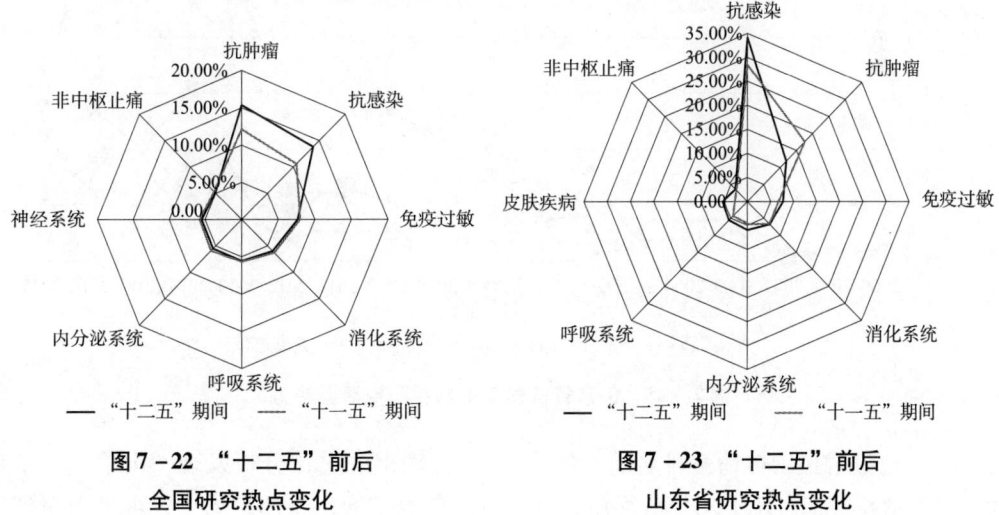

图 7 – 22　"十二五"前后
全国研究热点变化

图 7 – 23　"十二五"前后
山东省研究热点变化

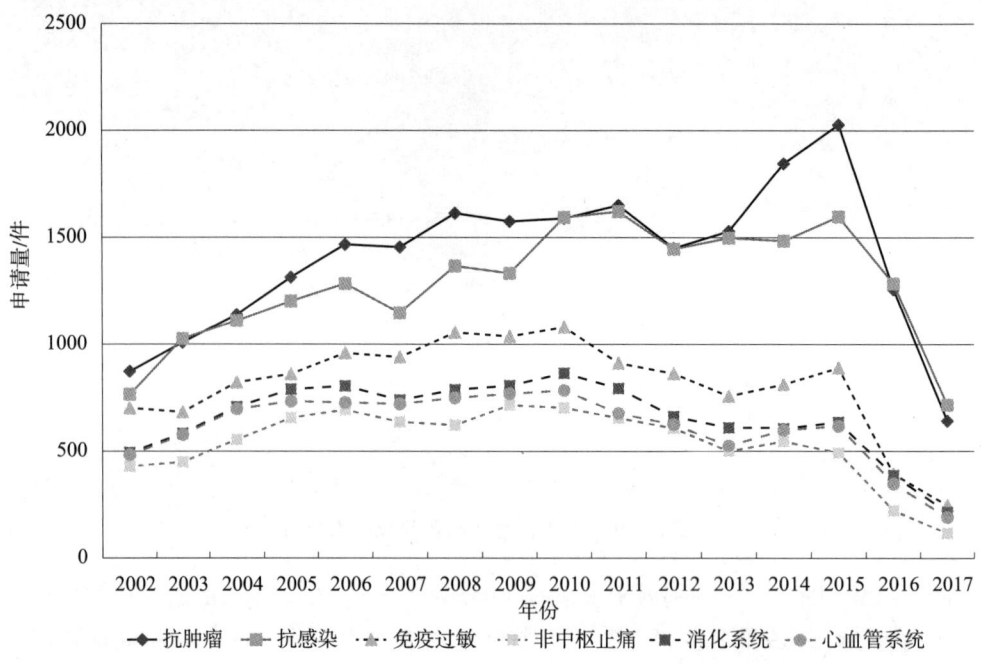

图 7-24　全国抗感染生物制药申请量趋势

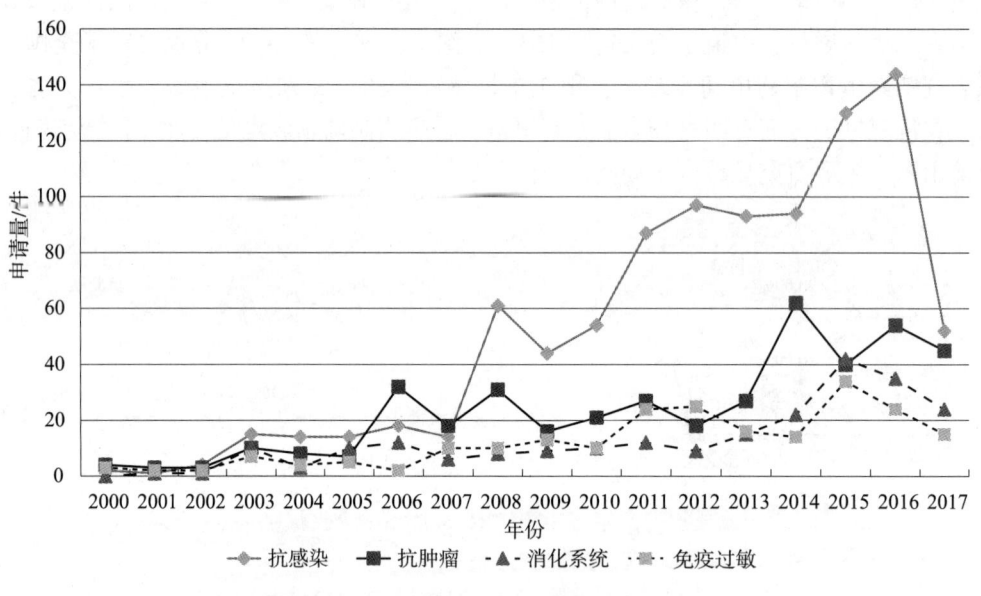

图 7-25　山东省抗感染生物制药申请量趋势

（3）通过对全国申请量排名前六位的省份/直辖市的对比分析发现，山东省在申请量、授权量和授权占比上均相对靠后；PCT 申请量也较低，海外布局少，可见山东省在主要区域竞争对手中总体实力较弱，创新能力有待进一步提高。

图 7-26 为全国生物制药专利研究热点分布。国内主要省市生物制药专利申请量排名依次是上海、北京、江苏、广东、山东、浙江；各省市增长趋势总体较为一致，山东

省与上海、北京、浙江相比发展速度相当或者略有优势，但近年来江苏、广东两省生物制药专利申请量增长迅速，山东省有所不及。图 7 - 27 为国内主要省市授权量及授权/申请占比，山东省在授权量及授权/申请占比两方面均低于六省市平均水平。

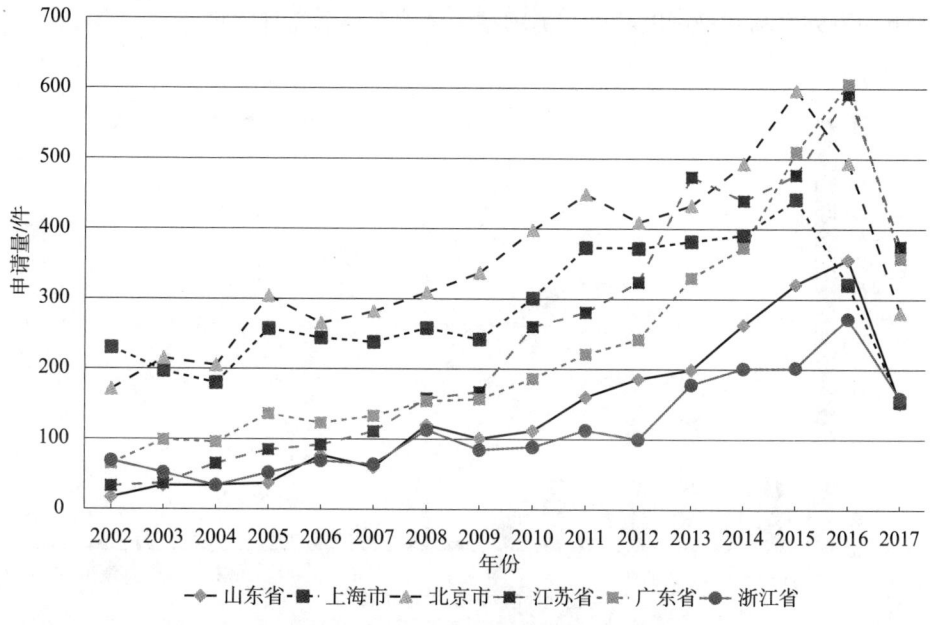

图 7 - 26　全国生物制药专利研究热点分布

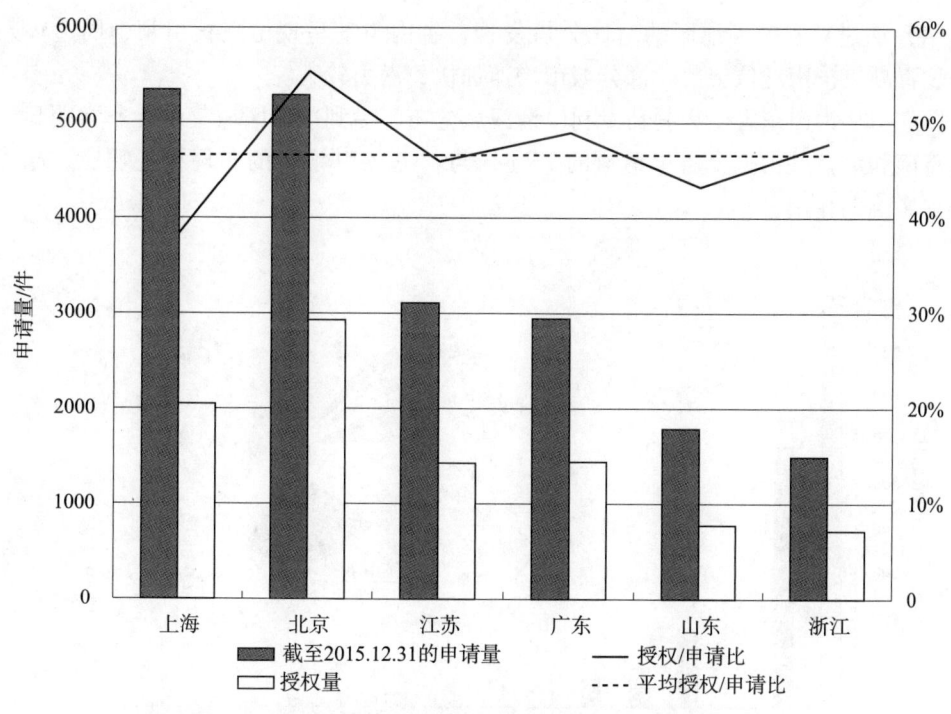

图 7 - 27　国内主要省市授权量及授权/申请占比

图7-28为国内主要省市生物制药专利国际申请对比。PCT申请方面，上海的PCT申请量明显领先国内其他区域，其次是北京，PCT申请量也相对较高；山东省对海外专利的布局在这几个主要省市中处于较落后地位，对海外专利的布局较为薄弱。从这几个主要省市的海外专利布局可以看出，美国是省重点布局的海外市场。

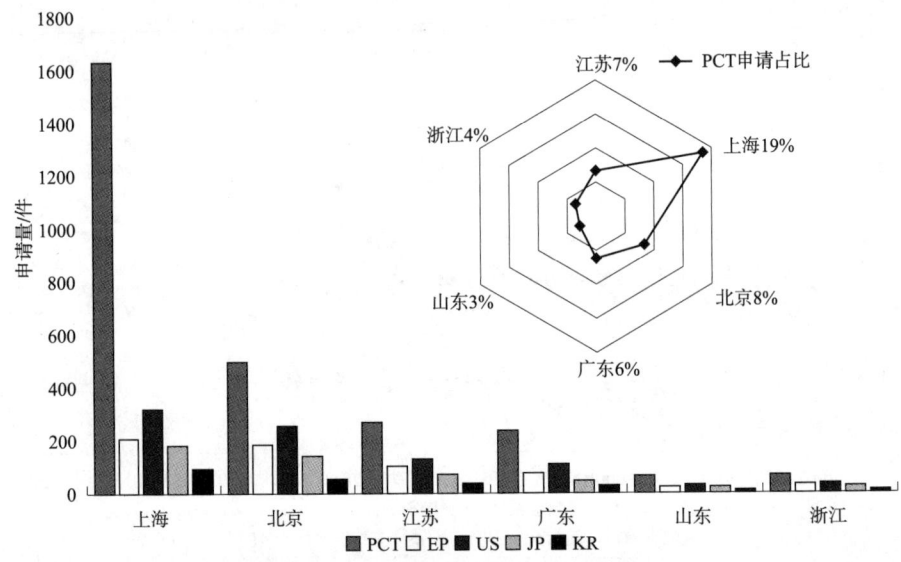

图7-28　国内主要省市国际申请量占比

（4）通过对省内各地区的对比分析发现，省内申请呈现出三核引领、周边辐射的状态，青岛、济南地位突出，部分城市增速加快，潜力较大。

图7-29为山东省生物制药专利申请区域分布。专利申请区域集中性非常明显，青岛、济南和烟台共占据全省申请量的75%，与"三核引领"的布局相互响应，起着周围辐射影响的作用。

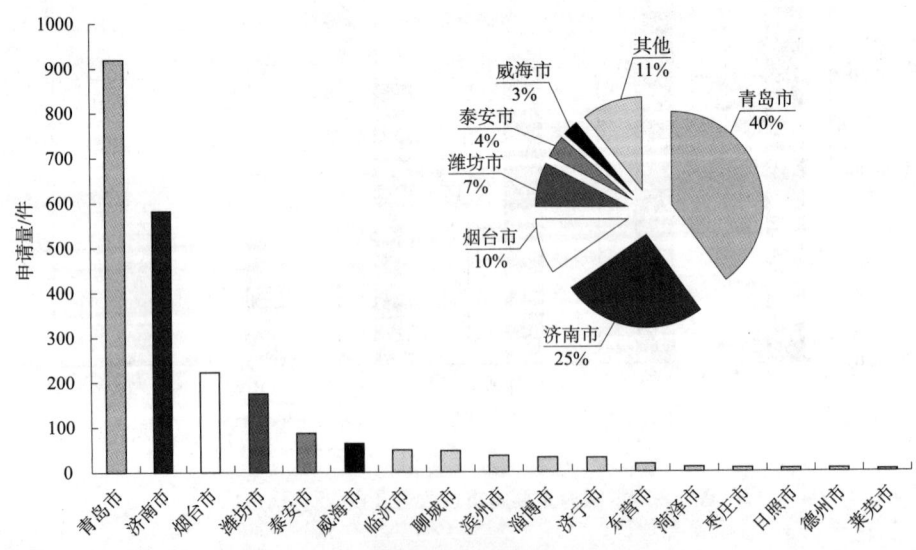

图7-29　山东省生物制药专利申请区域分布

图 7 - 30 为山东省主要区域申请量趋势，图 7 - 31 为山东省各区域授权/申请分析。济南和青岛的起步较早，自 2010 年起，青岛的申请量迅猛增长，迅速跃居首位，可见青岛依托经济实力、创新资源优势，生物制药创新势头强劲，增长速率明显突出，申请量和授权量大，且授权占比也较高。此外，"十二五"期间潍坊、烟台等地申请量也增长较快，潍坊属于起步较晚但近年增速较快的地区。山东省内授权/申请比平均值为 37.36%，各市授权/申请比差异较大，青岛和济南在申请量高的情况下，维持了比例较高的授权量。

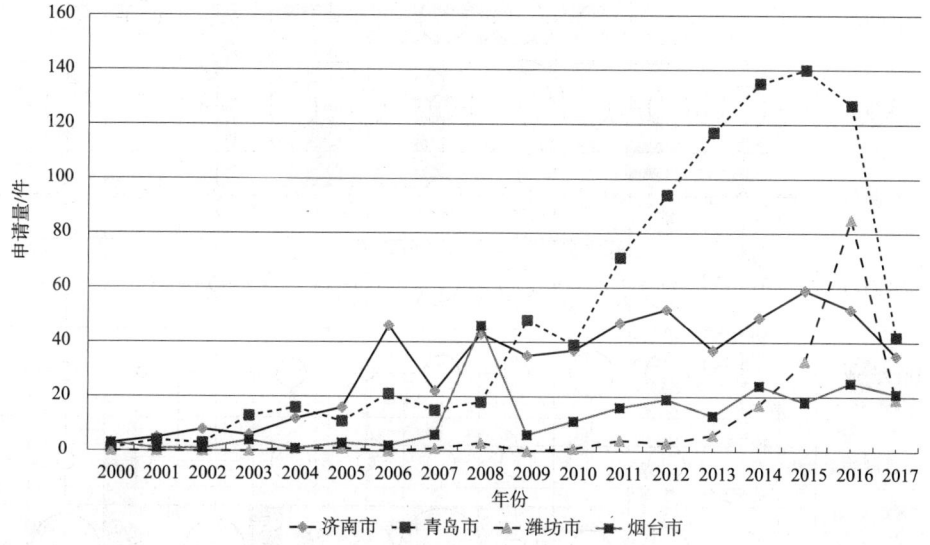

图 7 - 30　山东省主要区域申请量趋势

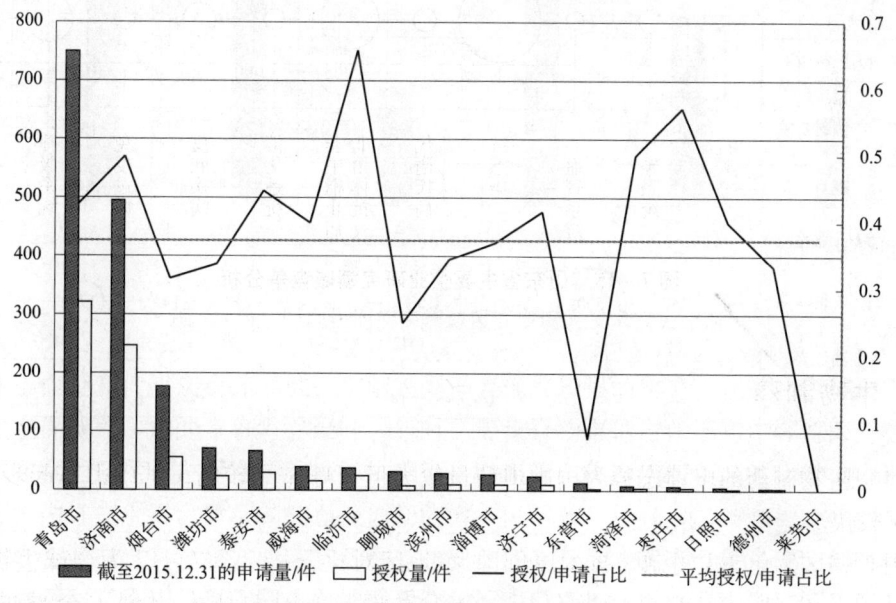

图 7 - 31　山东省各区域授权/申请分析

（5）生物制药领域的国内申请人以科研院所为主；山东省内申请人总体实力较弱，企业类申请人的专利申请量较大但较为分散，其中山东大学和中国科学院申请量较大，青岛康原药业、青岛农业大学近年活跃度较高。

图7-32为国内主要申请人及其申请量，图7-33为国内主要申请人研究领域。全国排名前20位的生物制药专利申请人以高校/科研院所为主，研究领域以抗肿瘤药、抗感染药为主。上述主要申请人中没有山东省内申请人，可见山东省在该领域有待进一步提高竞争力。

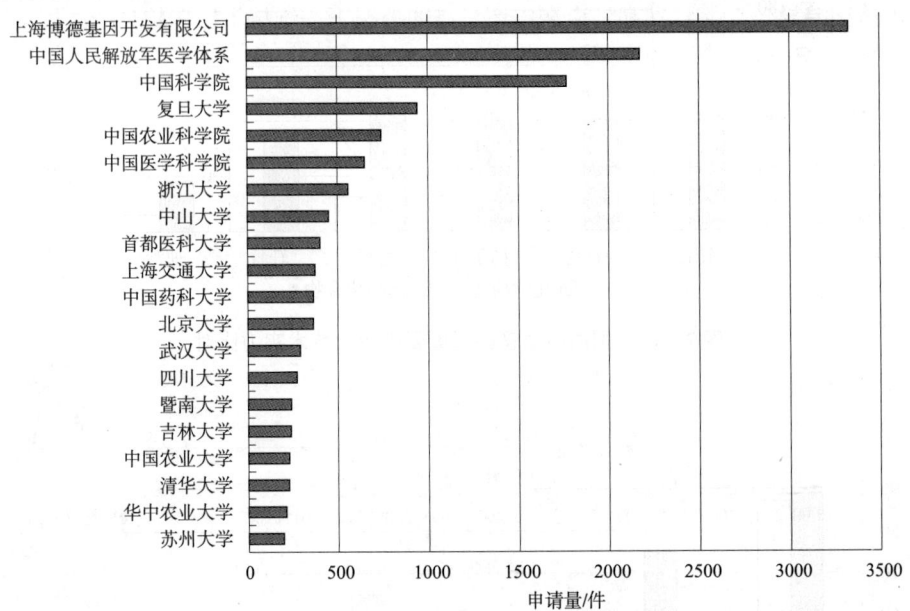

图7-32 国内主要申请人及其申请量

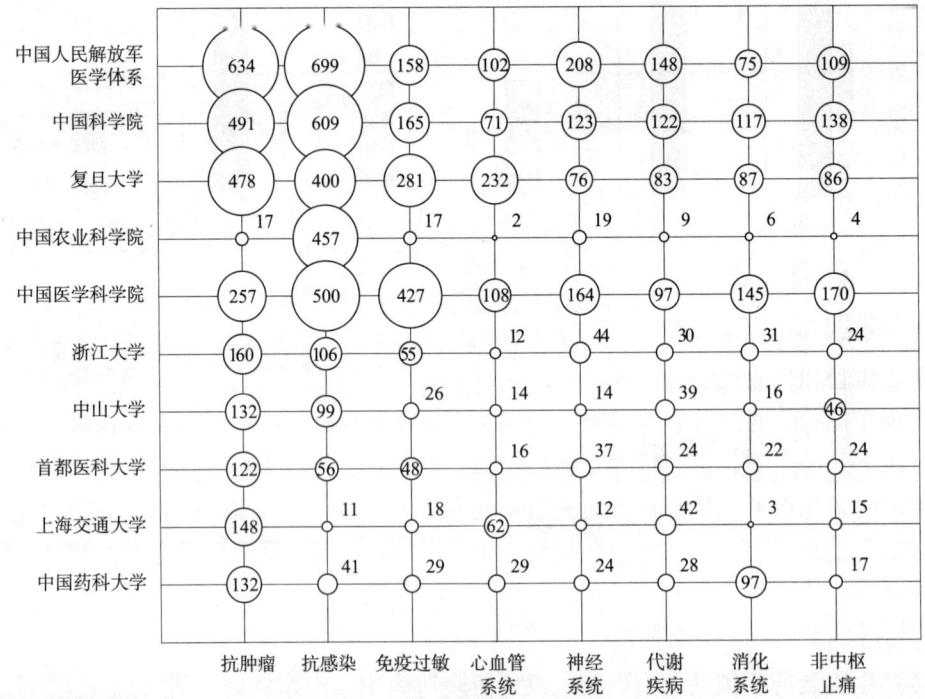

图7-33 国内主要申请人研究领域

图7–34为山东省申请人类型与主要申请人申请量分布；图7–35为山东省生物制药专利申请量排名前12位申请人研究领域分布；图7–36展示了山东省生物制药专利申请量排名前12位申请人活跃度。山东省生物制药专利申请人类型的分析显示企业申请人的申请量占比较大（37%），但主要申请人以高校/科研院所为主，排名全省前12位的申请人中企业仅四家，其中中国科学院和山东大学申请量领先，青岛康原药业、青岛农业大学近年活跃度较高。可见企业类申请人分布较为分散，可加快培植企业的创新主导地位。

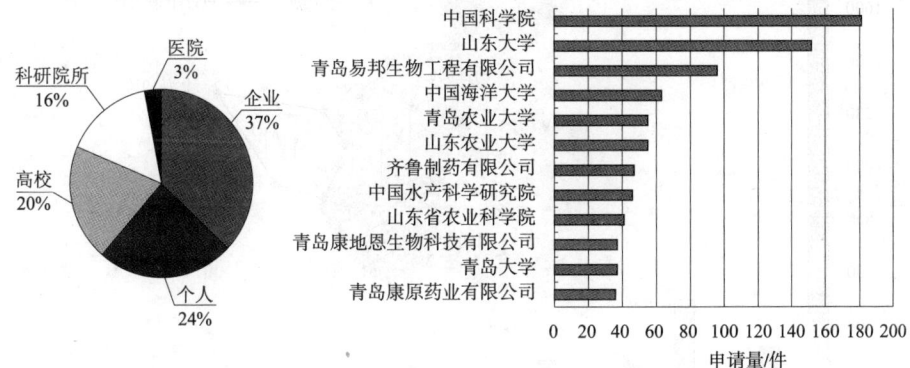

图7–34 山东省申请人类型与主要申请人申请量分布

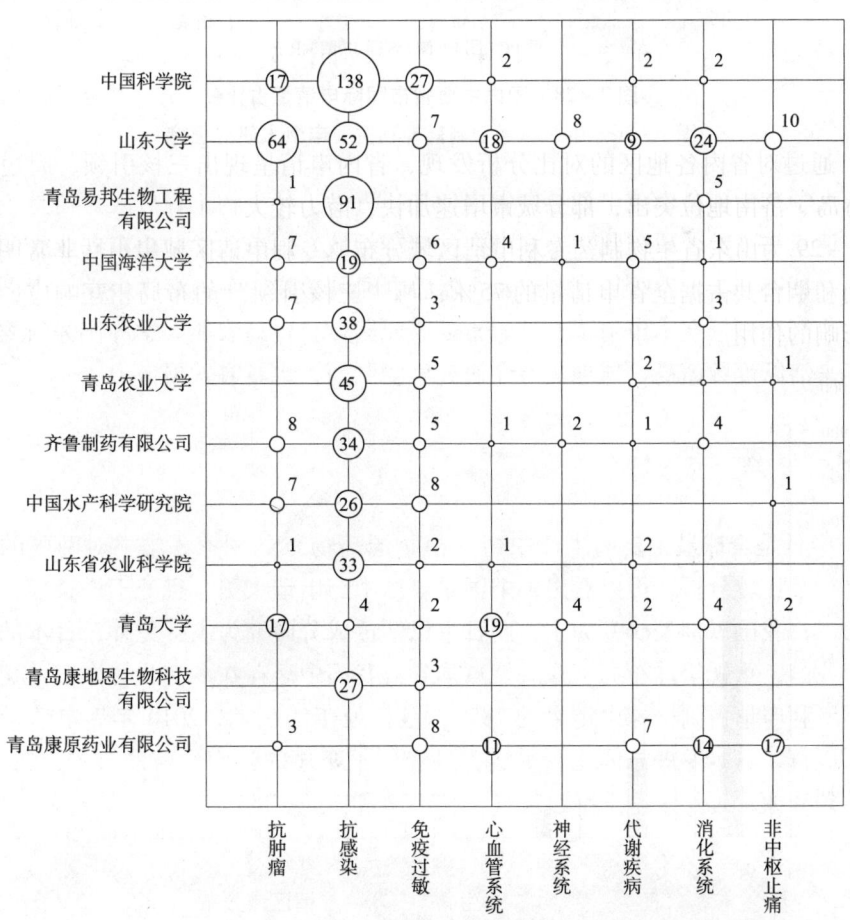

图7–35 山东省生物制药专利申请量排名前12位申请人研究领域分布

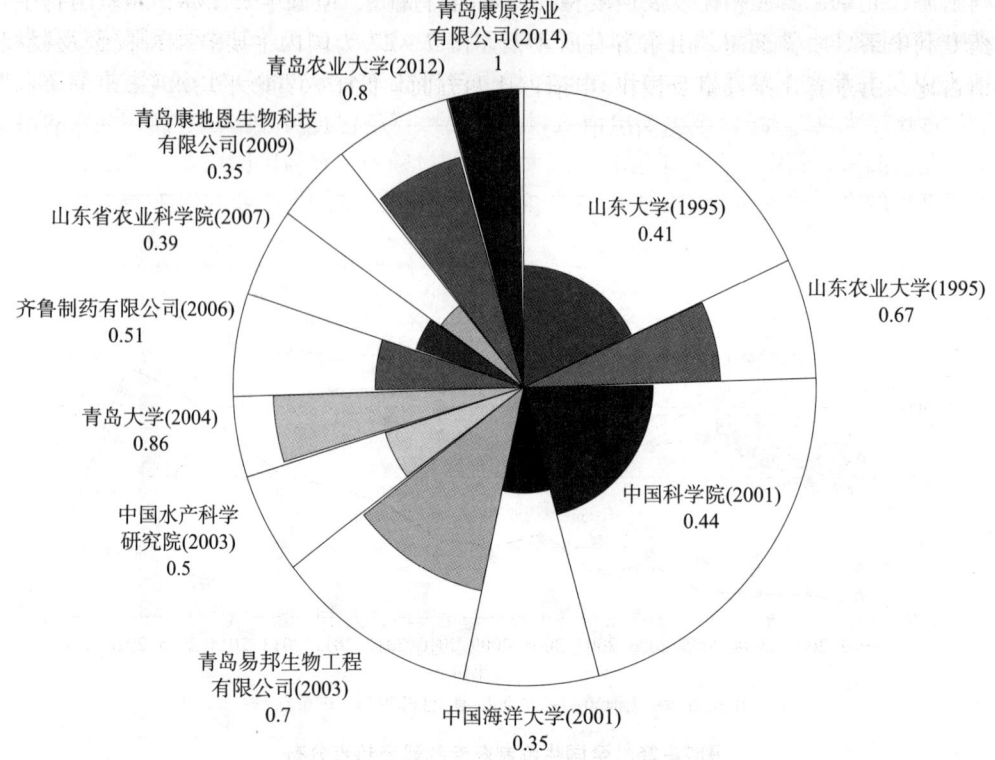

图 7 – 36 山东省生物制药专利主要申请人研究强度

山东大学和中国科学院申请量在省内领先，青岛易邦生物工程有限公司是企业类申请人中申请量最高的，研究几乎全集中在抗感染领域。山东大学和山东农业大学较早涉及该领域（1995 年），为奠基型申请人，随后中国科学院、中国海洋大学、青岛大学等相继对生物制药领域技术申请了专利。青岛康原药业、青岛农业大学等作为新秀型申请人，近年来活跃度数值高，体现其专注研究生物制药，也具有发展潜力。

7.3 中 药

（1）中日是全球最主要的生产中药（植物源药物）的国家，本书对两国的专利申请情况进行了比较分析，可以看出，中国是全球中药申请大国，且处于增长期，日本位居全球第二；我国以剂型研究为主，而日本以活性成分研究为主；另外，日本的国际申请远高于我国，重视全球布局，这些特点均导致我国中药存在"走出去"的难题。

我国专利申请占到全球申请量的 78%，且仍处于增长期，2010 年后申请量增长加快；相对而言，日本发展总体比较平缓，且经历了明显的先增后减的过程，在 2006 年就已经达到峰值，近年来呈下降趋势（图 7 – 37 和图 7 – 38）。

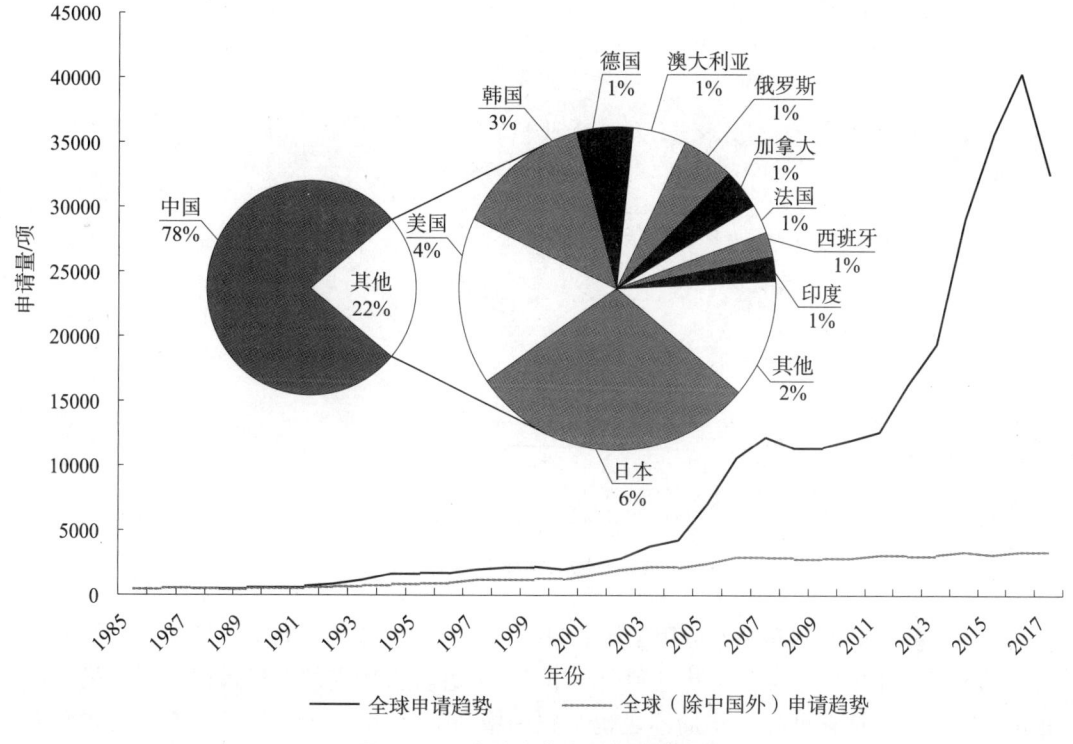

图 7 - 37　全球中药专利申请量趋势

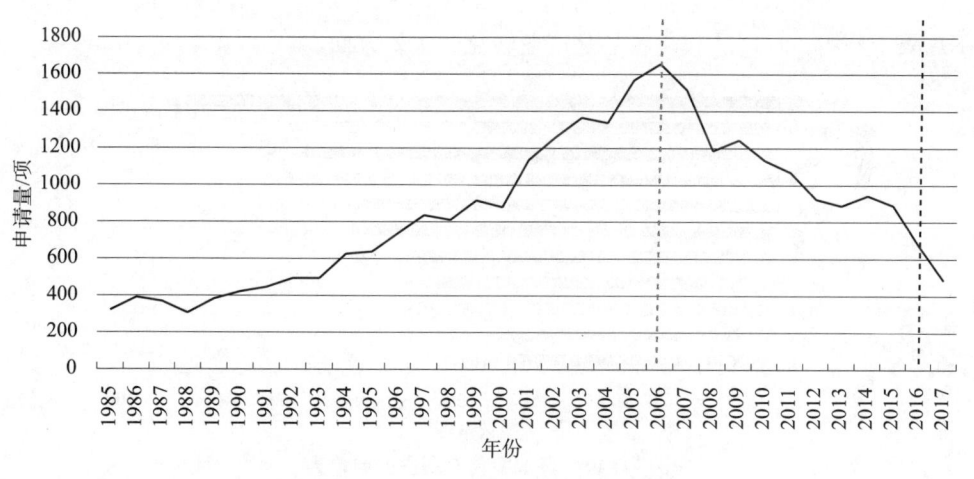

图 7 - 38　日本中药专利申请量趋势

在研究方向上，我国包括山东以剂型研究为主，占 80% 以上，日本以活性成分研究为主，占据 42%（图 7 - 39）。中药不被国际接受的主要原因是成分不清、药效不明和质量不可控，而活性成分的研究恰好在很大程度上可以解决上述问题，从而是中药现代化中的关键一环，这也是日本能够成为国际市场主导者的重要原因。此外，日本对于剂型方面的专利申请分布也相对均匀。

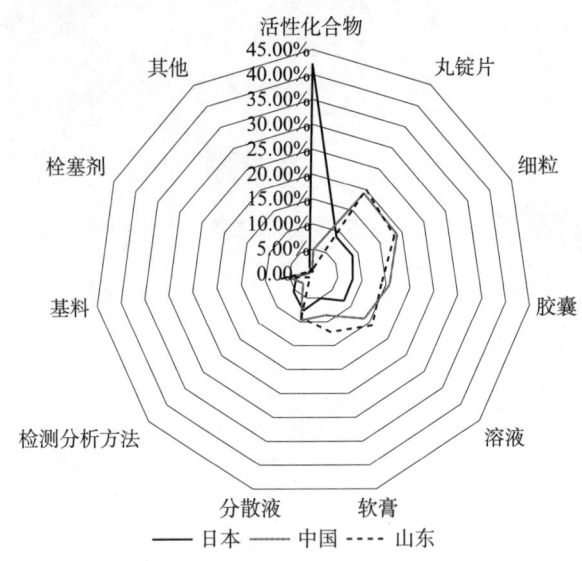

图 7-39　中日各类型中药专利申请的申请量分布

　　日本注重全球专利布局，应用领域涵盖药用、日用品和化妆品等。虽然日本的中药总申请量远低于中国，但其中药专利国际申请量和在其他国家的布局远远高于中国。我国的中药专利申请在世界上布局不足也是中国中药的现代化和"走出去"受限体现之一。另外，日本排名前 11 位的申请人中，仅有三家是制药企业，八家是日用品或化妆品企业，全球中药出口最大企业津村仅排名第九（图 7-40），表明日本对于中药的应用不局限于药用，日用品和化妆品是产业转化的主要方面。

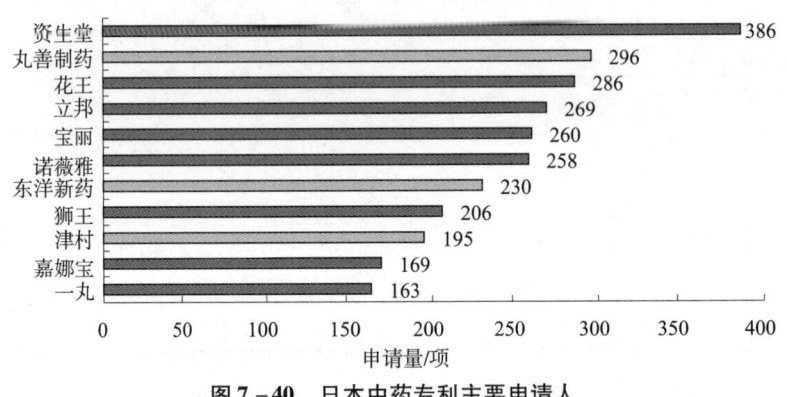

图 7-40　日本中药专利主要申请人

　　（2）山东省中药专利总申请量及增长速度在全国处于显著领先地位，且授权占比较高，实力较强。

　　山东省中药专利申请量明显领先于其他地区，专利申请增长速度在近些年来也明显领先（图 7-41），申请态势上具有突出优势。并且，从授权占比来看，主要省市中北京、广东、天津、山东、河南的授权占比较高，而山东在申请量全国第一的情况下，仍能保持相对高的授权/申请比（图 7-42），进一步体现了山东省在中药领域强劲的技术实力。

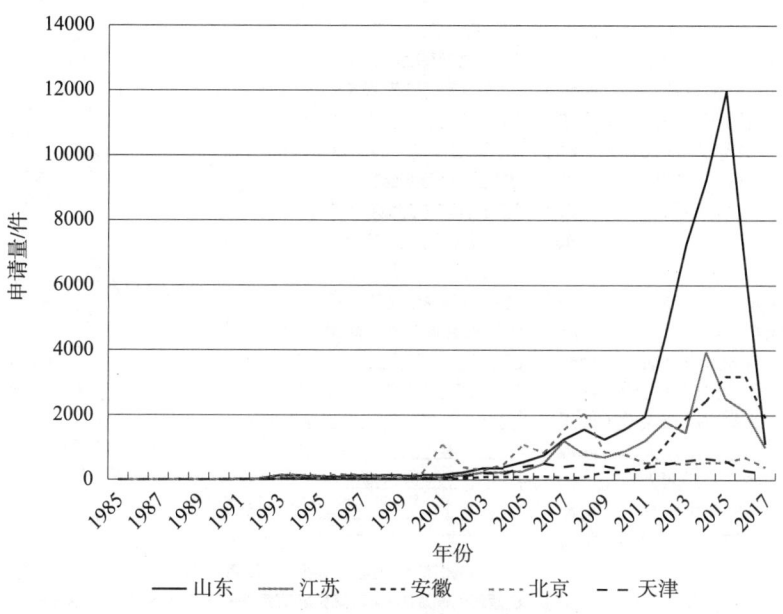

图7-41　主要省市中药专利申请量趋势分析

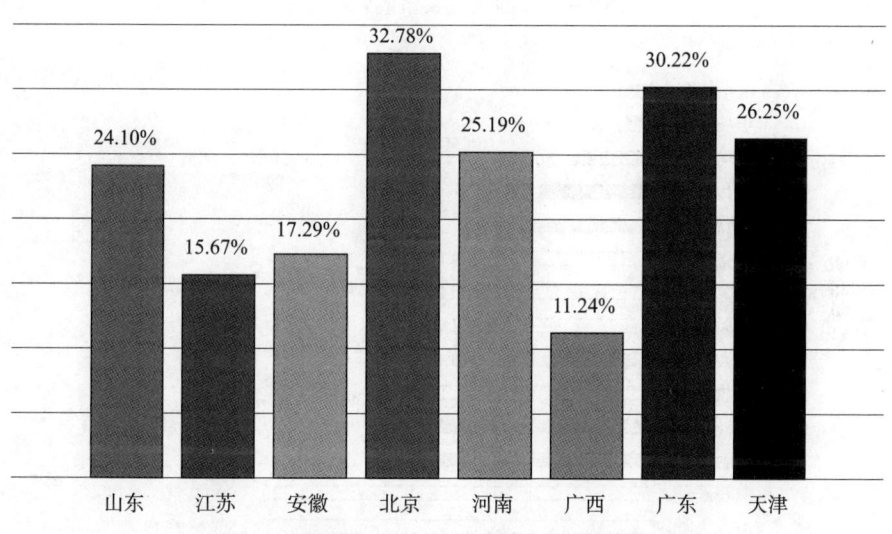

图7-42　主要省、市、自治区中药专利授权/申请比

（3）山东省主要申请人以医院和高校为主，但有效专利排名前三均为企业，可见企业的专利申请与产业化结合更加紧密。

全国申请量前20位的申请人中，山东占据三席，分别为青岛市市立医院、山东大学和青岛市中心医院。省内主要申请人以医院和高校为主，医院方面有青岛市市立医院、青岛市中心医院等多家青岛市医院、山东省立医院等，高校以山东大学和青岛农业大学为主；但在有效专利排名中，省内重点企业如鲁南制药、东阿阿胶、青岛华仁的有效申请量位列前三，表明这些重点企业申请相对于省内的医院和高校而言，更关注申请质量（图7-43～图7-46）。

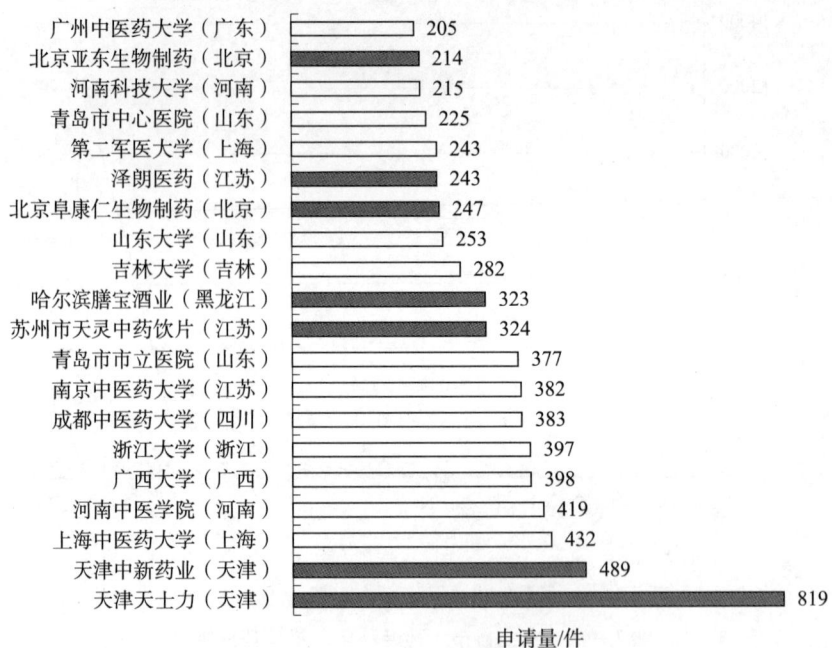

图 7-43　国内主要申请人申请量

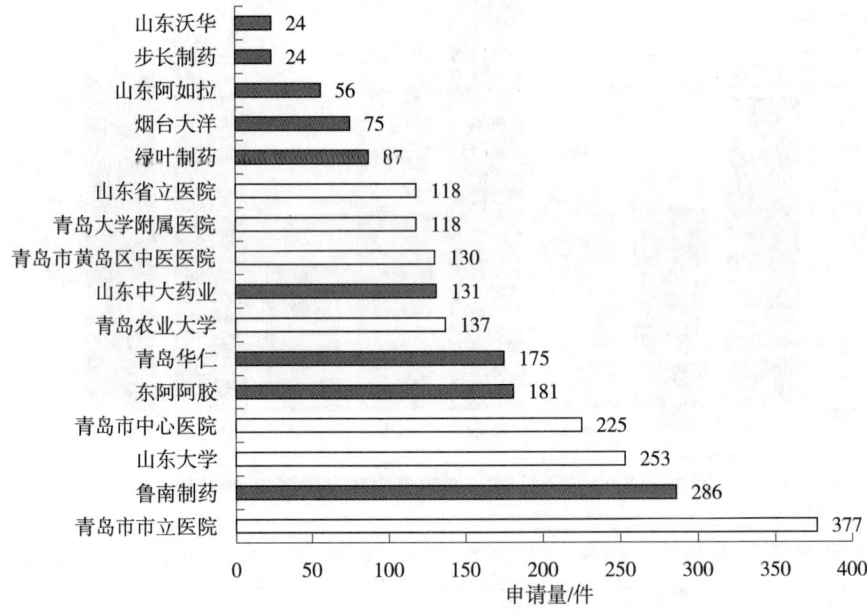

图 7-44　山东省主要申请人申请量

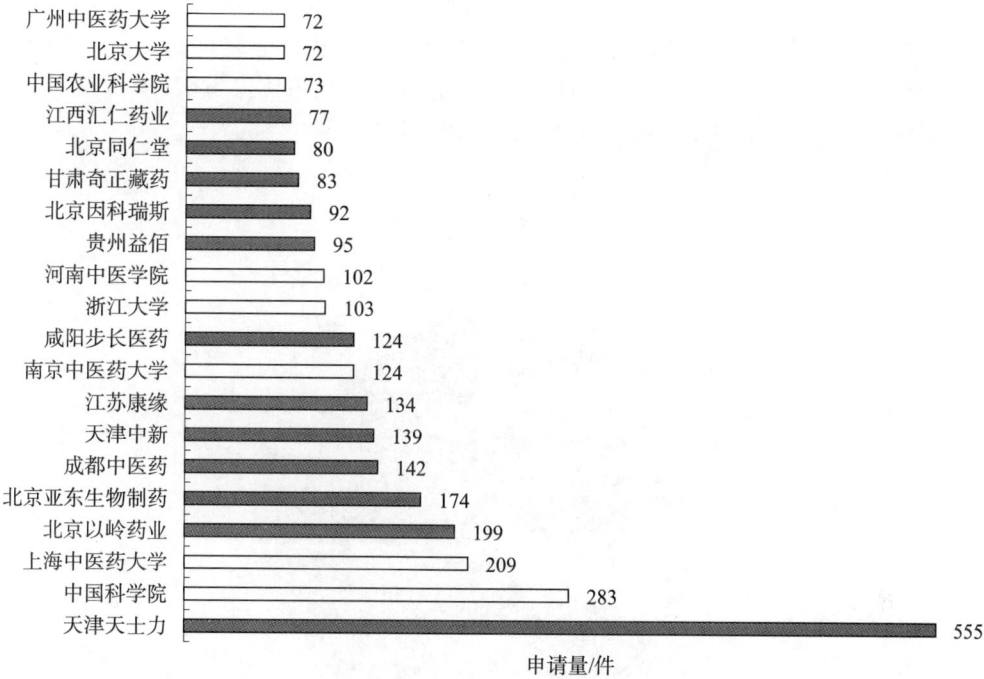

图 7 - 45 国内主要申请人有效专利量

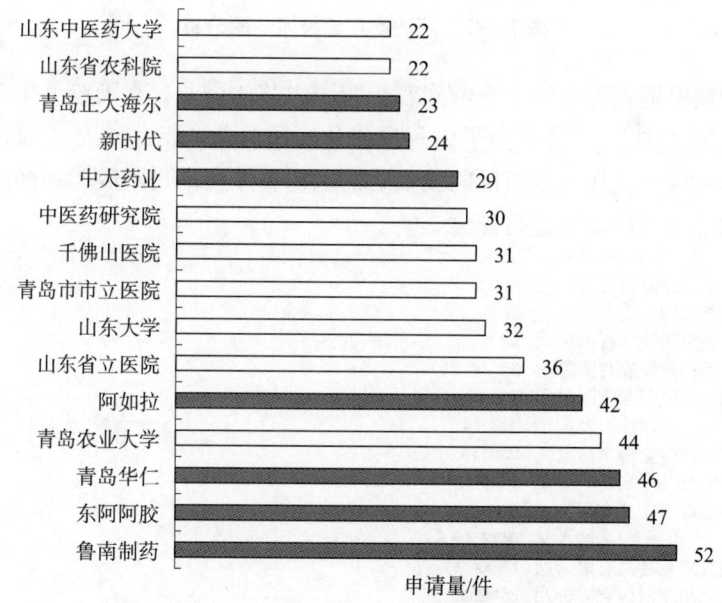

图 7 - 46 山东省主要申请人有效专利量

（4）阿胶是山东省重点产品，龙头企业东阿优势明显；研究以剂型为主，不利于阿胶现代化。

山东省是阿胶主要生产省份，得益于地理资源优势以及拥有阿胶生产龙头企业，全国阿胶相关专利申请中山东省以 35% 的比例明显领先于其他地区。

　　阿胶类专利申请的研究主题分布与国内中药主题分布趋于一致,主要在剂型研究方面,检测分析方法的主题比例占据 5.34%,且活性成分专利占比仅为 0.3%(图 7-47)。可见,阿胶现代化处于初步阶段,现代化之路仍然很长。

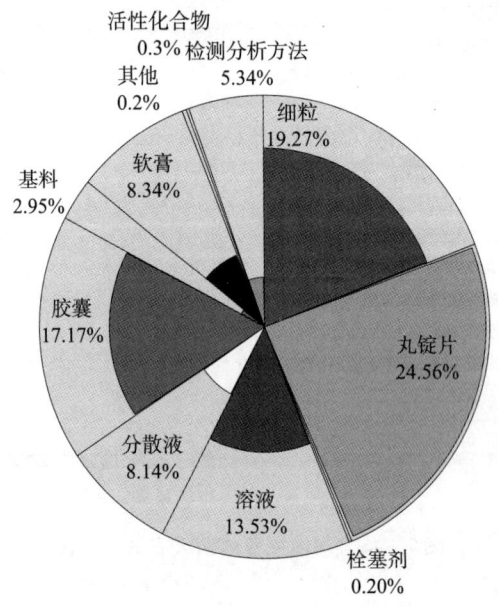

图 7-47　阿胶类申请技术主题分析

　　阿胶类专利申请人排名中,东阿阿胶领跑国内其他企业,在阿胶的生产和研究上占据绝对主导地位(图 7-48)。为了中药现代化、国际化,活性成分、质量标准、药理的研究是必不可少的工作,以东阿阿胶为首的国内企业在推进阿胶类中药的现代化和国际化中也在朝这个方向逐步进行探索。

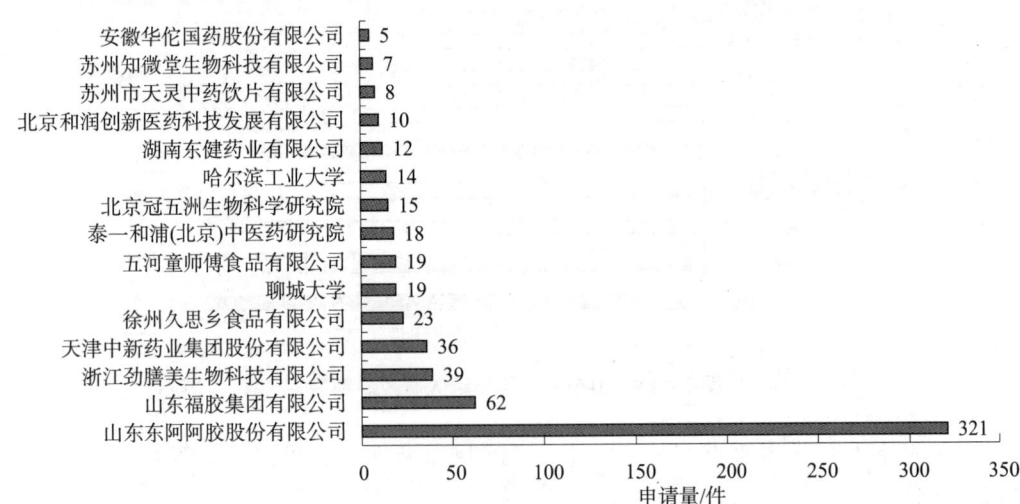

图 7-48　阿胶相关专利主要申请人的申请量排名

（5）省内各地区的专利申请分布区域集中，申请主题与全国类似，以制剂为主。

山东各地区中，青岛、济南、烟台、威海、潍坊、临沂是山东省内排名前六位的地区，其占据山东省中药专利申请总量的78%，其中青岛、济南分别位列第一、第二，地位较为突出，烟台、威海、潍坊、临沂是紧跟其后的发展较充分的地区（图7-49）。山东省的中药申请主题与全国类似，主要为基础的剂型申请，活性化合物仅占1.2%，检测分析方法占1.02%（图7-50）。

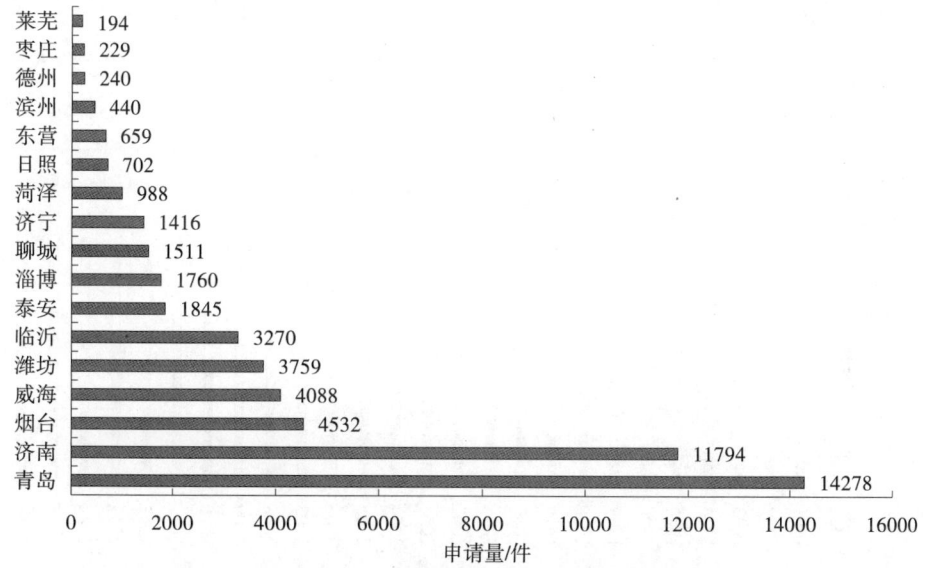

图7-49 山东省中药申请量区域分布

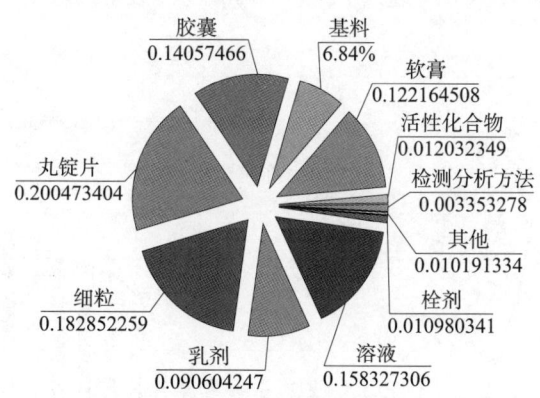

图7-50 山东省中药申请技术主题分析

7.4 医疗器械

（1）山东省申请量增长趋势与全球、全国基本一致，但发明专利占比偏低。

医疗器械产业中，全球、全国和山东省的医疗器械专利总申请量增长趋势基本一致（图7-51~图7-53）。医疗器械在医疗健康产业中的特殊性在于其专利申请中含有较高比例的实用新型专利，与实用新型专利相比，发明专利往往更具技术深度，更能体现技术价值。通过以下对比，可以明显看出山东省的申请中发明专利占比明显低于全国水平。

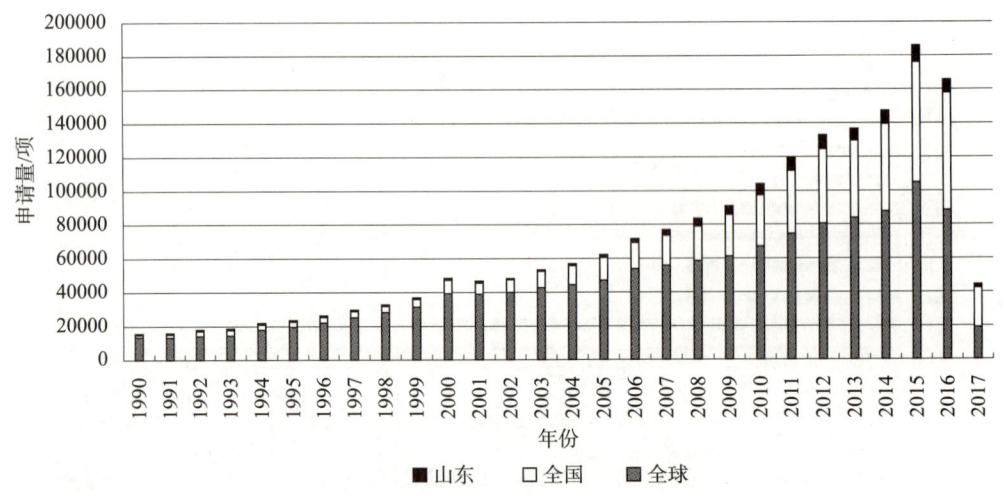

图7-51 全球申请量（实用新型＋发明）趋势

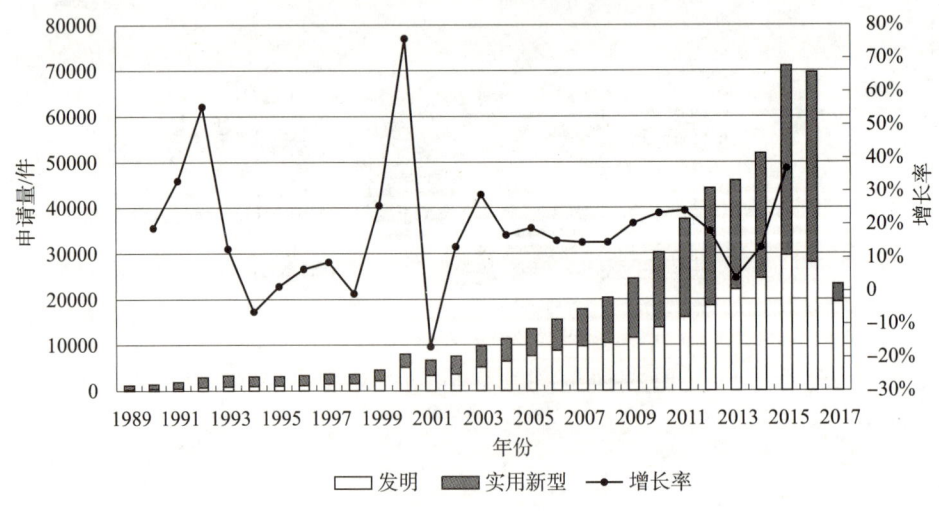

图7-52 全国申请量（实用新型＋发明）趋势

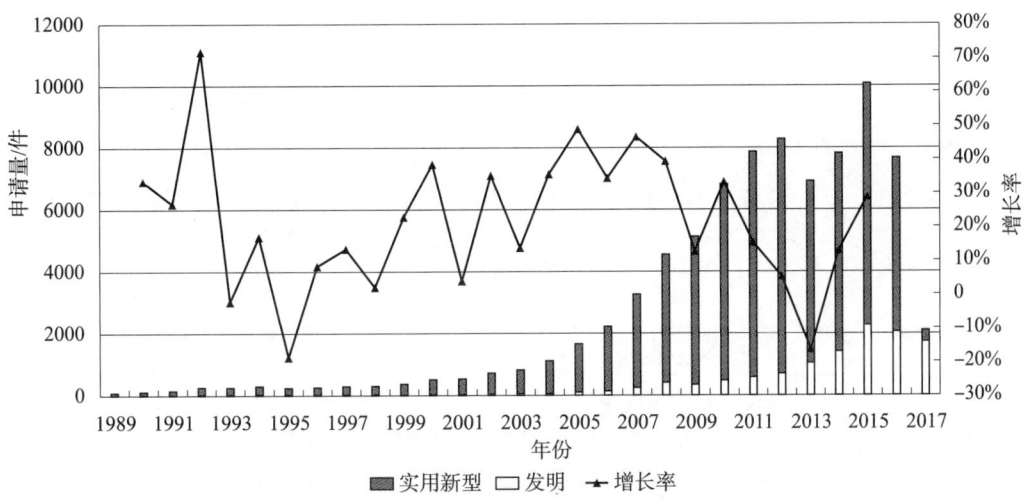

图 7 – 53　山东省申请量（实用新型 + 发明）趋势

（2）医疗器械产业的技术研究热点总体特点如下：①植/介入医疗器械以及外科手术设备申请量较多，山东省更为突出；②植/介入医疗器械是国内企业的重点突破口，竞争激烈，山东省有一定优势；③医学成像技术介入难度较大，被美日欧少数企业垄断，国内企业不易突破；④体外诊断领域在世界范围内美国一家独大，我国华大基因在该领域较为突出，山东省在该领域申请量很少。

全球和我国主要地区申请量相对较多的研究领域是植/介入医疗器械和外科手术设备，而山东省相对于我国其他主要省市而言，这两个分支的比例要更高，体现了山东省在医疗器械领域技术分支研究的大致倾斜方向（图 7 – 54 ~ 图 7 – 58）。医学成像技术难度大，含金量高，行业专利壁垒高，主要集中在日美欧，被少数企业垄断，国内企业不易突破；而植/介入医疗器械中的生物材料以及高值耗材价值也较高，技术难度相对于医学成像较低，是国内企业重点突破口，但也意味着该领域竞争更加激烈，其中山东省以威高集团和新华医疗为主的企业有一定优势。

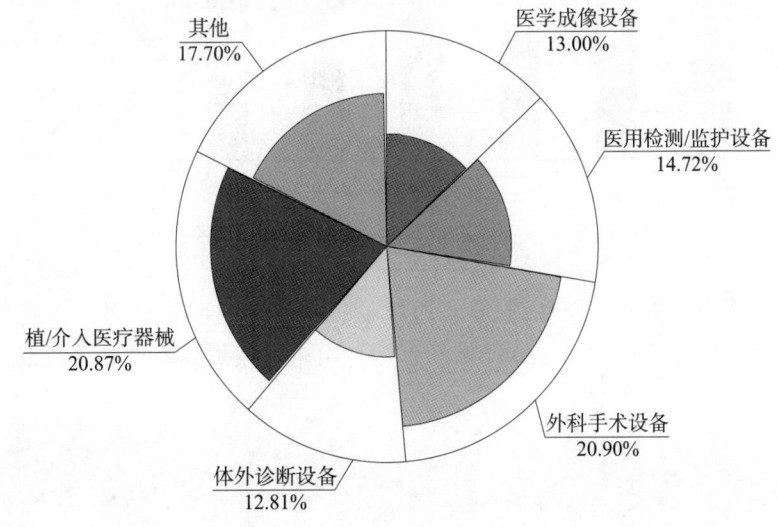

图 7 – 54　医疗器机各技术主题分布

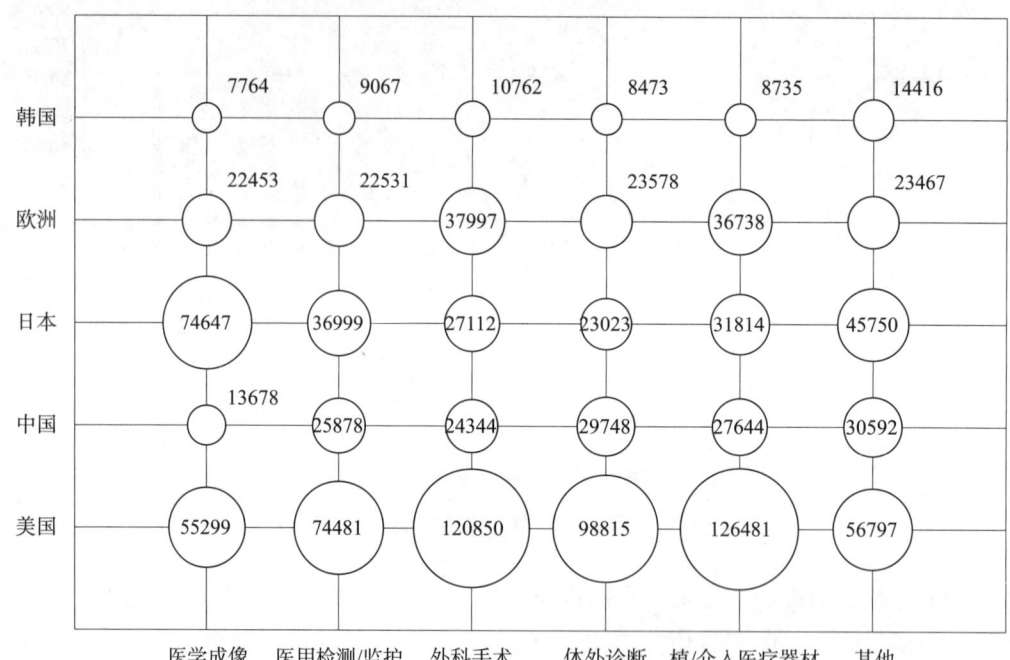

图 7-55　主要国家或地区研究热点分析

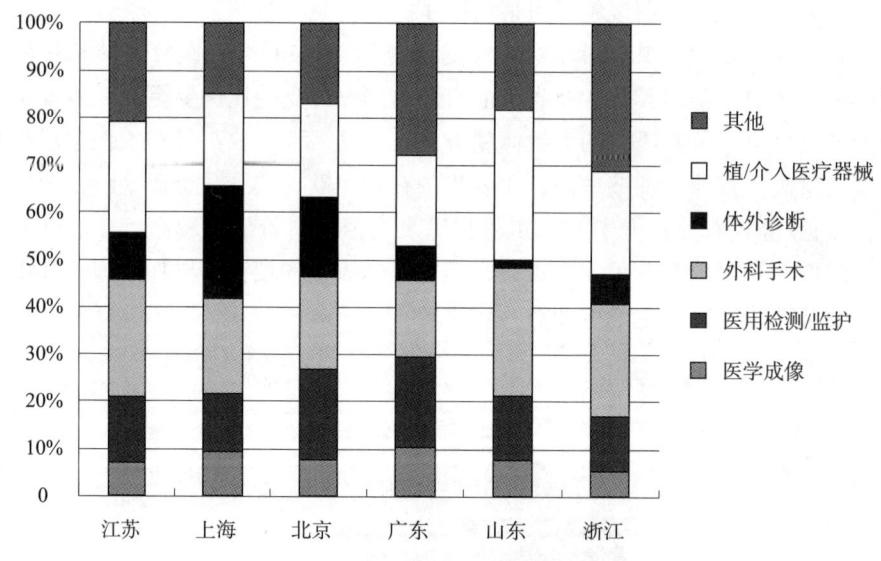

图 7-56　国内主要省市研究热点分析

　　在世界范围内，美国不仅在植/介入医疗器械领域具有明显优势，在其他多个领域也占据领先地位或一家独大。在体外诊断领域，山东省该领域申请占比较低，体现了对体外诊断领域较低的关注度。

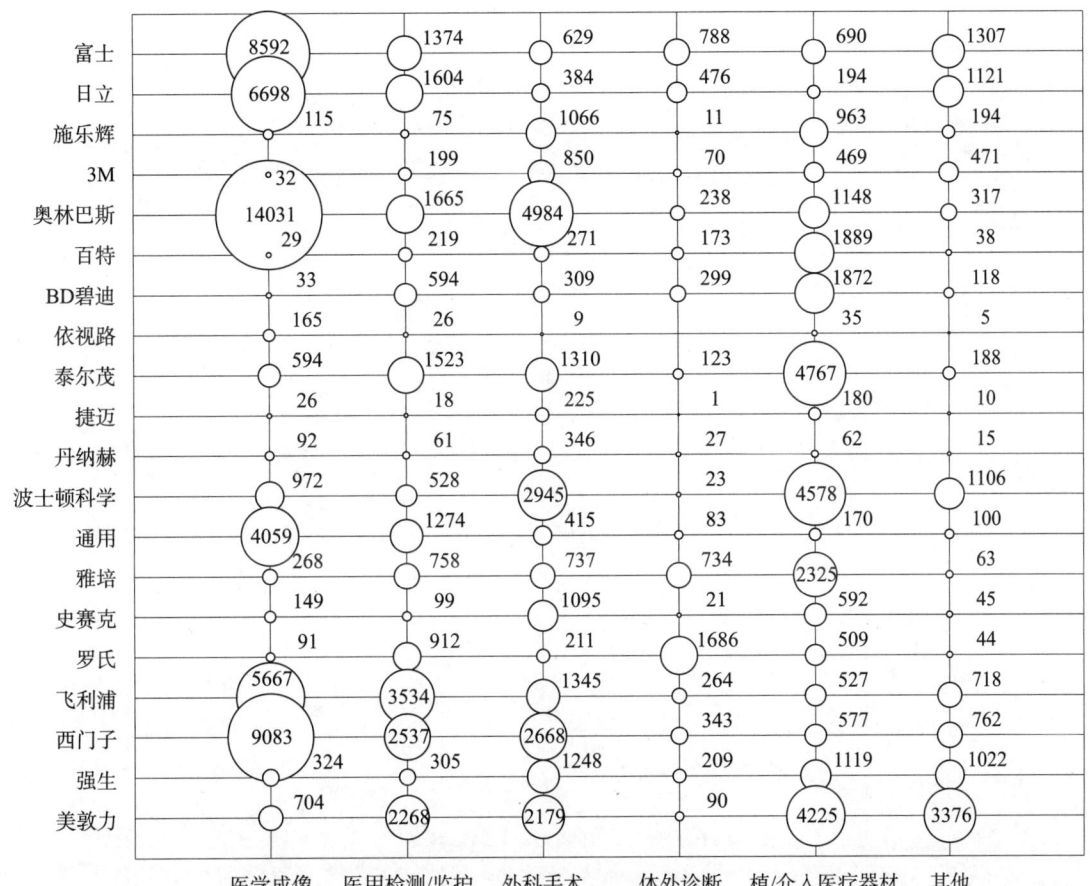

图 7-57 全球重要申请人专利技术分支分布

（3）国内区域竞争方面，山东省申请总量明显领先，但是发明专利占比及授权占比相对较低，专利质量和价值有待进一步提升；山东省 PCT 申请量较低，海外输出能力较弱；主要申请人有深圳迈瑞、威高集团、新华医疗、东软集团、开立医疗、华大基因等，他们在不同领域具有各自的技术优势，其中山东企业有威高集团和新华医疗。

医疗器械的专利申请主要集中在经济发达的省份/直辖市，山东省位于首位，占全国申请量的 19%，在总量上有明显优势（图 7-59）。

虽然山东省申请总量很高，但其申请以实用新型为主，发明申请量在国内主要省市中仅排在第五位，仅以发明已授权的数量来看在主要省市中排在第六位（图 7-60和图 7-61）。山东省医疗器械领域发明的授权占比在国内主要省市中处于中等水平。由于发明的专利价值一般高于实用新型，其对专利的质量要求一般也相对较高，而发明专利是否能够获得授权更与专利的质量密切相关，从上述两个数据来看，山东省医疗器械的专利申请质量和价值均有待进一步提升。

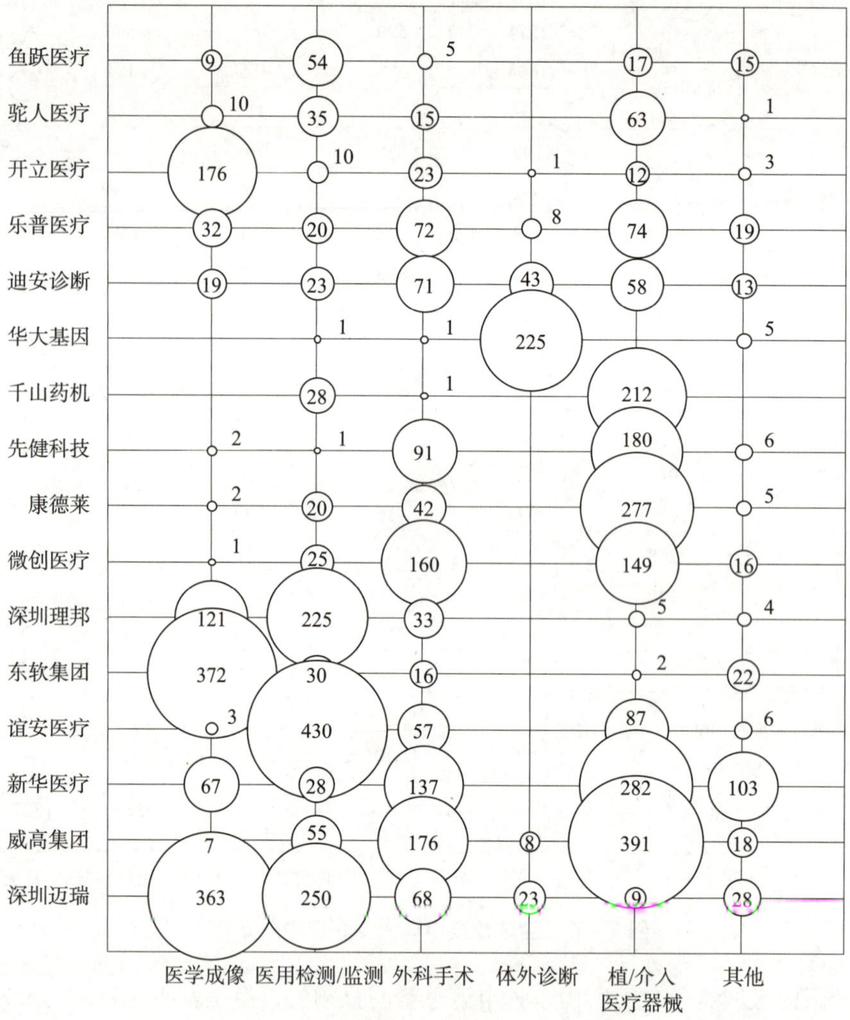

	医学成像	医用检测/监测	外科手术	体外诊断	植/介入医疗器械	其他
鱼跃医疗	9	54	5		17	15
驼人医疗	10	35	15		63	1
开立医疗	176	10	23	1	12	3
乐普医疗	32	20	72	8	74	19
迪安诊断	19	23	71	43	58	13
华大基因		1	1	225		5
千山药机		28	1		212	
先健科技	2	1	91		180	6
康德莱	2	20	42		277	5
微创医疗	1	25	160		149	16
深圳理邦	121	225	33		5	4
东软集团	372	30	16		2	22
谊安医疗	3	430	57		87	6
新华医疗	67	28	137		282	103
威高集团	7	55	176	8	391	18
深圳迈瑞	363	250	68	23	9	28

图 7-58　中国重要申请人专利技术分支分布

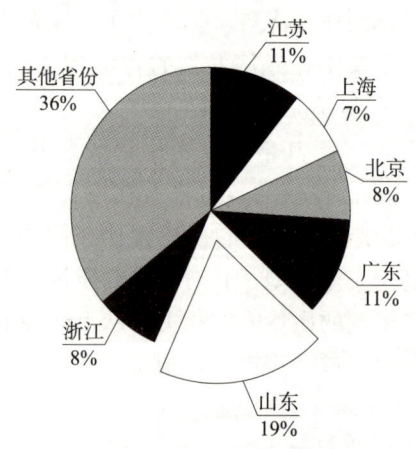

图 7-59　中国医疗器械专利申请量区域分布

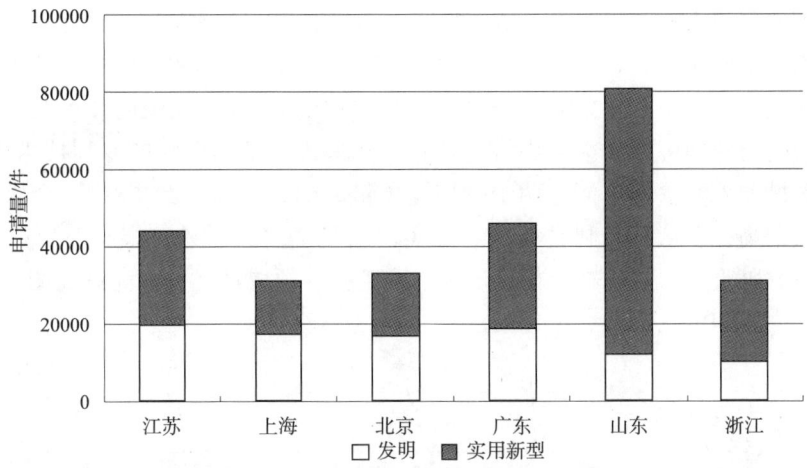

图 7 – 60 主要省市发明和实用新型申请量比对

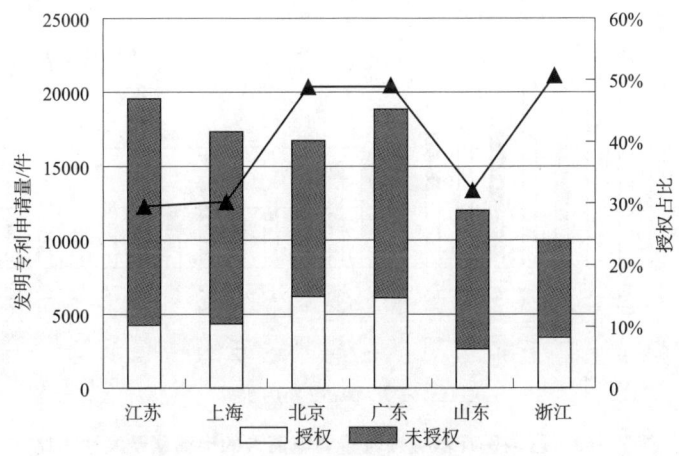

图 7 – 61 主要省市发明授权量及占比

另外，PCT 申请方面，山东省 PCT 申请量及占比明显偏低，PCT 申请量共 116 件，仅占上海的 6.7%，仅占广东的 8.1%（图 7 – 62），表明山东省医疗器械的海外技术输出能力有待提升。

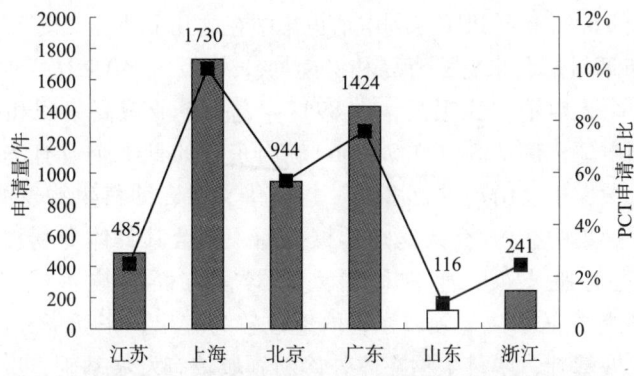

图 7 – 62 主要省市 PCT 申请量及占比分析

　　国内主要申请人有深圳迈瑞、威高集团、新华医疗、东软集团、开立医疗、华大基因等，他们在不同领域具有各自的技术优势。其中，医学成像主要集中在深圳迈瑞、东软集团、开立医疗，山东省方面新华医疗有相关申请 67 件，在国内并无明显优势；体外诊断领域的研究集中在华大基因等企业；山东威高、新华医疗的专利技术集中在植/介入医疗器械和外科手术，而这两个领域竞争最激烈，威高、新华在植/介入医疗器械方面申请量最高，但从其专利类型来看，实用新型居多，另外，根据对所述产业的了解，威高在心脏支架、生物材料如人工肝、人工肺等领域具有技术优势（图 7-63）。

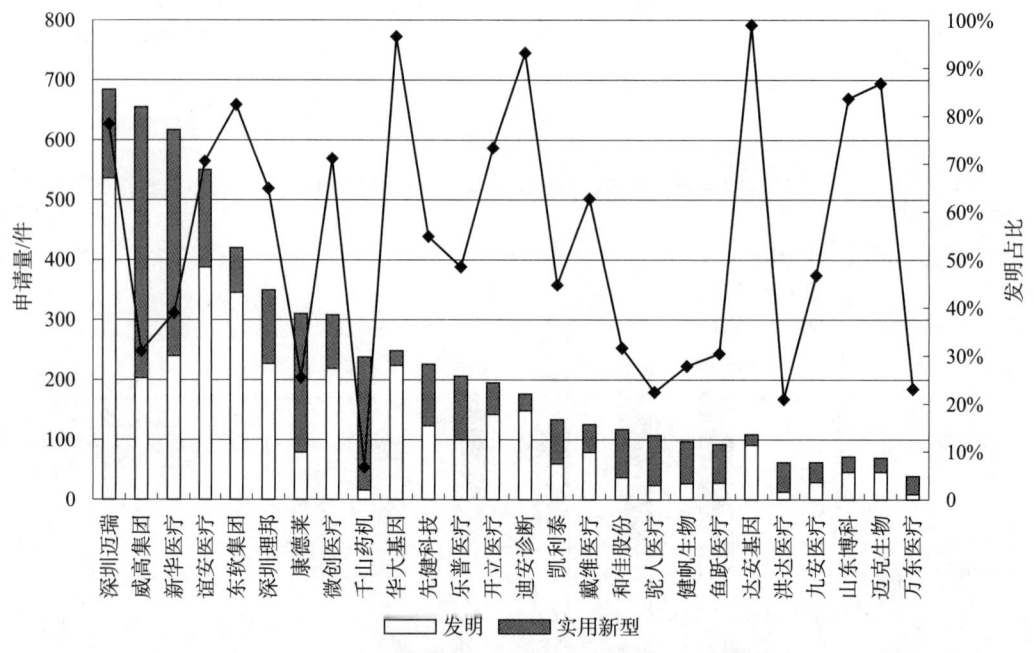

图 7-63　国内医疗器械领域重要申请人的申请量及发明占比

　　（4）省内区域竞争方面，区域较为集中，主要集中在青岛、济南、济宁、潍坊、威海、烟台、淄博，PCT 申请量也位于前列；龙头企业为威高集团和新华医疗，骨干企业包括华新华义齿、威瑞外科、中保康、博科生物、百多安、山川等。

　　山东省的医疗器械专利申请主要集中在青岛、济南、济宁、潍坊、威海、烟台、淄博，共占总申请量的 62%，且 PCT 专利申请也集中在这几个地区（图 7-64 和图 7-65）。从申请量或 PCT 申请量排名来看，青岛和济南均分列第一、第二位，明显领先。

　　申请人方面，个人申请占比很高，占 89%，龙头企业威高集团和新华医疗申请量较高，但发明专利申请比例不高（图 7-66）。山东省的骨干企业有华新华义齿、博科生物、威瑞外科、中保康、山川、百多安，华新华义齿、博科生物发明专利占比较高，山东威高、新华医疗集中在植/介入医疗器械方面，结合其具体专利技术分析，其在产业上体现为威高在心脏支架、生物材料人工器官方面有技术优势（图 7-66 和图 7-67）。新华医疗在医学成像领域在省内地位较为突出，华新华义齿在植/介入医疗器械领域有一定发展基础，博科生物在体外诊断领域较有发展基础，威瑞外科在外科手术领域基础较好。

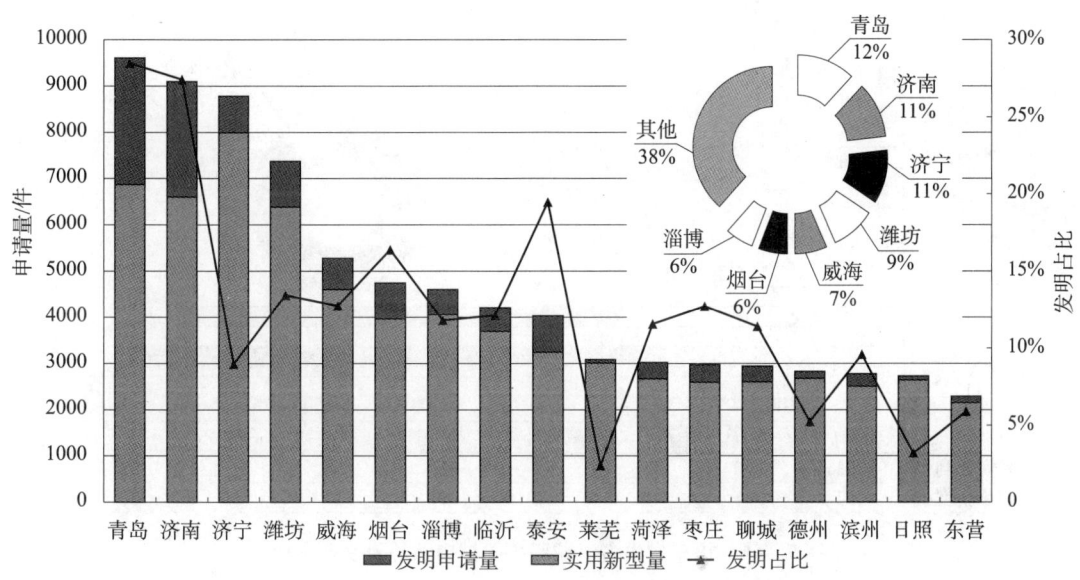

图 7-64 山东省内各区域医疗器械申请量及发明占比

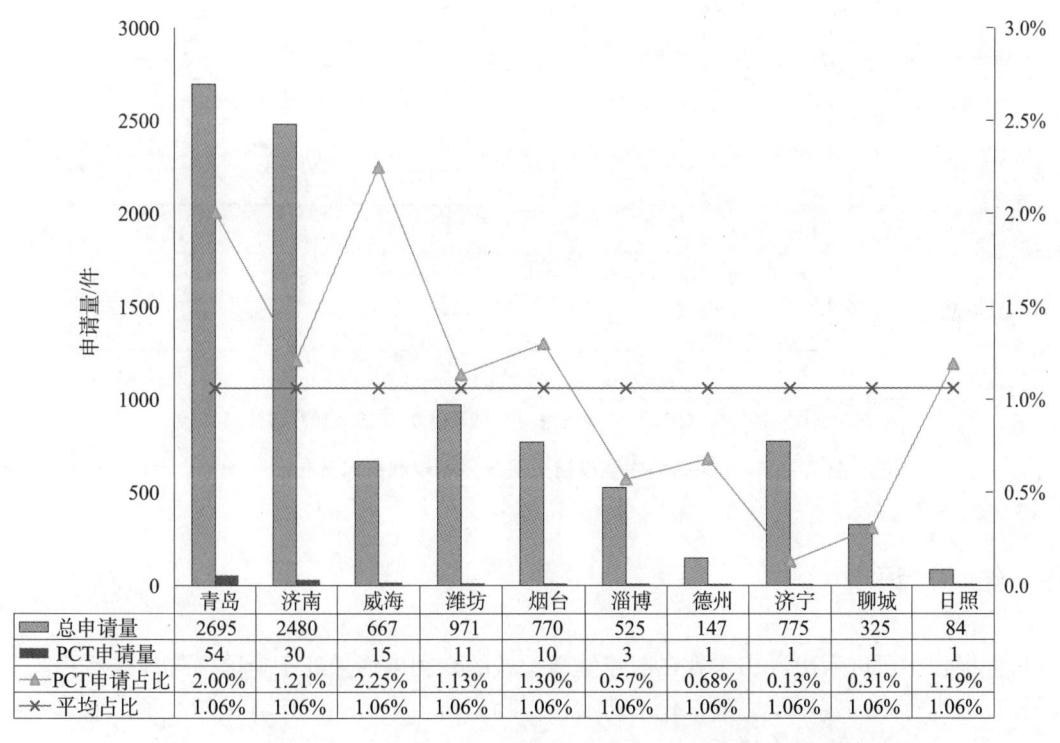

	青岛	济南	威海	潍坊	烟台	淄博	德州	济宁	聊城	日照
总申请量	2695	2480	667	971	770	525	147	775	325	84
PCT申请量	54	30	15	11	10	3	1	1	1	1
PCT申请占比	2.00%	1.21%	2.25%	1.13%	1.30%	0.57%	0.68%	0.13%	0.31%	1.19%
平均占比	1.06%	1.06%	1.06%	1.06%	1.06%	1.06%	1.06%	1.06%	1.06%	1.06%

图 7-65 山东省内各区域医疗器械申请量及 PCT 申请占比

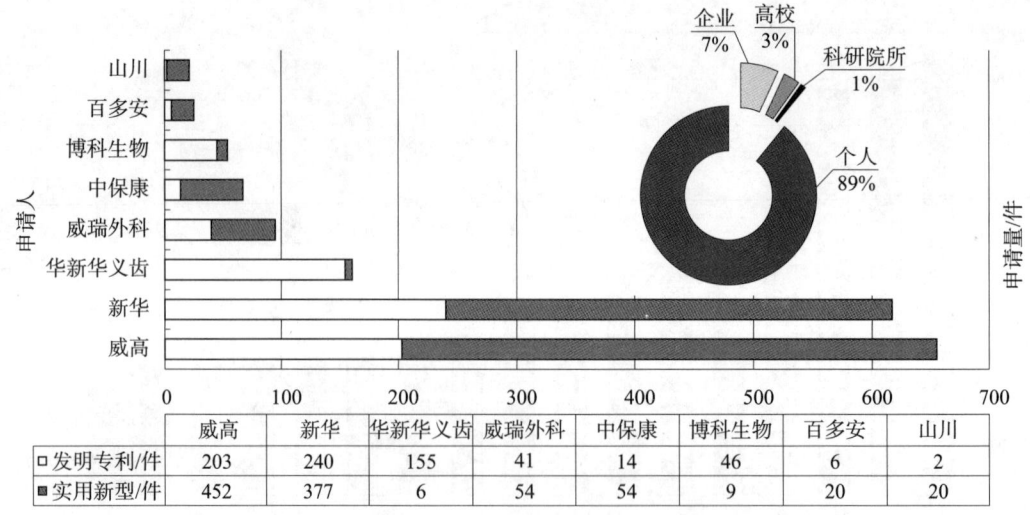

图 7-66　山东省内各区域医疗器械申请量及发明占比

	威高	新华	华新华义齿	威瑞外科	中保康	博科生物	百多安	山川
□发明专利/件	203	240	155	41	14	46	6	2
■实用新型/件	452	377	6	54	54	9	20	20

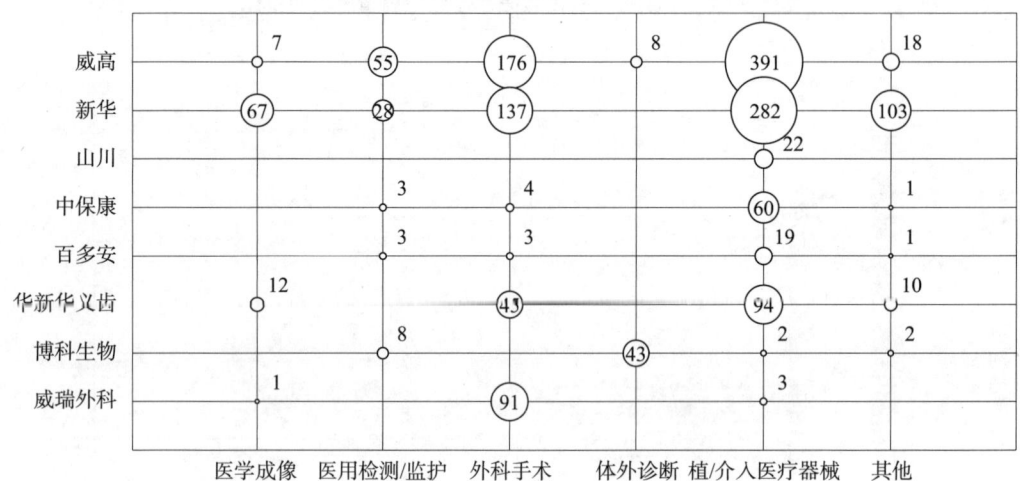

图 7-67　山东省内主要申请人医疗器械专利技术分布

7.5　结　　语

从本报告中可以看出，山东省在医疗健康领域的专利申请量处于全国领先地位且稳定增长，但也存在一些不足之处；化学药物、生物制药、中药和医疗器械四大子产业具有许多共性，但也存在很多特性。本章节将重要结论进行了归纳总结，以期能够为山东省在医疗健康产业的政策制定和未来产业发展规划等提供一定的数据支撑，为山东省产业转型升级方案的实施提供一定的研究基础。